中国乡村社会大调查 CRSS项目系列成果
China Rural Social Survey

民族地区中国式现代化调查研究丛书　何　明　主编

乡村新内生发展道路的中国探索

基于云南红河县乡村振兴的调研

文军　吴越菲　等　著

Exploration of China's Rural Neo-endogenous Development

Based on the Survey of Rural Revitalization in Honghe County, Yunnan Province

社会科学文献出版社
SOCIAL SCIENCES ACADEMIC PRESS (CHINA)

中国乡村社会大调查(CRSS)云南样本县分布图

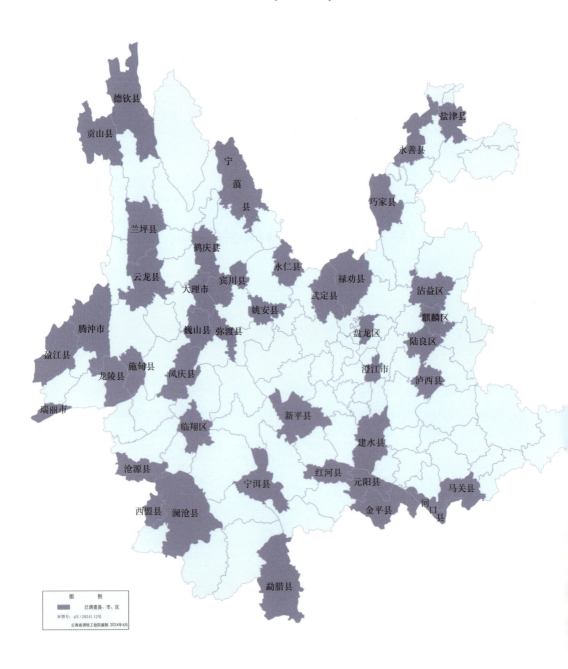

德钦县
贡山县
宁蒗县
盐津县
永善县
巧家县
兰坪县
鹤庆县
永仁县
云龙县
大理市 宾川县
禄劝县
沾益区
姚安县
武定县
麒麟区
腾冲市
巍山县 弥渡县
盘龙区
陆良区
盈江县
施甸县
澄江市
泸西县
龙陵县 凤庆县
瑞丽市
新平县
临翔区
建水县
沧源县
红河县
元阳县
马关县
宁洱县
河口县
西盟县 澜沧县
金平县
勐腊县

图　例
■ 已调查县、市、区
审图号：云S（2024）12号
云南省测绘工程院编制 2024年4月

中国乡村社会大调查学术指导委员会

总　序

　　中国近代的现代化进程，如果把发轫追溯到 1840 年鸦片战争催生的国民警醒，已有一百多年的历史。从近百年中国乡村研究的学术史看，我国学界很早就清醒地认识到，中国走向现代化的最大难题是乡村发展。在这一进程中，通过社会调查来深入了解现代化背景下中国乡村发展的道路和难题，一直是中国社会学、民族学、人类学的学科使命。事实上，自 20 世纪我国著名社会学家陶孟和首倡实地社会调查以来，几代学人通过开展乡村社会调查，对中国乡村社会的发展进程进行了长时间、跨地域的动态记录与分析。这已经成为中国社会学、民族学、人类学"从实求知"、认识国情和改造社会的重要组成部分。

　　云南大学作为中国社会学、民族学和人类学的起源地之一，为丰富中国社会的乡村调查传统做出了持续性的贡献。80 多年前，国难当头之际，以吴文藻、费孝通为代表的一批富有学术报国情怀的青年学者，对云南乡村社会展开了实地调研，取得了丰硕的学术成果，留下了"报国情怀、社会担当、扎根田野、自由讨论、团队精神、传承创新"的"魁阁精神"。中华人民共和国成立之后，云南大学全面参与了民族识别和民族大调查的工作，推动云南各民族融入中华民族大家庭的进程，积累了大量民族志资料。21 世纪初，云南大学又组织开展了覆盖全国 55 个少数民族的"中国民族村寨调查"，真实书写了中国少数民族半个世纪的发展历程及文化变迁。

　　党的二十大报告强调，"全面建设社会主义现代化国家，最艰巨最繁重的任务仍然在乡村"。"仍然在乡村"的认识，一方面是指，在我国人多地少的基本国情下，振兴乡村成为一个难题由来已久；另一方面也是指，乡村振兴的问题至今还没有得到根本解决，城乡发展的差距仍然较大，农业、农村和农民发展的"三农"问题仍然是中国实现现代化的艰巨任务。所以说，在我国经济社会发展的新阶段，调查乡村、认识乡村、发展乡村、振兴乡村，仍是推进中国式现代化的重中之重。

2022年，为了服务国家"全面推进乡村振兴"和"铸牢中华民族共同体意识"的大局，落实中央《关于在全党大兴调查研究的工作方案》的文件精神，赓续魁阁先辈学术报国之志，云南大学又启动和实施了"中国乡村社会大调查"（CRSS）这一"双一流"建设重大项目。

本次云南大学推动的"中国乡村社会大调查"项目是针对云南省乡村居民的大规模综合社会调查。该调查以县域研究为视角，通过概率抽样的方式，围绕"产业振兴、人才振兴、文化振兴、生态振兴、组织振兴"以及铸牢中华民族共同体意识等主题对云南省42个样本区县进行了定量和定性相结合的调查。该调查以云南大学为主体，联合中国社会科学院、北京大学、复旦大学、华东师范大学、上海大学、西南大学、贵州省社会科学院、贵州财经大学、云南师范大学、玉溪师范学院、昭通学院等15家高校和研究机构，组成了875名师生参与的42个调查组，深入云南省42个区县的348个行政村、696个自然村进行问卷调查和田野访谈工作。调查团队最终行程7万余公里，收集了348份目标村居问卷和9048份目标个人问卷，访谈地方相关部门成员、村干部和村民累计近千次。

在实际组织过程中，本次调查采用了"以项目为驱动、以问题为导向、以专家为引领"的政学研协同方式，不光建立了省校之间的紧密合作关系，还设立了由我和云南大学原党委书记林文勋教授担任主任的学术指导委员会。委员均为来自北京大学、清华大学、中国社会科学院等高校和研究机构的社会学家、民族学家和人类学家，直接参与了调查方案设计、专题研讨以及预调研工作，充分保障了调查支持体系的运行。中国社会学会原秘书长谢寿光，卸任社会科学文献出版社社长后，受聘为云南大学特聘教授，以其多年组织全国性社会调查的经验，作为本次调查执行领导小组的负责人，具体组织实施了调查和成果出版工作。此外，为了便利后续的跟踪调查，更好地将学校小课堂延伸到社会大课堂、更好地服务于地方发展，本次调查还创建了面向国内外的永久性调查基地，并在此基础上全面推进全域调查基地建设、全面打造师生学习共同体，这一点在以往大型社会调查中是不多见的。

本次调查在方法设计方面也有一些值得关注的特色。首先，过去的许多大型社会调查以量化问卷调查为主，但这次调查着重强调了混合方法在大型调查中的应用，特别是质性田野调查和社会工作服务如何与量化问卷调查相结合。其次，这次调查非常重视实验设计在大型调查中的应用，对抽样过程中的匹配实验、问卷工具中的调查实验和社会工作实践中的干预实验都进行了有针对性的设计，这在国内的社会调查中是一个值得关注的方向。再次，与很多以往调查不同，本次调查的专题数据库建设与调查同步进行，从而能够及时地存储和整合调查中收集到的各种数据，包括但不限于问卷调查数据、田野访谈录音、官方数据、政策文件、实践案例、地理信息、照片、视频、村志等多种文本和非文本数据，提高了数据的共享程度、丰富程度和可视化程度。最后，本次调查在专题数据库建设过程中，开创性地引入了以 ChatGPT 为代表的人工智能技术，并开发研制了"数据分析与文本生成系统"（DATGS），在智能混合分析和智能文本生成方面进行了深入探索，这无疑有助于充分挖掘数据潜力。

本次调查的成果定名为"民族地区中国式现代化调查研究丛书"，这一定名全面地体现了本次调查的特色与价值，也体现了云南大学百年来在乡村社会调查的优良传统，标志着云南大学乡村社会调查传统的赓续进入一个新的阶段。丛书约有50种，包括调查总报告、若干专题研究报告以及42部县域视角下的针对所调查区县的专门研究。作为一项庞大而系统的学术探索，本丛书聚焦于民族地区乡村社会的多个层面，翔实而深入地记录和分析了当代中国民族地区在迈向现代化的进程中所经历的变迁和挑战，描述和揭示了这一进程的真实面貌和内在逻辑，同时也为相关战略、政策的制定和实施提供了科学依据和理论支持。

本丛书研究成果的陆续推出，将有助于我们更加全面而深入地理解我国民族地区乡村社会转型和发展的多样性和复杂性，为民族学和社会学的发展注入新活力、新思想。期待本丛书成为推动中国社会学和民族学发展一个重要里程碑。

2023 年 10 月 31 日于北京

序

　　"三农"问题长期以来都是全党工作的重中之重,继脱贫攻坚战取得了全面胜利,全面推进乡村振兴成为新时代建设农业强国的重要任务。从2016年中央"一号文件"明确提出"增强农村发展内生动力"起,乡村内生发展在国家宏观政策层面被多次提及。2023年,中央"一号文件"再次重申要巩固拓展脱贫攻坚成果,坚决守住不发生大规模返贫底线,增强脱贫地区和脱贫群众内生发展动力。由此可见,我国乡村内生发展问题长期在国家顶层设计的政策层面得到强调。而从实践层面来看,"内生发展动力不足、内生发展能力薄弱"等时弊依然是制约我国乡村高质量发展的症结所在。

　　乡村振兴战略的持续推进对我国乡村发展质量提出了新要求,既有的外生发展模式越来越不能满足乡村治理的多元化需求,而单方面追求内生发展模式在乡村振兴这一整体性战略的规制作用下也面临困境。"内生-外生"之间的张力充斥于中国乡村发展的各个方面,这也迫使我们探寻更契合中国乡村社会现实的道路。在此背景下,强调"上下联动、内外共生"的新内生发展模式为中国乡村发展实践提供了一套基本框架,其关注乡村社区内部社会资本和本土文化,将乡村文明、民主协商、社区自治、增力赋能、整合发展等理念引入乡村社区,推进村民主体发展和集体行动,拓展内外融合的可持续化发展道路。这有助于解决中国乡村深层次的发展动能问题,为乡村振兴时期突破内生发展难题提供重要的行动遵循。

　　从当前学界对乡村振兴的研究来看,主要形成了以下几个类别:一是从理论层面对乡村振兴政策做出注解;二是总结发达国家乡村发展模式或进行中外乡村发展的比较研究,为乡村振兴提供路径支持;三是在乡村振兴实践中,提炼总结中国乡村发展的规律与模式。目前学界尚未建构出中国乡村振兴的系统理论和实践模式，大多数研究只是停留在对乡村地区发展典型案例的经验总结和探讨层面，我国乡村研究仍存在许多探索空间，中国特色社会主义乡村建设体系尚未形成。乡村新内生发展构成了中国式现代化蓝图中的重要图景，既是中国乡村振兴实践的重要特色，也是中国乡村发展理论的重要构成。因此，当前亟须通过关注乡村新内生发展的实践，凝练出具有中国特色的乡村新内生发展模式。

本书是由云南大学负责执行的"中国乡村社会大调查（云南）"（CRSS）系列成果之一。红河县的调查由本人负责的华东师范大学项目团队具体执行。在调研过程中，我们并未满足于对红河县乡村振兴实践一般性经验的概括和调研总结，而是尝试对乡村振兴的调查做进一步的理论概述，即从新内生发展的理论视域出发，在"理念－主体－资源－行动－结构"的多维分析框架下，剖析红河县在脱贫攻坚和乡村振兴过程中面临的发展问题，从实践经验中提炼乡村新内生发展模式的中国方案，构建中国特色的乡村新内生发展模式。这不仅在一定程度上有助于弥补乡村内生发展研究的不足，而且有助于为世界脱贫工作和乡村发展提供中国经验、中国方案，对促进中西方之间关于新内生发展的理论探讨也大有裨益。

需要指出的是，本书不仅使新内生发展的理论特征和行动框架得以更加清晰的呈现，而且也对新内生发展的实践路径进行了更贴合中国乡村实际的本土化探索。进一步而言，本书为新时代全面推进中国乡村振兴战略提供了一条可能的行动路径，即我们可以通过"理念－主体－资源－行动－结构"五个向度的新内生实践来推进乡村发展。当然，乡村发展是多要素、多层次、多功能和多过程的复合系统，同时面临转型时代各类"不确定性"因素的挑战。因此，中国特色乡村振兴的新内生发展模式，还需要在乡村整体性变迁与乡村发展的实践中，展开更为深入持久的探讨与研究。

文 军

2023 年 9 月 19 日·华东师范大学

目　录

第一章 绪论

　　乡村实现新内生发展并非一蹴而就，而是需要在持续的理论创新与实践深化中循序渐进。当代中国社会发展正在遭遇前所未有的不确定性，发展风险与机遇并存，这对中国乡村内生发展提出了时代要求。只有提高乡村自身的内生发展能力，才能在有效应对各种新形态发展风险的同时，抓住其中伴随而来的发展机遇，推进新时代中国乡村社会的高质量发展，助力中国式现代化的伟大征程。但是中国乡村新内生发展道路的探索也面临理论和实践层面的多重困境，并且受到中国乡村内部发展的异质性影响，中国乡村的内生发展困境在具有共性特征的同时，也呈现明显的区域性差异。循此而言，如果对中国乡村新内生发展道路的探索仅仅停留在理论层面，则极易陷入"形而上"的本质主义陷阱，因此，本研究选取云南省红河县作为案例地点，深入中国乡村发展的现实情境之中开展系统性的实地研究，探索乡村新内生发展道路。需要澄清的是，本研究并不奢求提供一整套"放之四海而皆准"的乡村新内生发展模式，但希望能够基于红河县的乡村发展实践，提炼出乡村新内生发展的实践经验，建构本土理论，以此为其他更多乡村的新内生发展行动提供实践参照与理论借鉴。本章作为绪论部分，主要介绍研究背景、理论基础与逻辑架构以及红河县乡村调研概况。

第一节 研究背景

　　如何激活乡村发展活力，探索中国乡村振兴的内生发展道路，长期以来都是学界关注的重要议题。相关政策设计、理论基础以及地方实践的持续深化为乡村新内生发展道路的提出奠定了基础。

一 政策背景：脱贫攻坚与乡村振兴有效衔接

经过全党全国各族人民的共同努力，2021 年 2 月 25 日，在全国脱贫攻坚总结表彰大会上，习近平总书记庄严地宣告"我国脱贫攻坚战取得了全面胜利"①，乡村发展实现历史性跨越，"'三农'工作重心将转向全面推进乡村振兴"②，进入新发展征程。脱贫攻坚战的全面胜利标志着中国乡村发展迎来新的起点、迈入新的阶段。同期，为巩固脱贫攻坚战成果，保证不同时期乡村发展的有效联结，中央"一号文件"《中共中央国务院关于全面推进乡村振兴 加快农业农村现代化的意见》指出，"民族要复兴，乡村必振兴"，"实现巩固拓展脱贫攻坚成果同乡村振兴有效衔接"，并把全面推进乡村振兴作为实现中华民族伟大复兴的一项重大任务。③ 为进一步推动乡村振兴战略的落实，在党的第二十次全国代表大会上，习近平总书记就乡村发展问题强调，必须"全面推进乡村振兴"，"坚持农业农村优先发展"，"巩固拓展脱贫攻坚成果"，"着力推进城乡融合和区域协调发展"，"全面建成社会主义现代化强国"，"以中国式现代化全面推进中华民族伟大复兴"。④ 从脱贫攻坚到乡村振兴的有效衔接，有力地防止了返贫风险的发生，巩固了脱贫成果，推动了城乡协同发展。

在脱贫攻坚与乡村振兴衔接的政策语境下，中国乡村的"内生"问题成为重要的政策关切点和实践痛难点，"内生发展动力不足、内生发展能力薄弱"等时弊成为制约我国乡村高质量发展的症结。对此，党中央和国务院在政策层面予以高度重视。自 2016 年中央"一号文件"《中共中央

---

① 习近平：《论"三农"工作》，中央文献出版社，2022，第 307 页。
② 《脱贫攻坚战，全面胜利！》，（2021 - 02 - 25）［2023 - 02 - 05］，http://www. gov. cn/xin-wen/2021 - 02/25/content_5588879. htm，最后访问日期：2024 年 5 月 13 日。
③ 吕洁琼、文军：《从脱贫攻坚到乡村振兴：社区为本的情境实践及其反思——基于甘肃 K 县的考察》，《西北民族研究》2021 年第 3 期。
④ 习近平：《高举中国特色社会主义伟大旗帜 为全面建设社会主义现代化国家而团结奋斗——在中国共产党第二十次全国代表大会上的报告》，人民出版社，2022，第 21、28～31 页。

国务院关于落实发展新理念加快农业现代化实现全面小康目标的若干意见》明确提出"增强农村发展内生动力"以来，此后连续五年（2017～2021年）的中央"一号文件"都对我国乡村的内生发展提出了明确要求。由此可见，从脱贫攻坚到乡村振兴，我国乡村内生发展问题长期在国家顶层设计的政策层面得到强调。① 同时，在政策落实的过程中，乡村内生发展实践不断与我国本土国情相结合，因时制宜、因地制宜、因利制宜地推动乡村振兴，正在逐步开创具有中国特色的本土化乡村新内生发展模式。当前，我国正处于脱贫攻坚向乡村振兴战略转移的关键时期，关注乡村内生发展问题，分析总结乡村内生发展现状，不仅在实践层面对推动乡村发展转型尤为重要，同时也可以在政策层面为国家的顶层设计提供经验借鉴。

二　理论背景：中国特色的乡村发展研究范式

我国扶贫工作经历了从外生发展理论到内生发展理论和新内生发展理论的指导转向，② 在持续的理论探究中推动了乡村新内生发展道路的中国化探索，丰富了中国特色的乡村研究。总结乡村发展模式，其主要分为外生发展和内生发展两个过程。③ 传统的外生发展理论强调以"自上而下"的方式，依托外部力量带动乡村发展，本质上认为乡村是落后的、消极的。而与外生发展理论忽视乡村内部资源不同，内生发展理论主张以"自下而上"的方式，关注乡村潜在的内生发展动力，认为乡村内部力量是促进其发展的唯一驱动力。④ 由此可见，外生发展理论和内生发展理论在关注对象和发展动力等方面形成了二元对立的关系，但在具体实践中两者之间存在的张

---

① 文军、刘雨航：《迈向新内生时代：乡村振兴的内生发展困境及其应对》，《贵州社会科学》2022 年第 5 期。
② 吴越菲：《内生还是外生：农村社会的"发展二元论"及其破解》，《求索》2022 年第 4 期。
③ 张晓溪：《乡村文化新内生发展路径的实践探索——基于主体性身体技术视角的社会学分析》，《贵州社会科学》2022 年第 5 期。
④ 王兰：《新内生发展理论视角下的乡村振兴实践——以大兴安岭南麓集中连片特困区为例》，《西北农林科技大学学报》（社会科学版）2020 年第 4 期。

力常常是造成乡村发展现实困境的原因。就我国传统的扶贫工作而言，外生发展理论下的帮扶实践占据了主导地位。但伴随着改革开放的持续推进，为了进一步推动乡村地区的可持续发展，我国扶贫工作经历了从"输血式"外生发展模式向"造血式"内生发展模式的转变，旨在通过挖掘乡村地区的发展特色和发展潜力，推动乡村产业的建设和发展。在内生发展理论的指导下，我国扶贫工作迎来了新的发展纪元。

但作为西方舶来品的内生发展理论在被用于解释我国脱贫和振兴情境下乡村地区的可持续发展问题时，常常产生理念与实践相违背的"接口悖论"，无法有效地回应乡村发展过程中存在的时弊。① 一方面，实践背景的差异导致已有的内生动力机制研究成果难以在我国乡村发展工作中发挥其最大效用。另一方面，我国乡村地区的复杂性，发展障碍因素的多样化，正在急切地呼唤开展中国化的内生研究，以此填补理论缺口，助力乡村发展。同时，乡村振兴战略持续推进，对我国乡村的发展质量提出了新的要求，既有的外生发展模式越来越不能满足乡村治理的多元化需求，而纯粹的内生发展模式在乡村振兴这一整体性战略自上而下的规制作用下也面临困境，在此背景下，强调"上下联动、内外共生"的新内生发展模式成为乡村振兴时期突破内生发展问题的重要行动选择。② 当前，我国乡村研究存在很大探索空间，中国特色社会主义乡村建设体系尚未形成，亟须通过关注乡村新内生发展的实践，凝练出中国特色的乡村新内生发展模式。

三 实践背景：乡村振兴中"内－外"发展张力

云南省地处我国西南边陲，因地势地形复杂、少数民族杂居和历史政治原因，在脱贫攻坚战取得全面胜利之前，全省的贫困人口和贫困县数均

---

① 傅安国、岳童、侯光辉：《从脱贫到振兴：民族地区人口内生动力的理论缺口与研究》，《民族学刊》2022 年第 9 期。
② 文军、刘雨航：《迈向新内生时代：乡村振兴的内生发展困境及其应对》，《贵州社会科学》2022 年第 5 期。

居全国首位，全国 14 个集中连片特困地区中云南省就有 4 个。① 为消除省内绝对贫困问题，全面落实《中共中央 国务院关于打赢脱贫攻坚战的决定》，云南省委、云南省人民政府带领全省各族人民积极地投身到脱贫攻坚战中，并如期实现了现行标准下农村贫困人口全部脱贫、8502 个贫困村全部出列、88 个贫困县全部摘帽，11 个"直过民族"和人口较少民族实现整体脱贫，使得困扰云南千百年的绝对贫困问题得到了历史性解决，全面完成了打赢脱贫攻坚战的目标任务。② 同时，为了全面阻断返贫风险的出现，巩固拓展脱贫攻坚成果，云南省委、云南省人民政府出台《关于全面推进乡村振兴加快农业农村现代化的实施意见》，强调"持续巩固拓展脱贫攻坚成果"，"接续推进脱贫地区乡村振兴"，③ 探索具有云南特色的乡村振兴路径。

在云南省脱贫攻坚和乡村振兴的过程中，涌现了许多有特色亮点的扶贫案例，对其进行经验总结和分析，对深入推进乡村振兴战略具有重要意义。红河县是红河哈尼族彝族自治州辖县，位于云南省南部，曾是云南省的贫困县。全县总面积 2026.36 平方公里，辖 5 个镇、8 个乡，总人口 35.84 万人（2020 年末），居住着哈尼族、彝族、汉族、傣族等多个民族。同时，红河县矿产资源和文旅资源丰富，矿藏有石膏、石棉、大理石、花岗石等，坐拥红河青铜文化遗址，风景秀丽，民风淳朴。④ 在脱贫攻坚和乡村振兴时期，红河县积极补齐发展短板，依据当地农业农村农民的基本情况，分析潜在的发展优势，同时积极联动外部可利用资源，因地制宜地发

---

① 《关注云南省脱贫攻坚》，https://www.yn.gov.cn/hdjl/zxft1/2019zb/second/index.html，最后访问日期：2024 年 4 月 20 日。

② 《中共云南省委 云南省人民政府关于表彰全省脱贫攻坚先进个人和先进集体的决定》，https://www.yn.gov.cn/zwgk/zcwj/swwj/202105/t20210501_221530.html，最后访问日期：2024 年 4 月 20 日。

③ 《中共云南省委 云南省人民政府关于全面推进乡村振兴加快农业农村现代化的实施意见》，https://www.yn.gov.cn/zwgk/zcwj/swwj/202105/t20210506_221677.html，最后访问日期：2024 年 4 月 20 日。

④ 《红河县行政区域概况（2021 年度）》，http://www.hhx.gov.cn/hhgk/xzqy/202207/t20220706_592973.html，最后访问日期：2024 年 4 月 20 日。

展农文旅产业,于 2019 年成功摘除"贫困帽"。在乡村发展过程中,红河县既拥有自身发展的个性特征,又具备一般乡村地区的发展共性,总结其乡村发展经验不仅有利于在实践和理论层面丰富我国的乡村研究,而且以经验为导向有利于进一步推动我国的乡村建设。但观察发现,红河县在资源的有效利用、农民的主体性作用发挥和乡村社区内生能力的培育等方面,仍缺乏足够的经验与策略,限制了其内生发展,这为本研究的开展提供了空间。基于此,本研究从新内生发展的理论视角出发,以红河县为案例调查地点,开展乡村新内生发展的调研工作,以期探索形成具有中国特色的乡村新内生发展道路,为云南省乃至全国乡村地区的发展提供经验借鉴。关注红河县乡村新内生发展实践不仅有利于系统性总结其脱贫攻坚和乡村振兴的成功经验,同时也可以为推动我国乡村建设提供新的道路视角。

因此,本研究至少具有以下两方面的意义。在实践层面,能够为乡村建设提供经验借鉴。本研究选取红河县作为调查对象,以新内生发展理论为指导,在"理念 – 主体 – 资源 – 行动 – 结构"的多维分析框架下,剖析红河县在脱贫攻坚和乡村振兴过程中面临的发展问题,总结其应对策略,从实践经验中提炼乡村新内生发展模式的中国方案,以此为我国乡村发展提供道路借鉴,并进一步在实践过程中践行、推广乡村新内生发展模式。在理论层面,能够丰富中国特色的乡村研究。通过总结、梳理和凝练红河县的新内生发展实践经验,构建出中国特色的乡村新内生发展模式,不仅可以丰富我国乡村新内生发展研究领域的内容,在一定程度上弥补当前乡村研究的不足,还可以为世界扶贫工作提供中国经验、中国方案,促进中西方之间关于新内生发展理论的交流和探讨。

第二节　理论基础与逻辑架构

本研究选择新内生发展理论作为理论基础。实际上,新内生发展理论经历了从外生发展到内生发展再到新内生发展的演变历程。基于此,本研究将在简要剖析传统"外 – 内"发展二元论及其局限的基础上,阐述新内生发展理论的具体内容，并对本研究的逻辑架构展开整体性的介绍。

一 传统"外－内"发展二元论及其局限

20 世纪 50 年代以来，世界所经历的全球化进程①在本体论层面否定了农村自给自足而封闭发展的事实。二战以后，外生发展模式（exogenous model）成为西方农村发展的思想主流，认为对农村社会发展真正产生影响的主要是一些外部因素，② 农村发展的基本属性是依赖性。外生发展模式将"农村"在本体论层面假定为一个以市场为导向的农村生产经济体，认为农村发展嵌入在一个以城市为中心引擎的工业化和现代化发展体系中，农村的功能主要是为城市工业经济提供农产品，它的发展无时无刻不受到全球化以及城市发展的影响和渗透。在一个城市中心主义的发展空间中，农村社会成为低生产力、非中心、非主流、边缘、落后甚至是失败的代名词。外生发展模式因此所要解决的重要问题就是促进城乡部门融合，增强农村在全球网络中的市场竞争力。在农村治理政策上，外生发展模式强调自上而下的干预、支持、投资、改造对于改善农村发展境况的必要性和正义性，通过资助者驱动（donor-driven）或外部导向（outsiders-led）路径来实现生产水平、基础设施、公共服务、社会文化环境、人口与资本流动性等方面的改善性发展。可以看到，外生发展模式为农村发展问题提供了诸多病理学的解释。简言之，外生发展模式提供了一种结构决定论的发展命题，旨在推动农村更好地整合进区域性、国家性以及国际性的自由市场，实现增长导向型③的农村发展。

20 世纪 80 年代以后，农村发展研究重新转向区域发展和地域性治理的基本视角，内生发展模式（endogenous development）开始成为替代

---

① 20 世纪 70 ～ 90 年代，伴随着全球城市（比如伦敦、纽约）的出现以及一些老牌工业化城市（比如底特律等）的发展收缩，区域研究一度由于全球化的发展现状而遇冷。

② Gkartzios, M., & Lowe, P. *The Routledge Companion to Rural Planning* (New York: Taylor and Francis Inc., 2019).

③ Leick, B., & Lang, T. "Re-Thinking Non-Core Regions: Planning Strategies and Practices Beyond Growth," *European Planning Studies* 26 (2018): 213 – 228.

性理论。事实上，这种理论取向的转变主要源于现实层面的变化。① 一方面，二战后外生发展理论的指导并未实际扭转农村衰败的局面；另一方面，这一时期西方国家农村整体出现了经济生产功能弱化，就业类型多元化，乡 - 城流动放缓，城乡社会文化边界模糊等"去中心化"的发展趋势。在市场化和技术发展的影响下，乡 - 乡差异逐渐替代城 - 乡差异而成为新的理论和政策关注点。内生发展模式在认识论层面假定了一个具有自主发展潜力的实体，认为农村社会发展的真正动力产生于内部，依赖于其内在的驱动力和本地资源，社会发展的诸多问题完全可以得到本地化解决。阻碍农村社会发展的因素正是来自对本地人需求、能力和行动的压制。内生发展理论批判外生发展命题的非正义性，尤其是外生发展模式中民主参与缺位、地方发展利益外流等问题。② 内生发展理论由此提出了一种"自下而上"的发展命题，倡导农村发展中主导 - 支配位置的转换以及农民、农村作为发展主体的回归。对于地方领导者而言，主要任务应当是自下而上地从公民行动的角度来寻求农村社会发展的路径，通过促进自发的地方性行动来解决农村发展中的问题，③ 主要路径包括赋权、参与、社区行动、能力建设、包容性规划等。简言之，内生发展模式提供了一种能动决定论的发展命题，旨在让农村的人们重新走向发展的中心。内生发展理论广泛地影响了 20 世纪八九十年代西方国家的政策话语、地区发展实践和空间治理取向。

内生（的）（endogenous）一词源于植物学术语，意指"某种植物，如单叶植物不受外在条件的左右，从茎的内部生长出与母茎相同的新个体"④。后来该词被借用到发展研究中，内生所表达的含义也相应地发生变化。1975年，瑞典 Dag Hammarskjüld 财团在联合国报告《我们现在怎么办》（What

① Vander Ploeg, J. D., & Renting, H. "Impact and Potential: A Comparative Review of European Rural Development Practices," *Sociologia Ruralis* 40 (2000): 529 – 543.

② M. Woods, *Rural Geography* (Sage: London, 2005).

③ Edwards, B., Goodwin, M., Pemberton, S., & Woods, M. "Partnership, Power and Scale in Rural Governance," *Environment and Planning C: Government & Policy* 19 (2001): 289 – 310.

④ 〔日〕三石善吉：《传统中国的内发性发展》，余项科译，中央编译出版社，1999，第 2 页。

Now）中首次提出内生发展（endogenous development）。1977 年，该财团作为合著者出版著作《另一种发展：路径与策略》（*Another Development：Approachesand Strategies*），针对单向度的现代化发展模式，提出五点主张：在发展目标方面，不只是物质财富的无限度增加，而是在物质、精神上满足合乎人性的基本需求，最终目标是促进人的全面发展，实现命运自决；在发展方式方面，各经济社会单位基于自身状况采取多种发展方式，尊重发展方式的多样性；自主发展；发展是环保的和可持续的；发展的实现离不开经济社会结构的变革。①

受此启发，1976 年，日本学者鹤见和子首次倡导内生发展理论，将内生发展视为一种理论。该理论之所以在日本被提出，在于日本的现代化是在外部力量驱动下形成的，因而需要内生发展理论作为一种工具，在现代化过程中构建一种文化认同，也即确定这样一个事实：日本的现代化过程烙有日本文化的印记。鹤见和子以发展过程中的主体性为理论基点，基于对现代化理论、依附理论以及世界体系理论的批判对内生发展理论进行阐述，核心观点为地方居民主体性的发挥推动现代化进程的前进，因而认为后发国家的发展也可以是内生发展。鹤见和子并不否认现代化本身，而是认为非西方社会可以寻找一条有别于西方社会的发展道路，后发国家摆脱对先发国家的简单模仿，"……立足于自身社会传统，改造外来模式，谋求与自身社会条件相适应的发展路线"。"内生型发展在目标方面全人类是一致的，但是实现目标的途径则是一个富有多样性的社会变化的过程。"② 不过，在更为广阔的背景中，以生产技术快速更新为基础的现代化进程也为内生发展观念的形成提供了历史渊源和思潮铺垫。西川润认为内生发展观念在历史演变中经历了三次浪潮，第一次浪潮形成于 19 世纪，工业革命成功助推英国成为"世界工厂"，英国自由主义思潮在世界各地广泛传播的同

---

① 张文明、腾艳华：《新型城镇化：农村内生发展的理论解读》，《华东师范大学学报》（哲学社会科学版）2013 年第 6 期。

② 〔日〕鹤见和子：《"内发型发展"的理论与实践》，胡天民译，《江苏社联通讯》1989 年第 3 期。

时，与其相对抗的一系列思想也随之产生，如法国的社会主义思想等；第二次浪潮以第三世界民族解放运动的兴起为标志；第三次浪潮即为现如今提出的内生发展理论。因而，对主体性的确定和捍卫是内生发展的理论内核。① 基于陈卫平的论述，现代化的内生发展理论的基本观点可以概述为以下几点：第一，在发展目标上，摒弃经济增长至上的发展观，以人的全面发展为最终目标；第二，在发展形式上，否定依附性的、被支配的发展，坚持国家的自主发展，尊重发展选择的多样性；第三，在发展动力上，不唯技术论，而是通过对本土知识、文化传统、资源等要素的整合利用推动发展；第四，在人与自然的关系上，坚持走可持续的发展道路；第五，在发展主体的内部关系上，内生发展充分尊重地方的自主性和参与权。② 在先发国家占据主导地位的世界发展格局中，内生发展为后发国家探索"另一条道路"确定了具有主体性意义的合理性。

内生发展通过强调"自下而上"的作用路径对外生发展的"由上而下"模式进行了突破，为农村发展提供了一种新的视角。从外生发展到内生发展的转换意味着权力的转移，在内生式农村发展中，地方决定发展选项，控制发展的具体过程，享有发展带来的相关收益。可惜的是，由于对外生发展模式的"过度反应"，内生发展模式在早期阶段以一种怀疑的态度审查外部力量并对其进行抵制，陷入了另一种极端——"只见树木不见森林"。这使之招致一系列的批评。Ray 认为，在全球化背景下不借助外在力量而完全依靠地方实践"纯粹"的内生发展是不切实际的，这种内生发展只能被视为一种"理想类型"。③ 在本体论上，内生发展涉及自然、人、社会、社会互动、空间以及时间这些概念，是发展主体基于自身的本体论假设发展相应的概念与方法论。

综上，尽管外生发展模式和内生发展模式都各自提出了影响深远的发

---

① 〔日〕西川润：《内发式发展的理论与政策》，林燕平译，《宁夏社会科学》2004 年第 5 期。
② 陈卫平：《内发性发展理论述评》，《山东师大学报》（社会科学版）1993 年第 6 期。
③ Ray, C. "Endogenous Development in the Era of Reflexive Modernity," *Journal of Rural Studies* 15（1999）：257 – 267.

展命题，但在可行性方面都面临诸多理论困局，在实践中也屡屡碰壁。[1] 20世纪 70 年代欧洲的经济衰退暴露了农村发展脆弱性的强弱与其是否接受了大量外部投资并无直接关联。而后被寄予厚望的内生发展理论在有效性、参与度以及地方行动等方面都出现了衰落。[2] 对于既有社会资源缺乏的农村而言，内生发展模式的效果并不佳。内生发展理论的失败又再一次将外生 – 内生发展的争论置于农村发展研究的中心，其背后隐含的更深层次的争论是：谁在真正控制农村发展的进程？谁又应当对农村社会发展承担更重要的责任？农村社会发展的两个命题具有鲜明的立场差异，塑造了两种截然不同的农村政策风格，更加使得农村社会发展长期陷入如 Lowe 等人所言的"发展二元论"（development dichotomy）（见表 1 – 1）。[3]

表 1 – 1　农村社会发展取向的二元命题

二元命题	理论起点	发展假定	主要发展问题	发展重心
外生发展模式（结构决定论）	部门关系	城市引擎	边缘性，竞争力缺乏	生产力增长与部门整合
内生发展模式（能动决定论）	区域关系	内在驱力	被代表，权能缺乏	能力促进与地方行动

　　外生发展模式与内生发展模式[4]人为地在发展理论上造成了一种空间极化，带来了一种封闭性的理论样态和思维方式。因为在现实中，发展二元论的任何一端都是天真和不符合实际的。既不可能存在完全脱离本土性和主体性的农村发展，也不可能存在脱离外部环境的完全孤立的农村发展。有学者提议，"内生发展和外生发展应被视为理想类型的二重性融合于地方发展策略

---

[1] Gkartzios, M., & Scott, M. "Placing Housing in Rural Development: Exogenous, Endogenous and Neo-Endogenous Approaches," *Sociologia Ruralis* 54 (2014): 241 – 265.

[2] Gkartzios, M., & Lowe, P. *The Routledge Companion to Rural Planning* (NewYork: Taylor and Francis Inc., 2019).

[3] Lowe, P., Ray, C., Ward, N. et al., *Participation in Rural Development: A Review of European Experience*, University of Newcastle, 1998.

[4] Bosworth, G., Annibal, I., Carroll, T., Price, L., Sellick, J., & Shepherd, J. "Empowering Local Action through Neo-Endogenous Development: The Case of LEADER in England," *Sociologia Ruralis* 56 (2016): 427 – 449.

中，而不应被视为相互对立的两种类型"①。任何一个地方的发展都是内外因素交织作用的结果，农村社会不可避免地与超地方力量进行互动。在全球化导向的政策中，外生与内生之间的边界是非常模糊的。② 如果农村发展研究始终徘徊在内生发展还是外生发展的命题争论上，可能永远都不可能有终结，因为二者本身就是同一个过程的两个进入点。这就决定了有必要以一种整体的视角审视地方与广泛的政治、经济、社会以及自然环境之间的动态联系，以推动农村发展。那么，当前是否有超越"发展二元论"的农村社会发展理论，能够更有效地帮助我们理解和解释农村发展的新经验，更好地指引农村社会发展？

二 新内生发展理论的提出及其理论特色

基于对原有"发展二元论"中极化观点的不满，也基于欧洲农村发展中区域整合的现实需求，③ Ray 2001 年提出了"新内生发展"（neo-endogenous development）概念用来描述农村既具有本地的扎根性，同时也指向与外部世界交互的特点。④ 在过去二十年间，新内生发展理论试图通过一种混合模式（hybrid model）⑤ 来弥合被二元命题所切割的农村。在本体论上，它将农村发展视为不同层次发展要素相互作用所产生的综合结果；在认识论上，它着重理解地方要素与超地方要素在农村社会发展中的衔接和动态关联；在方法论上，它既强调自下而上的发展行动，也强调通过整合外部影响来激发地方社会的发展潜力。尽管新内生发展理论在不同国家的具体

---

① Kevin O'Connor, "Endogenous Regional Development: Perspectives, Measurement and Empirical Investigation," *Geographical Research* 50 (2012) 336 – 338.

② Harty, S. "Theorizing Institutional Change," in A. Lecours, *New Institutionalism* (Toronto: University of Toronto Press, 2005).

③ 2008 年欧盟的财政危机带来的收紧政策极大地影响了农村发展，造成了欧洲农村的边缘化以及社会整合的危机，这成为当前新内生发展理论在欧洲盛行的现实背景。寻求一种更好的朝向社会整合和复兴的区域发展理论，成为近二十年来欧洲农村发展理论演进的基调。

④ Ray, C. *Culture Economies*, University of Newcastle, 2001.

⑤ Georgios, C., Nikolaos, N., & Michalis, P. "Neo-Endogenous Rural Development: A Path Toward Reviving Rural Europe," *Rural Sociology* 86 (2021): 911 – 937.

理论表述和地方实践各有差异，但可以从以下几个方面的理论共性来集中考察其对发展二元论的理论突破。

（一）理论目标预设：转向开放性的分析性理论

外生发展与内生发展之间的命题之争主要聚焦在农村社会发展的模式与道路选择上，在本质上是谁才是"好的实践"（good practice）的应然之争。新内生发展理论并未置身于封闭的类型化思维来框定农村发展道路，而是转向面向事实、拥抱开放性的分析性理论，重新提供了一套关于当代农村社会发展的思考和叙事范式。① 新内生发展理论不是"第三条道路"，它反对任何先入为主的理论预判，而力图在事实层面展现"差异化的农村"（differentiated countryside），尤其是农村社会发展中本地行动者和非本地行动者之间的动态的权力关系、外部压力与内部资源之间的差异和关联。因此，新内生发展理论所理解的农村社会发展是多元的、非线性的。它没有定式，可能是连续性的，也可能是变革性的，可能是冲突性的，也可能是整合性的。其理论的终极目标既非优化外部支持和国家干预，也并非倡导单一的地方行动，而是在开放的发展进程和既有的关系环境中不断推动地方价值最大化，实现农村的可持续发展。"可持续发展"使农村发展理论具有了长期眼光——平衡经济增长、维护社会正义与保护自然资源。

（二）理论分析单位：转向"地方－超地方"力量的网络关系

内生发展模式和外生发展模式的共同点是都将农村社会发展放置在一个特定的地域单元中进行分析，将农村视为边界明晰的分离型发展实体。② 正因如此，对农村社会发展的分析极易陷入围绕地理边界的内－外（inside-outside）分析模式之中。新内生发展理论淡化了地域边界在理论构成上的重

---

① Gkartzios, M., & Lowe, P. *The Routledge Companion to Rural Planning* (New York: Taylor and Francis Inc., 2019).

② 有学者批评传统的外生发展模式和内生发展模式将类型化错误地用在区分内外因素对农村发展的控制上，而并没有用于区分内外之间复杂关系的类型。参见 Lowe, P., Murdoch, J., & Ward, N. "Networks in Rural Development: Beyond Exogenous and Endogenous Models," in Van Der Ploeg, J. D., & Van Dijk, G. *Beyond Modernisation: The Impact of Endogenous Rural Development* (Assen: Van Gorcum, 2009), pp. 87–106。

要性，强化了"地方性－超地方性"（local-extralocal）这一对分析范畴，[①]将农村发展理论推向了宏观与微观结合的视角。Ray 认为，超地方力量对农村社会发展来说是必要的，而地方力量才具有塑造未来的潜力。[②] 新内生发展理论实现了一种农村社会地理学的分析，从理解农村的地域性转向分析农村的社会性。新内生发展理论根植于地方资源和地方参与，但将地方发展整合进更广泛的环境和网络之中。[③] 任何地方的社会发展都融合了内生和外生的两种动力机制，是地方性与超地方力量的互动关系的产物。因此，新内生发展理论的分析单位不再是地域性的发展活动，而是一个地方力量和超地方力量交互作用、动态控制农村社会发展的复杂网络（acomplexmess of network）。[④]复杂网络及其携带的社会资本是新内生发展的核心。[⑤] 网络成为动态机制，地方知识与超地方知识能够相互联系，共同应对地方发展需求。

（三）理论基本框架：转向整合性的社会叙事

无论是外生发展模式还是内生发展模式都在理论立场上放大了特定要素对农村社会发展的影响，伴随着对内部空间或是外部空间权力极化的理论分析。新内生发展理论重塑对农村的基本认识，认为农村经济社会活动既表现为多元性和自主性，同时也与城市以及更广泛的社会环境之间具有相互依存关系。因此，新内生发展理论采取了一种整合取向（holistic approach）的理论框架来理解农村的多重本质，平衡农村经济社会发展中的地方性和外部性，并将其用于分析"乡－乡"关系中的区域均衡发展问题和

---

① 内生发展理论和外生发展理论倾向于将内生要素和外生要素简单地依靠空间边界的内或外来划分。地理边界内的全部被视为内生要素，地理边界外的全部被视为外生要素。新内生发展理论淡化了完全基于空间边界的分析，强化了"本地－超本地"分析。本地要素也可能溢出地理边界而与外部发生关联，超本地的要素也可能突破地理边界而实现本地化。

② Ray, C. *Culture Economies*, University of Newcastle, 2001.

③ Gkartzios, M., & Scott, M. "Placing Housing in Rural Development: Exogenous, Endogenous and Neo-Endogenous Approaches," *Sociologia Ruralis* 54 (2014): 241 – 265.

④ Terluin, I. J. "Differences in Economic Development in Rural Regions of Advanced Countries: An Overview and Critical Analysis of Theories," *Journal of Rural Studies* 19 (2003): 327 – 344.

⑤ Bosworth, G., Annibal, I., Carroll, T. et al., "Empowering Local Action through Neo-Endogenous Development: The Case of LEADER in England," *Sociologia Ruralis* 56 (2016): 427 – 449.

"城－乡"关系中的边缘、隔离、资源匮乏问题。新内生发展理论延续了内生发展模式强调地方控制的理念，但是超越了其割裂式地看待"地点"（place）的传统思维，更多地在动态农村网络中呈现关系政治。如果说"地域性"强调的是地理邻近性，那么"超地方性"则主要强调社会性的联系。正是在这个意义上，新内生发展理论完成了从极化的空间叙事向整合的社会叙事的转变。在农村发展问题的应对上，新内生发展的整合框架指导现实实践对地方赋权、能力建设、社会排斥应对、对外联系增强、创新性激发等方面的综合关注。不仅强调了社会经济活动的地方嵌入性，同时也强调了推动地方行动者"走出来"，参与到地方性或超地方性的各种发展进程中去。

（四）理论构成要素：转向建构性、反思性的知识生产

外生发展模式和内生发展模式主要是基于对农村发展境况的不同判断而提出的两大命题，对农村发展问题的识别及其应对构成了以上两大理论的主要内容。新内生发展理论对于发展二元论的突破集中体现在对新兴理论要素的引入上，特别是建构主义和反思性知识。建构主义在根本上确立了新内生发展理论理解农村社会发展的基本视点，使地点、关系、网络、权力、空间、发展活动等基本理论要素都成了建构性的存在。农村社会的发展过程也是这些建构性要素生产和再生产的过程。与此同时，新内生发展理论相比传统农村发展理论而言，引入了更多的反思性要素。反思性地看待农村权力场域的权力关系、不同行动者在地点上的关系交互、不同的地点与外部的差异连接性、社会资本对不同农村发展的影响差异等。新内生发展在理论上尤其警惕本质主义的理论预判、同质化的农村描述以及封闭性的发展想象。新内生理论指引下的农村发展实践旨在推动多元行动者的实践反思、知识经验分享以及对于发展假设的自我反思。在农村社会发展研究上也特别强调研究部门与实践部门的互动[1]、跨学科方法

---

[1] Atterton, J., & Thompson, N. "University Engagement in Rural Development: A Case Study of the Northern Rural Network," *Journal of Rural and Community Development* 5 (2010): 123–132.

的协同①以及国际比较研究②。

三 新内生发展理论的行动框架与基本准则

21世纪备受期待的新内生发展理论正在以突破性的理论姿态重塑许多国家理解农村、复兴农村的基本思路。新内生发展理论提供了一个农村实践的基本框架，推动能够与外部网络和发展进程相联系的自下而上的行动（bottom-up action）③，其中也包括一系列相对明确的行动框架与基本准则。

（一）行动框架

新内生发展理论希冀在"上下联动"和"内外共生"的混合路径中谋求乡村社区的整体性发展，呈现出以下新转向：在理念层面，打破"极化"的发展理念，转向整合性的发展视角；在主体层面，主张外部力量的适当介入，强调"由外而内"的社区化赋能策略；在资源层面，主张城乡资源的互通融合，以此推动跨地域的资源流动；在行动层面，强调以社区资本和居民参与为基础，从封闭性的地方实践走向开放性的超地方实践；在结构层面，强调"上下联动"和"内外共生"，主张通过外部权力激发而非抑制地方自主性。④ 具体而言，新内生发展理论倡导从"理念－主体－资源－行动－结构"五个层面出发，以此推动乡村建设与发展，具体分析基础和行动框架如下。

一是理念层面树立新内生发展理念。"能力本位"和"社区为本"共同构成了新内生发展模式的价值遵循。"能力本位"更加强调从外生发展到内

① Lowe, P., & Philipson, J. "Reflexive inter Disciplinary Research: The Making of a Research Programme on the Rural Economy and Land Use," *Journal of Agricultural Economics* 57 (2006): 165–184.

② Gkartzios, M., & Shucksmith, M. "'Spatial Anarchy' Versus 'Spatial Apartheid': Rural Housing Ironies in Ireland and England," *Town Planning Review* 86 (2015): 53–72.

③ Lowe, P., Murdoch, J., & Ward, N. "Networks in Rural Development: Beyond Exogenous and Endo-genous Models," in Van Der Ploeg, J., & Van Dijk, G. *Beyond Modernization: The Impact of Endogenous Rural Development* (Assen: Van Gorcum, 1995).

④ 文军、刘雨航：《迈向新内生时代：乡村振兴的内生发展困境及其应对》，《贵州社会科学》2022年第5期。

生发展的历时性转变；"社区为本"强调以"地方社区"为基本单元，以社区居民为行动主体，以社区资本为发展基础，以社区整体发展为目标的实践取向。

二是主体层面推进社区化的主体赋能。社区居民赋能关注个人效能感、控制感和主体性的提升；组织赋能强调以组织为媒介搭建社会关系网络，激活社区社会资本，发挥组织资源的正向功能；社区整体赋权强调通过改善社区结构和制度环境达到社区公平，为个人和社区发展构建支持性的社会环境。

三是资源层面推动跨地域的资源流动。社区组织需要带领社区成员对地方社区的本土资源条件进行分析与挖掘，同时应当积极承担资源链接者角色，系统考察社区资产，通过内在取向的社区发展策略以及社区关系的建立有效整合本土资源与外部资源。

四是行动层面强化多向度的关系实践。该模式强调重建"本土－外部""内生－外生""社区－个人""主观－客观""行动－结构"等多重关系，实现本土资源与外部资源的整合、内生与外生力量的联结、社区发展与个人发展的统一、主观意识与客观存在的结合、行动主体与结构力量的互嵌。

五是结构层面构建高韧性的治理体系。高韧性治理不仅能提高乡村振兴战略的灵活性、适配性，给予基层政府和乡村社会充足的自主性空间，还能有效解决控制权的碎片化以及自下而上社会压力不足等问题，通过外部权力激发而非抑制农村活力。

（二）基本准则

具体而言，新内生发展模式作为强调"上下联动""内外共生"的整合性发展模式，不仅强调内外行动者之间以及上下层级之间的互动，在形式上还具有以下特征。

一是内生动力和外生动力的联结。新内生发展模式以社区居民的本土参与作为基本条件，旨在动员地方居民积极参与社区发展实践，促进乡村社区共同体成员之间以及社区和社会资本各个要素之间的交流、协作，从而在一系列社区发展行动中激发社区居民的内生发展动力。但同时，新内生发展模式也承认乡村社区以及社区居民在本土发展上所面临的诸多挑战与困境，因此非常重视外部资源、外生动力的注入。简言之，新内生发展模式并未一味强调依赖单方面的内生力量或者外生力量，而是同时承认并接纳两股力量对于乡村社区发展的重要性，通过外生动力的介入激发内生动力，并以内生动力的提升为基础，吸引更多外生力量的注入，试图在两股力量之间打造起正向的循环通道。

二是社区发展和个人发展的统一。新内生发展模式将作为行动主体的居民与作为基本空间场域的社区单元相结合，并实现二者在需求、目标、行动等层面的结合统一。就需求层面而言，新内生发展模式在明确社区发展整体需求的同时，深入剖析社区居民的个体化、差异性需求，并且寻找个人需求与社区需求之间的结合点。就目标层面而言，新内生发展模式从乡村社区以及个体、群体等实际发展需求出发，并结合乡村社区发展的现实条件，建构多层次、多维度的发展目标，实现个体目标与社区目标的结合。就行动层面而言，新内生发展模式在强调社区居民本土参与的基础上，还建构起个人发展与社区发展之间的互动通道，实现个人发展与社区发展的行动统一。

三是本土资源和外部资源的联动。新内生发展模式强调在整合社区本土资源的基础之上，根据乡村发展的实际需要链接整合外部资源，实现资源的内外联动。这首先要求乡村社区在积极发现、挖掘和识别本土资源优势的基础上，邀请社区居民、骨干精英、地方政府以及相关专家共同研判乡村社区发展的资源劣势。在熟悉掌握乡村社区资源发展条件的基础上，还需要通过社区关系、市场平台以及政府帮扶等形式，根据社区发展的实际需求有针对性地联结外部资源。但最为关键的是，需要在本土资源与外部资源之间架构起合作的桥梁，将单向度的外生式资源转化为双向度的共生式资源，更为重要的是，需要在本土资源与外部资源的有机联动中，逐步减少乡村社区对于外部资源的依赖，从而培育本土资源优势。其中的关键环节则是，进一步找寻内外部资源的结合点，也即内外部合作的特色定位，在差异化道路中谋求乡村发展，推动乡村振兴。

四 本书的逻辑架构

本书旨在从新内生发展的理论视域出发，以红河县为案例地点，通过质性与量性相结合的方式，探索中国乡村新内生发展道路。总体而言，主要包括背景性研究、主体性研究以及规范性研究三部分，其具体内容设计与逻辑架构如图 1－1 所示。

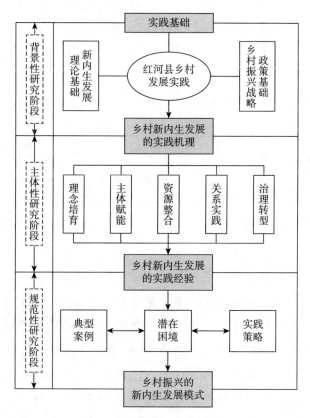

图 1－1 内容设计与逻辑架构

（一）第一部分：背景性研究

背景性研究部分旨在从政策、理论以及实践等层面交代本课题的基本情况，以为后续研究的开展奠定基础。其中，第一章"绪论"首先是从政策、理论以及实践层面出发,交代本课题的研究背景,并阐明研究内容、研究意义;其次是对本研究的理论基础展开论述,在细致梳理"外生发展－内生发展－新内生发展"理论脉络的基础上,对新内生发展理论的主要观点以及核心概念进行介绍;最后,从调查研究方法、实施方案以及样本村概况等维度对本次课题调研的总体情况进行说明。第二章"红河县经济社会发展及乡村振兴基本状况"则主要围绕案例地点——红河县展开。一方面在介绍红河县发展历史、行政架构的基础上,描述其产业结构、经济社会发展概况;另一方面在深入把握、分析红河县脱贫攻坚与乡村振兴衔接情况的基础上,对当地乡村振兴的特色与实践进行总体性呈现。

（二）第二部分：**主体性研究**

主体性研究部分主要是借助新内生发展理论"理念－主体－资源－行动－结构"的分析框架,深入剖析红河县乡村振兴中的新内生发展实践。其中,第三章"理念层面:营造新内生的文化氛围"主要是从价值导向、党建引领、文化更新、地方认同等维度出发,对乡村新内生发展的理念倡导和文化培育等情况进行介绍。第四章"主体层面:实现社区化的赋能增效"主要是从个体、群体、家庭以及社区等维度出发,对乡村新内生发展实践中的社区化赋能展开系统性分析。第五章"资源层面:推动跨地域的资源流动"主要对乡村新内生发展实践中的资源评估、资源整合、资源再生、资源共生等环节和步骤展开剖析,以此呈现乡村资源开发与利用的整体性实践。第六章"行动层面:强化多向度的关系实践"旨在在介绍社区居民、层级政府、市场力量等主体的行动介入方式的基础上,对多元主体之间超地方行动者关系网络的联结过程展开分析。第七章"结构层面:构建高韧性的治理体系"主要是沿袭协同治理、技术治理、风险治理、情感治理等脉络,对近年来尤其是乡村振兴时期红河县乡村治理体系建设情况展开剖析。

（三）第三部分：**规范性研究**

规范性研究部分主要是在背景性研究和主体性研究的基础上,对红河县乡村振兴以及乡村新内生发展实践的主要经验进行总结、提炼与反思，以此为红河县下一步相关工作的深入推进以及全国乡村振兴与乡村发展实践提供参考借鉴。其中，第八章"构建中国特色乡村振兴新内生发展模式"旨在在提炼红河县乡村振兴中新内生发展实践经验的基础上，阐明其所具有的示范及推广效应。此外，还在实践层面反思其所存在的诸多问题与局限之处，并对其未来发展提出针对性建议，同时在理论层面挖掘其中有待进一步深入探讨的学术议题，并阐明这些学术议题所具有的价值与启发意义。附录主要采取案例研究的方式，选取红河县乡村振兴的典型事迹并对其基本情况、实践经验、特色亮点以及下一步工作计划等情况进行介绍。

第三节　红河县乡村调研概况

本节主要从研究方法及实施方案、样本村概况等方面介绍红河县乡村社会调查基本情况。依托乡村社会调查，本项目得以深入红河县乡村，探寻新内生发展路径。

一　调研方法及实施方案

中国乡村社会大调查（云南）项目使用的整体抽样方法为多阶段混合概率抽样（Multi-Stage Composed Sampling）。项目组依照云南省2020年"七普"资料、云南省乡村振兴局"巩固脱贫攻坚成果子系统"数据分区县、行政村、自然村、家庭户和住户成员五个层面进行调查，并确保每个层面都是随机抽样。

项目抽样具体可以分为五个阶段：初级抽样单元（PSU）包括129个云南省区县（含市辖区，后同）；次级抽样单元（SSU）包括11313个位于各区县的行政村；第三阶段抽样单元（TSU）包括已抽出的行政村下辖的所有自然村；第四阶段抽样单元（FSU）包括已抽出的自然村下辖的所有家庭户；末端抽样单元（USU）包括已抽出的家庭户所有18～69岁的住户成员

（受访对象）。

在区县抽样层面，项目组区分 4 个"大样本县"和 125 个"小样本县"。根据区县抽样结果，结合专家意见，选出 4 个有代表性的"大样本县"进行实验匹配设计，选取随机样本 30 个，补充样本 12 个，共涉及 42 个区县。抽取方法为分层 PPS 抽样（Stratified Probability Proportionate to Size Sampling）。

在行政村抽样层面，项目组采用独特的定量与定性相结合的抽样设计。各区县定性调查团队将行政村选点根据田野调查的"典型性"和/或"重要性"排序。抽样组通过反复随机抽样，选出 5 套以上至少包含 3 个最典型的和/或最重要的行政村的抽样方案，并反馈给各团队。行政村样本量为"大样本县"30 个、"小样本县"6 个，抽取方法为系统 PPS 抽样。

在自然村抽样层面，定性调查团队根据研究需求，列出所抽出的行政村中具有田野调查"典型性"和/或"重要性"的自然村。每个行政村最多只能列出 1 个这样的自然村，以保证抽样的随机性。自然村样本量为每个行政村抽 2 个，抽取方法为系统 PPS 抽样。

在家庭户抽样层面，样本量为每个自然村 13 户，抽样方法为系统等距抽样（Systematic Sampling）。

在住户成员（受访对象）抽样层面，每户抽取 1 人，抽样方法为 Kish 表随机抽样。在入选的家庭户内，列出所有 18 ~ 69 岁的住户成员，用 Kish 表随机抽取一人，作为最终调查对象。所有 18 ~ 69 岁住户人口，是指过去一周在这个家庭户居住的家庭成员。

二 样本村概况

本项目样本村主要分为问卷村以及案例村两类，其中问卷村主要包括迤萨镇勐龙村、迤萨镇勐甸村、三村乡扎么村、洛恩乡草果村等 6 个行政村；案例村主要包括宝华镇朝阳村、三村乡扎么村、甲寅镇老博村等 5 个行政村（见表 1 - 2）。

表 1-2　样本村详细情况

样本村	问卷村	案例村
宝华镇朝阳村		√
三村乡扎么村	√	√
甲寅镇老博村	√	√
迤萨镇勐龙村	√	√
甲寅镇龙普村		√
迤萨镇勐甸村	√	
洛恩乡草果村	√	
乐育镇然仁村	√	

（一）宝华镇朝阳村

朝阳村隶属红河县宝华镇，位于宝华镇境中部，地处山区，距镇政府所在地 4 公里，距县城 40 公里。全村辖 9 个村民小组，有农户 1071 户，有乡村人口 4805 人，其中农业人口 4304 人，劳动力 2813 人，其中第一产业从业人员数为 2281 人。全村面积 10.20 平方公里，海拔 1470~2436 米，平均气温 16.7℃，年降水量 3200 毫米，气候温和，雨量充沛，适合种植水稻、玉米等农作物，农民收入主要来自种植业、劳务输出。目前，全村共有建档立卡户 270 户 1163 人，2014~2019 年脱贫 251 户 1095 人，未脱贫 19 户 68 人，贫困发生率 1.43%。①

朝阳村自然条件优越，物产富饶，气候温和，土壤肥沃，灌溉条件优越，农业生产发达，空气清新，位于红河县旅游环线上，交通便利，背靠世界文化遗产——撒玛坝万亩梯田，有优美的田园风光，传统的乡村聚落，宽敞的居住及生活空间。朝阳村有着悠久的历史，保存和传承着哈尼族传统文化，定期举办民族节庆、民族舞蹈表演等活动。

（二）三村乡扎么村

扎么村距离三村乡政府 13 公里，全村面积 27 平方公里，耕地面积

---

① 资料来源：《红河县乡村调查报告（2018~2022 年）》（红河县内部调查报告），本书所引用的红河县相关数据，除特别注明的以外，均来自此报告。

1500 亩，其中水田 9000 亩、旱地 600 亩。该村平均海拔 1950 米，年平均气温 20℃，年降雨量 1200 毫米。由于气温高、霜期短，适宜发展茶叶、水果、蔬菜等种植业及生态猪、鸡、鸭、羊、牛等养殖业。扎么村辖 11 个自然村，2021 年共有人口 539 户 2535 人，脱贫户 381 户 1806 人，致贫原因主要是缺技术、因病（残）、因学、缺劳力等。从贫困户属性分析全村建档立卡贫困户，2020 年有 2 户边缘易致贫户，现已消除，具体帮扶措施主要有教育助学贷款和雨露计划帮扶、产业帮扶、就业帮扶、政策兜底、申请临时救助、申请大病医疗救助、申请急难救助、申请防贫保险等。2022 年共识别三类监测户 31 户，其中，脱贫不稳定户 28 户，突发严重困难户 0 户，边缘易致贫户 3 户。此外，扎么村现有 9 个支部 73 名党员，正式党员 71 名，预备党员 2 名。

（三）甲寅镇老博村

老博村地处甲寅镇中东部，距镇政府驻地 3.5 公里，距县城 40.5 公里。东临龙美村大龙村民小组，西临甲寅村清东村民小组，北临龙普村拉车村民小组，南临甲寅后山水库。该村年平均气温 14.2℃，年降水量 1310 毫米，有耕地 1850 亩，人均耕地 0.62 亩，有林地 4490 亩，主要种植稻谷、玉米、黄豆、马铃薯等农作物和桃、梨、花椒、棕榈等经济林果。老博村辖 6 个自然村，9 个村民小组，村民委员会驻老博上寨。6 个自然村分别为老博上寨、老博下寨、老博咪田、老博青撒、老博马撒、老博撒尼。9 个村民小组分别为上寨一组、上寨二组、下寨、咪田一组、咪田二组、青撒一组、青撒二组、马撒、撒尼。老博村总户数为 595 户，总人口 2978 人。建档立卡户 93 户 403 人（其中边缘易致贫户 3 户 10 人，脱贫不稳定户 1 户 2 人）。

老博村居住民族以哈尼族为主，有着丰富多彩的自然景观资源以及富有韵味的人文资源。附近不仅有撒玛坝万亩梯田景区、迤萨古镇、阿姆山省级自然保护区、普春村、桂东梯田、红河哈尼梯田国家湿地公园等旅游景点，还有红河棕榈、五彩饭、哈尼野味、红河小杧果、红河葛根粉、迤萨小黄牛干巴等特产，以及哈尼族多声部民歌、红河县傣族传统制陶技艺、羊街乡车普村哈尼族（奕车）传统文化、乐作舞、彝族海菜腔等民俗文化等。2006 年,该村被列为民族文化生态村。2015 年 2 月,中央精神文明建设指导委员会授予老博村第四届全国文明村镇称号。2022 年 2 月,云南省爱卫办授予老博村 2021 年度云南省卫生村称号。

(四)迤萨镇勐龙村

勐龙村位于县城南部,距离镇政府所在地 8 公里,面积 10.54 平方公里,有耕地 2963 亩,林地 9792 亩。辖 14 个自然村,有 527 户 2180 人,世居傣族、彝族两种民族。其中,傣族人口 467 户 1939 人,占总人口 88.9%。平均海拔 483 米,年平均气温 23.69℃,年降水量 843 毫米,处于干热河谷地带,热区资源丰富。勐龙河坝区土地肥沃,光热条件充足,被誉为"天然温室"。适宜种植优质水稻、冬早蔬菜、香蕉、甘蔗、杧果等林果,适宜养殖本地黑山羊、黄牛等,农民收入主要来自种植业、养殖业、畜牧业。2022 年,全村经济总收入为 4861.4 万元,人均纯收入为 22300 元,人均有粮 360 公斤。村集体经济收入 15.48 万元。全村设党总支部 1 个、党支部 14 个。其中,非公经济党支部 2 个。全村共 121 名党员,其中男性党员 90 名,女性党员 31 名。

勐龙村经过多年的发展,当地农户已经积累了丰富的种植、养殖技术和管理经验。勐龙村党组织曾多次被省、州县委县政府表彰,作为全州"明白人、带头人"工程的发源地和红河县基层党建的标杆。先后获得了"省级先进基层党组织"、"云南省文明村"、"云南省卫生村"、"云南省农村基层党风廉政建设示范村"、"红河县先进基层党组织"、"红河州民族团结进步示范村"、"云南省民族团结示范村"、"中国少数民族特色村寨"和"全国文明村"等一系列荣誉。

(五)甲寅镇龙普村

龙普村位于甲寅镇东南部,距县城迤萨 22 公里,距镇政府所在地 5 公里。龙普村海拔 1750 米,年平均气温 14.20℃,年降水量 1310.80 毫米。全村面积 20 平方公里,有耕地 2170 亩,人均耕地 0.73 亩;有林地 11080.10 亩。全村辖 10 个村民小组,有农户 654 户,人口 2954 人,建档立卡户 108 户,监测户 20 户。龙普村既是"江外"竹编手工艺发源地,又是民国年间红河最大最热闹的交易集市——"老博街"——所在地，龙普竹编始于明末清初，盛于民国时期，至今已有 400 余年的历史。龙普竹编颇具特色，竹编工艺兴盛，竹编文化璀璨，具有编织精细、式样美观、经久耐用、生态环保等特点，深受人们喜爱，曾远销省内外乃至东南亚国家和地区。编织品有篾帽、烟筒、背箩、谷床等 60 多个品种，曾有"六村百户千人齐编"之盛况。

在习近平新时代中国特色社会主义思想指导下，在省、州、县和镇各级党委政府领导下，龙普村围绕"两不愁，三保障"，以解决脱贫攻坚问题为导向，以服务群众解决实际问题为重心，积极配合乡镇工作队，确保帮扶措施落地、帮扶成效显现、帮扶群众满意。目前龙普村共有党员 79 名（预备党员 3 名），女党员 16 名，占党员总数的 20.3%。35 岁以下党员 10 名，占党员总数的 12.7%；36~59 岁的党员 49 名，占党员总数的 62.0%；60 岁以上党员 20 名，占党员总数的 25.3%。少数民族党员 52 名，占党员总数的 65.8%。大专以上学历的党员 13 名，占党员总数的 16.5%。

（六）迤萨镇勐甸村

勐甸村地处低热河谷区、半山区，面积 65 平方公里，东邻红河县县城，南依宝华镇、乐育镇、浪堤镇，西面羊街乡、元江县，北靠石屏县。现如今元蔓高速路贯穿勐甸村，有沿江岸而过的红河至元江二级公路作为辅助，总体交通极其便利。全村总人口 779 户 3342 人，辖 13 个自然村，有 8 个党支部 101 名党员，脱贫户 51 户 233 人，监测户 7 户 22 人；有傣族、彝族、汉族、哈尼族等。有耕地 8659 亩，2020 年农民人均收入 15960 元。境内最高海拔 1100 米，最低海拔 330 米，年平均气温 22.6℃，年降水量 843 毫米，适宜种植水稻、甘蔗、木薯、冬早蔬菜、热区水果，农民经济来源主要为种植业、畜牧业、外出务工。

勐甸村着力在"巩固、拓展、衔接"上"下功夫、见实效"，把一切为了群众特别是脱贫户增收作为鲜明导向，千方百计增加群众收入，抓实抓细脱贫人口和农村居民持续增收三年行动，落实"一户一案"帮扶措施，截至 2022 年 9 月，脱贫人口和监测对象人均纯收入达 1.6 万元以上；吸纳脱贫劳动力就业数量稳中有增，落实省外务工外出奖补 37 人 3.7 万元；开展脱贫劳动力培训 150 人次，有针对性地组织开展脱贫劳动力实用技术培训，脱贫劳动力培训后就业率达 90% 以上；动态调整乡村公益性岗位，共有农村保洁员、生态护林员、河道保洁员等 23 名；落实教育帮扶，义务教育阶段学生享受免学费、书费和"营养餐计划"，享受"雨露计划"4 人；落实社会保障帮扶，享受农村低保 23 户 74 人、特困供养 1 户 2 人、残疾人补贴 8 户 11 人、养老金 29 户 48 人，确保不漏一户一人。

（七）洛恩乡草果村

草果村隶属云南省红河州红河县洛恩乡，位于洛恩乡中南部，本那河南岸，与乡政府的直线距离为 12 公里，面积 20 平方公里，海拔 1460 米，年平均气温 15℃，年降水量 1530 毫米，适宜种植粮食等农作物。村辖规东、朋洛、仁东、阿东、作咪、草果、俄措、坡则、嘎达 9 个自然村，有耕地 1701 亩，其中，水田 839 亩，旱地 862 亩，人均耕地面积 0.69 亩。目前，全村设党总支部 1 个、党支部 6 个，党员共有 89 名（其中正式党员 87 名、预备党员 2 名），入党积极分子 3 名；有 1 所小学，在校学生共 320 人，有教师 8 名；有 1 个村级卫生室，有村医 3 名。2015～2018 年有建档立卡贫困户 287 户 1400 人，其中 2015 年脱贫 29 户 159 人、2016 年脱贫 24 户 124 人、2017 年脱贫 34 户 186 人、2018 年计划脱贫 135 户 662 人，目前未脱贫 65 户 269 人，全村低保户 27 户 56 人，五保户 3 户，残疾 47 人。建档立卡致贫原因主要有以下几类：287 户建档立卡户中缺技术的 213 户 1039 人、缺劳力的 16 户 51 人、因学致贫的 13 户 71 人、因残致贫的 14 户 71 人、缺土地的 9 户 60 人、因病致贫的 22 户 108 人。此外，非建档立卡残疾人 28 户 131 人、危房户 1 户 1 人、重病户 4 户 9 人、低保户 4 户 26 人。

当前 9 个自然村进村公路已经全部实现硬化；坡则、草果、阿东、仁东 4 个自然村已经修建党员和村民活动室；所有自然村全部实现通水、通电、通广播电视，行政村、学校、卫生室全部通宽带网络。

（八）乐育镇然仁村

乐育镇然仁村位于乐育镇东部，距镇政府驻地 7 公里，离红河县城 30 公里，东邻宝华镇宝华村，南邻乐育镇尼美村，西邻乐育镇乐育村，北邻迤萨镇勐甸村。面积为 9.6 平方公里,海拔 1750 米,年平均气温 17.2℃,年降水量 1290 毫米,耕地面积 2644 亩,林地面积 6765 亩,适宜种植水稻、甘蔗、香蕉、木薯等农作物,种植香蕉、甘蔗、柑橘共计约 3200 亩,其中香蕉 1000 亩,甘蔗 1600 亩,橘子 600 亩。本村村民务工地点省外较多,省内较少。

全村共有 9 个自然村 11 个村民小组(然仁一组、然仁二组、妥色一组、妥色二组、达垤、宗洛玛、格伍、塔普、东山、哈脚、小丘),总人口为 871 户 4240 人,世居哈尼族、彝族。然仁村共有 10 个党支部,党员 115 名(含 3 名驻村干部)。女党员 13 名,占党员总数的 11.3%。35 岁以下的党员 33 名,占党员总数的 28.7%;60 岁以上的党员 7 名,占党员总数的 6.1%。大专以上学历的党员 14 名(含 3 名驻村党员)。外出流动党员 20 名。然仁村共有脱贫人口 298 户 1437 人,其中一般脱贫户 246 户 1182 人,监测对象 52 户 255 人(脱贫不稳定户 32 户 160 人,已消除风险 31 户 156 人;边缘易致贫户 19 户 92 人,已消除风险 18 户 85 人;突发严重困难户 1 户 3 人,未消除风险)。村卫生室有 4 名村医,人数足够。所有村民小组均通自来水,自来水入户比例为 100%,自来水水质达标,无季节性缺水情况。2022 年村集体经济收入 11.34 万元,来源如下:光伏收益 6.66 万元,然仁村妥确嘎达土地承包费 1 万元,然仁村茶厂承包费 0.15 万元,环境卫生管理费 3.53 万元。

第二章 红河县经济社会发展及乡村振兴基本状况

进入新时期以来，红河县社会经济发展势头良好，不仅在 2020 年取得脱贫攻坚战的伟大胜利，顺利摘掉了贫困县的帽子，而且在巩固拓展脱贫攻坚成果、实现脱贫攻坚与乡村振兴的有效衔接方面取得了一系列突出成就。本章将简要介绍红河县的发展历史及行政架构、产业结构及社会经济发展概况、脱贫攻坚的经验和成就及其与乡村振兴的有效衔接等三方面的内容。

第一节 红河县发展历史、行政架构

红河县地处云南南部，红河哈尼族彝族自治州西部。境内资源禀赋优越，少数民族众多。1951 年，正式设置红河县之后，县以下的行政体制历经多次变迁，直到 2020 年确定 5 个镇 8 个乡的行政架构。

一 发展历史

红河县地处祖国云南边疆，是镶嵌在红河中游南岸哀牢山崇山峻岭中的一片富饶美丽的红土地。县城迤萨周边地区出土的石斧、石矛、石锛等文物证明，远在原始社会境内已有古人类繁衍生息。西汉元封二年（公元前 109 年），汉武帝设益州郡，滇王归附汉朝，包括红河在内的整个西南地区被纳入祖国的版图，成为统一的中华民族大家庭不可分割的一部分。汉至东晋为母掇县、胜休县地，分属益州郡和兴古郡。隋属昆州。唐（南诏）时，属通海都督和银生节度辖地。宋（大理）时，被列入"三十七部蛮"，属秀山郡和威远睑治地。元代，先后隶属于和尼路和元江路，其间曾设落恐万户、溪处副万户，属南路总管府，推行羁縻政策。唐宋元时期，境内先后有官桂思陀、七溪溪处、伴溪落恐、因远逻必、铁容甸（亏容甸）等哈尼族、傣族部落崛起，形成红河南岸哈尼族、傣族繁衍生息的活动中心。明属元江军民府和临安府，明洪武年间，朝廷继续推行元朝"以当地土酋统治当地土民"的封建世袭土司制度，封设亏容、瓦渣、思陀、溪处、佐能、落恐、因远等世袭封建长官司，为云南边疆土司设置最多的地区。清属元江直隶州、临安府石屏州和建水州，沿袭明朝土司旧制。民国属元江县、石屏县和建水县，其间曾实施"改土归流"，废除土司制度，但改革不彻底，土司旧制与区乡建制长期并存。

中华人民共和国成立后，由元江、石屏、建水三县析置，与石屏、建水、元阳、绿春、墨江、元江6县接壤。1950年2月18日，红河县筹备处成立。1951年3月24日，中央人民政府政务院正式批准设置红河县，红河县筹备处接蒙自专员公署通知后，于同年5月7日正式设县，隶属蒙自专区。1952年4月更名为红河爱尼民族自治县。1954年7月复称为红河县，并由蒙自专区划归红河哈尼族自治区（治所元阳县新街）。1957年11月18日隶属红河哈尼族彝族自治州。红河县人民政府成立后，沿袭近600年的世袭封建土司制度终被推翻，各族人民得到解放，并形成和发展平等、团结、互助的社会主义民族关系，民族经济得到发展，各民族实现共同繁荣进步。2020年5月17日，红河县正式退出贫困县序列。2021年8月，入选云南省国家级乡村振兴重点帮扶县。建县后，为加强和完善行政区域管理，妥善解决与邻县之间土地、山林和水利纠纷等问题，维护地区稳定，本着尊重历史、照顾现实、团结互利原则，根据国务院和省政府、州政府决定，红河县与元阳、绿春、元江、墨江等邻县多次进行县域区划调整和勘界工作。

二 区位概况

红河县地处滇南，以山地地形为主，地势中部高、南北两翼低，境内水系发达，水和水能资源丰富。

（一）地理位置

红河县地跨北纬 23°05′~23°26′，东经 101°49′~102°37′，面积 2028.5 平方公里。东接元阳县和建水县，南连绿春县，西北与玉溪市元江县相邻，北与石屏县隔红河相望。东西最大横距 81 公里，南北最大纵距 55.5 公里，县界总长 308.7 公里，其中与元阳县接界 55.5 公里，与绿春县接界 60 公里，与墨江哈尼族自治县接界 68.1 公里，与元江县接界 73.2 公里，与石屏县接界 51.6 公里，与建水县接界 0.3 公里。县人民政府驻迤萨镇，北距省会昆明 240 公里，东距自治州首府蒙自 150 公里。

（二）自然环境

红河县除北部红河谷地几个面积狭小的盆地外，96% 面积为山地，最高的山是东南部的么索鲁玛大山，主峰海拔 2745.8 米，最低点为东北边缘的曼车渡口，海拔 259 米。红河县属亚热带季风气候类型，立体气候十分明显，有"一山分四季，十里不同天"之说。

红河县境内土壤有 7 个土类 10 个亚类 27 个土属 55 个土种，土层较为深厚，肥力较高。有高等植物 731 种，热带野生植物占 53.3%，国家珍稀濒危野生植物有一级保护植物中华桫椤，二级保护植物水青树、藤枣、董棕，三级保护植物红椿、翠柏、红花木莲、锯叶竹节树。国家珍稀野生动物有一级保护动物蟒蛇、懒猴（蜂猴）、穿山甲，二级保护动物画眉鸟等 20 种。矿藏以非金属矿为主，包括石膏、大理石、石棉、煤和水晶石等，金属矿有铜、铅、铁、金等。

（三）资源

乡村社会本土物质性资源属于显性的内生性资源，既包括水资源、矿藏资源以及动植物资源在内的自然资源，也包括风景名胜、历史古迹以及节日民俗等实体性人文资源。①

1. 自然资源

水资源。红河县属云南省水和水能资源比较丰富的县之一。县内有大小

---

① 袁宇阳、张文明：《乡村内生发展视角下资源的内涵及其应用》，《世界农业》2020 年第 6 期。

河流 20 余条，其中主要河流 8 条，分属红河水系、李仙江水系和藤条江水系。全年地表水径流量 12.66 亿立方米，地下水径流量 4.03 亿立方米，水能资源蕴藏量 19.78 万千瓦。地下水出水量约 4 亿立方米，全县人均占有水量为中国平均值的 2 倍。以县境中部为界，分为南、北两大水网。北部水网，流域面积 1031.4 平方公里，河道短，落差大，水流湍急，春秋季节水位涨落明显，由南往北分别注入红河。南部水网，流域面积 997.1 平方公里，河道曲折，由北向南或由西北向东南分别流经坭玛、三村、架车、洛恩、阿扎河乡等地，再经江城、元阳、绿春、金平等县汇入李仙江。

矿藏资源。红河县矿产资源丰富，有石膏、铜、锌、铅、铁、煤、高岭土、石棉、大理石、花岗石等。县内矿藏以非金属矿为主，尤以石膏为冠。石膏资源储量 1.19 亿吨，硫酸钙含量一般为 80%，最高达 90% 以上，属国内少见的高品位富矿，开发潜力大。此外，县内花岗岩石探明储量也达到 2000 万立方米。

动植物资源。红河县境内野生动物资源丰富，有陆生类野生脊椎动物 31 目 72 科 149 属 217 种。其中，哺乳动物 11 目 23 科 41 属 52 种，鸟类 13 目 32 科 82 属 128 种，两栖动物 3 目 9 科 13 属 19 种，爬行动物 4 目 8 科 13 属 18 种。有水生类野生动物十余种，昆虫类野生动物数百种。红河县境内有热带雨林、热带常绿阔叶林、温性针叶林、暖性针叶林、竹林、山顶灌丛和人工群落 7 个植被类型和 153 个植物群系，分别占全国植被类型和植物群系的 24.1% 和 27.3%，占云南植被类型和植物群系的 58.3% 和 88.9%。境内森林资源丰富，林木种类繁多，以云南松、思茅松、油杉、桤木、桦木等为主，其中列为国家重点保护的有野茶树、大树杜鹃等 10 余种。野生药用植物有杨梅皮、枳实、何首乌等。森林面积 12.29 万公顷，森林覆盖率 60.48%，林木绿化率 66.03%。

2. 人文资源

宝华撒玛坝万亩梯田 5A 级旅游景区。撒玛坝万亩梯田位于红河县宝华镇，距县城 38 公里。梯田总面积 1.4 万余亩，4300 多级梯田，最低海拔 600 米，最高海拔 1880 米。红河县境内的梯田距今已有 600 多年的历史，最早是由宝华落恐土司第一代吴蚌颇率众开垦。这 1.4 万余亩的梯田属 4 个乡镇 21 个村委会，是 4 万多人的粮仓。梯田一年四季呈现出不同的景色，春是碧绿的世界，秋是金黄的稻山，入冬后，块块梯田如明镜镶嵌沟谷，似彩练直上云天，早观云海日出，更是美如仙境。这里集中展示了森林、村寨、梯田、水系四素共构的农业生态系统和各民族和睦相处的社会体系。此外，撒玛坝万亩梯田是全国唯一能在一个视角点将万亩梯田尽收眼底的观赏区。

马帮古城 4A 级旅游景区。位于云南省红河县县城东门街的马帮古城主要由东门城楼、姚初居中西合璧民居和钱二官迷宫大院三部分组成，建于民国初年。该建筑群是红河县保存最完整的中西式、传统清式民居建筑群，具有很高的历史、艺术、科学研究和观赏价值，也是该县马帮历史文化的一个缩影。建筑总面积 2 万余平方米，有"江外建筑大观园"之美誉，2003 年被列为省级历史文物保护单位。

长街宴。长街宴是哈尼族的一种传统习俗，每年农历十月十日前后昂玛突节来临之际，哈尼族人会在山寨里摆上酒席，一起欢度节日。昂玛突节是哈尼族人祭护寨神、拜龙求雨的节日，也是作为庄稼人的哈尼族人最盛大的节日。节日当天，家家户户要做黄糯米、三色蛋、猪肉、鸡肉、鱼肉、鸭肉、牛肉干巴、麂子干巴、肉松、花生米等近 40 种哈尼族风味的菜肴，准备好酒，抬到指定的街心摆起来，一家摆一桌至两桌，家家户户桌连桌沿街摆，上百张桌子排在一起，摆成一条 700 多米长的长街宴，恰似一条长龙，"长街宴"因此得名，红河县甲寅镇咪田寨是哈尼族长街宴的发源地（见图 2-1）。

乐作舞。乐作舞是一种集歌、舞、乐于一体的古老民间艺术形式，意为"大家一起跳舞"，起源于红河流域南岸的红河县阿扎河乡垤施、洛孟，已有上千年历史。如今，乐作舞流行于红河县各个乡镇，很多村还成立了乐作舞队伍。此外，阿扎河乡每年 7 月都会举行一场"苦扎扎长街舞"，预祝来年人畜兴旺，五谷丰登（见图 2-2）。

图 2 - 1　长街宴

图 2 - 2　乐作舞

三　行政区划

红河县建县后，县以下行政体制多次变更。1951～1957年实行区乡体制，1958～1961年上半年实行人民公社体制，1961年下半年又恢复了区乡体制。1969年10月，在"文化大革命"中，再次废除区乡体制，恢复政社合一的人民公社管理体制。1984年，农村体制改革，废除人民公社体制，再次恢复区乡管理体制。1987年12月，进一步深化区乡体制改革，撤区设乡。1988年11月，全县设1个县属镇，13个乡（含1个傣族乡），下辖3个办事处，88个行政村。2005年7月，撤销勐龙傣族乡和迤萨镇，重新组成迤萨镇。同年，全县设1个县属镇，12个乡，3个社区，88个行政村，825个自然村。这1镇12乡分别为迤萨镇、甲寅乡、宝华乡、洛恩乡、石头寨乡、阿扎河乡、乐育乡、浪堤乡、大羊街乡、车古乡、架车乡、垤玛乡、三村乡。此后，红河县有4个乡进行了撤乡设镇。截至2020年，红河县下辖5个镇、8个乡，分别是迤萨镇、甲寅镇、宝华镇、乐育镇、浪堤镇、洛恩乡、石头寨乡、阿扎河乡、大羊街乡、车古乡、架车乡、垤玛乡、三村乡。

第二节　红河县产业结构、经济社会发展概况

进入新时期以来，红河县经济发展速度较快，社会事业发展状态稳中向好。从产业结构来看，一、二、三产业布局更加合理，产业结构不断优化升级；从社会事业发展状况来看，全县教育、卫生、文旅、民族宗教、劳动就业、社会保障等各方面均呈现稳步发展的态势。

一　产业结构

近年来，红河县不断调整产业结构，合理布局三次产业，推动产业结构进一步转型升级。从产业构成的比例来看，2022年红河县三次产业的比重为26.5∶22.3∶51.2，第三产业占比过半，产业结构升级成效显著。

（一）第一产业

1. 第一产业概况

红河县农业农村和科学技术局围绕县委"1153"工作思路，统揽农业农村工作，打造"绿色食品牌"，实施乡村振兴，狠抓粮食、果蔬、畜牧、渔业产业，巩固拓展脱贫攻坚成果与乡村振兴有效衔接，推动全县经济社会高质量发展。

根据不同区域土地、气候等资源优势和海拔、生态等情况，把全县分为三个农业产业经济带。县城周边乡镇干热河谷海拔在 1200 米以下地带为红河谷热区产业开发带，主要发展杧果、沃柑、柠檬、火龙果、冬早蔬菜等果蔬产业，积极培育规模化种植养殖大户；海拔在 1200～1800 米的为中半山区特色产业带，主要发展梯田红米、梯田鸭、梯田鱼、特色水果等特色产业，推进产业到户；海拔在 1800 米以上的为高海拔山区生物产业经济带，主要发展南板蓝根、丹参、黄精、藤茶、黄芩、工业大麻等中药材产业，扩大生物药业种植规模。

2021 年，全县总耕地面积 247321 亩，其中水田 109458 亩，同比增长 1.68%；农作物总播种面积 645007 亩，同比增长 1.2%；粮食作物播种面积 42.41 万亩，与上年持平；完成农林牧渔及其服务业总产值（现价）309075 万元，比上年增长 7.2%。其中，农业总产值 150785 万元，比上年增长 22.11%；牧业产值 114544 万元，比上年下降 13.06%；渔业产值 7554 万元，比上年增长 19.7%；农林牧渔业服务产值 7680 万元，比上年增长 10.9%。同期，农村居民人均可支配收入达到 11546 元，同比增长 10.7%。

2. 第一产业面积、产出及发展变化

种植业。粮食生产方面，2021 年全县粮食作物播种面积 42.41 万亩，与上年持平；粮食产量 14.28 万吨，同比增长 0.1%。水果方面，2021 年全县累计种植水果约 22.70 万亩（其中杧果 12.06 万亩，柑橘 3.50 万亩，火龙果 0.60 万亩，香蕉 3.60 万亩，荔枝 0.53 万亩，梨 0.06 万亩，桃子 0.50 万亩，樱桃 0.10 万亩，桑葚 1.58 万亩，百香果 0.11 万亩，李子 0.02 万亩，其他 0.04 万亩），产量 23.39 万吨，农业产值 7.4 亿元。蔬菜方面，

2021 年全县蔬菜（含菜用瓜）播种面积 9.19 万亩；总产量 13.30 万吨，同比增长 1.6%；分布在全县 13 个乡镇，以迤萨镇和宝华镇为主。茶叶方面，2021 年全县茶叶种植 9.51 亩，同比增加 3.1%，其中可采摘 8.5 亩；完成低产茶园提质增产改造 4000 亩；生产千毛茶 4337.7 吨，产值 7400 万元；州级龙头企业茶叶深加工厂 2 个，精制加工厂 2 个，初制加工厂 1 个。中药材方面，2021 年全县累计种植中药材 17.03 万亩，同比增长 129.2%；产量 0.52 万吨，同比增长 18.18%；农业产值 1.48 亿元，同比增长 16.3%；综合产值 2.04 亿元，同比增长 22.15%。图 2-3 为红河县垤玛乡牛崩茶叶种植基地。

图 2-3 红河县垤玛乡牛崩茶叶种植基地

林业。2021 年，全县林地总面积 210 万亩，其中公益林面积 91.25 万亩，商品林面积 46.91 万亩；活立木总蓄积量 946 万立方米；森林覆盖率 60.48%。森林火灾受害控制在 0.7‰以下，森林病虫害成灾率控制在 4‰以下。投入 130 万元培育各种苗木 139.4 万余株，其中经济林苗木类 89.6 万株，绿化苗木类 49.8 万株。新建洛恩乡乡村振兴生态修复苗圃基地，计划育苗 80 万株，其中八角 50 万株，其他苗木 30 万株。新建 100 亩珍贵用材林种植示范基地。完成洛竹坝林区、仰宗林区、坝利林区管护房建设，极大地改善了基层管护人员工作生活条件，使得洛竹坝林区、仰宗林区、坝利林区 8607 公顷林地得到有效管护。

畜牧业。2021 年，全县实现生猪出栏 15.23 万头，同比增长 3.5%；牛出栏 3.35 万头，同比下降 5.4%；羊出栏 7.21 万只，同比增长 4.9%；家禽出笼 340.75 万羽，同比增长 19.62%；肉类总产量 25405 吨，同比增长 4.2%；禽蛋总产量 2583 吨，同比增长 0.8%。

渔业。2021 年，全县水产养殖面积 3600 亩，其中池坝塘养殖面积 1900 亩，水库养殖面积 1700 亩；稻田养鱼面积 7 万亩，冬水田养殖面积 3 万亩。水产品总产量 3751 吨，其中池坝塘水产品产量 241 吨，水库水产品产量 10 吨，稻田养鱼水产品产量 2000 吨，冬水田养鱼水产品产量 1500 吨。生产鱼苗 1670 万尾，其中鲤鱼苗 1200 万尾，人工繁殖罗非鱼 20 万尾，其他 450 万尾。生产鱼种 231 吨，其中鲤鱼种 226 吨，罗非鱼种 5 吨。渔业总产值 7754 万元，比上年增加 4.8%。

（二）第二产业

1. 工业

在工业方面，红河县石膏园区建设、企业培育、商贸流通和信息化各项工作，以及工业商务和信息化工作均实现平稳较快发展。有规模以上工业企业 12 家，分别是云南省红河糖业有限责任公司、云南红河红枫农业开发有限公司、红河云百草药业有限公司、云南红河元宝建材开发有限公司、红河县天浩矿业有限公司、红河县道源石膏制品有限公司、中融红河环保建材有限公司、红河森沐文化产业有限公司、云南红河酷爱哈尼梯田产业发展有限公司、红河县恩帮混凝土搅拌有限公司、红河县瑞欣光伏发电有限公司、红河县兴蓝能源有限公司，按行业分，其中制造业企业 10 家，水电能源开发企业 2 家。2021 年县域工业总产值 111692 万元，比上年增长 7.3%，其中轻工业 86504 万元，同比增长 11.2%，重工业 25188 万元，同比下降 4.1%；规模以上工业企业总产值 101863 万元，同比增长 8.0%；规模以下工业企业总产值 9829 万元，同比增长 0.4%。工业企业产销率达

93.11%，比上年同期下降 2.2 个百分点。规模以上工业企业增加值同比增长 6.3%，主营业务收入 94163 万元，同比增长 5.0%；利税总额 5907 万元，同比下降 1.2%，利润总额 3701 万元，同比下降 2.4%。

2. 建筑业

在建筑业方面，2021 年全县建筑业总产值 6.05 亿元，同比增长 24.4%。质量安全监管力度持续加大，共监管 22 个项目（含 2020 年末竣工 19 项），建筑面积为 336287.67 万平方米；292 栋单体立面改造，建筑面积为 325002 平方米；竣工验收 6 个项目（联合验收 2 个项目），总建筑面积 94463.94 万平方米。建设工程消防审查 1 件、验收 3 件、备案 2 件，建筑面积为 1.9 万平方米。受监工程基本情况、检查记录、质量整改通知等已录入省站信息系统，共开具检查记录单 36 份，整改通知书 3 份，停工整改通知 1 份。房屋市政工程质量竣工验收合格率、新建工程签署法人委托书和质量终身责任承诺书覆盖率、新竣工工程永久性标牌覆盖率均为 100%。

（三）第三产业

1. 交通运输业

目前，红河县全县公路里程 1452.99 公里。按行政等级划分：国道 43 公里，省道 143.964 公里，县道 745.325 公里，乡道 288.463 公里，村道 232.238 公里。2021 年公路运输总周转量 7770.47 万吨公里，其中货运量 55.7 万吨，客运量 19.27 万人。货物周转量 7103.8 万吨公里，旅客周转量 1817.5 万人公里。

2. 邮电通信业

邮政。中国邮政集团有限公司云南省红河县分公司（简称"县邮政分公司"）实施"一个统领、双核驱动、三业并举、四化深入、五个关键"的总体思路，践行"十二字"工作方针，以"发展多一点，降本多省一点，盘活多一点"的总体策略，切实转变观念，实现各项业务质与量的全面提升。2021 年，县邮政分公司有生产用车 6 辆，县至各乡镇邮路 12 条，单程总长 853 公里。全县投递道段总条数 35 条，单程总长 1266 公里。其中城市投递道段 6 条，单程总长 82 公里；农村投递道段 29 条，单程总长 1184 公里。完成邮政业务总量 1218.22 万元，年内收寄两件业务 0.42 万件，国内包裹快递业务量 12.37 万件，投递国内平常函件 16.54 万件、国内普通包裹 0.28 万件、国内快递包裹 42.57 万件、国内标准快递 7.86 万件，投递报纸 212.39 万份、杂志 5.27 万份，机要通信工作确保机要文件安全送达。县邮政分公司完成县委、县政府下达全县的发行征订任务，实现报刊业务收入 52.9 万元，其他报刊收入 39.2 万元，总征订收入 92.1 万元。

电信。中国电信股份有限公司红河县分公司发展提速扩规模，聚焦云改数转，关注新基建，做强网络，服务提质。优化公司组织架构，公司本部设立综合支中心、政企行业分局、政企商客分局、政企教育及校园分局、网络分局、城市分局、直营厅；农村支局下辖阿扎河支局、甲寅支局、浪堤支局、垤玛支局等 13 个生产单元。2021 年全年业务收入 2099.03 万元，完成全年预算 2009.6 万元的 104.45%，比上年同期增长 20.63%。年末移动电话基站数 1258 个，其中 4G 基站 986 个，5G 基站 272 个。电话用户总数 180403 户，其中移动电话用户 177766 户，年末固定电话用户 2637 户。互联网宽带接入用户 39260 户，互联网上网人数 187026 人，其中手机上网人数 142212 人。

3. 房地产业

2021 年，红河县完成综合房地产投资 1.13 亿元；办理房屋市场交易 143 宗，交易面积 20453.96 平方米；收缴公共维修资金 56.0469 万元，建筑面积为 18882.15 平方米，收缴户数 193 户；全县 13 个小区成立业主委员会。3 个小区引进物业管理公司，即红河县水润金城小区、红河县云上盛景小区、红河县商业广场小区，物业管理工作运转正常。

4. 商业贸易

红河县围绕全州商务工作决策部署以及全县"1153"工作思路和年初经济发展目标，在落实各项政策措施的基础上，实现商贸经济平稳运行有序发展。2021 年全县完成社会消费品零售总额 362359.5 万元，同比增长 1.8%。其中，限额以上单位消费品零售额 3485.4 万元，同比增长 8.2%；限额以下单位消费品零售总额 358874.1 万元，同比增长 1.7%。按经营单位所在地分，城镇消费品零售额231442.4万元，同比增长1.9%；乡村消费品零售额130917.1万元，同比增长1.6%。按消费形态分，餐饮收入36923.1万元，同比增长6.4%；商品零售325436.4万元，同比增长1.3%。按行业分，批发业零售额119443.3万元，同比下降1.0%；零售业零售额205816.1万元，同比增长2.7%；住宿业零售额10138.8万元，同比增长1.5%；餐饮业零售额26961.3万元，同比增长9.2%。同时，红河县启动实施电子商务进农村综合示范项目，电商公共服务、物流仓储配送、电商人才培训、农产品供应链、电商扶贫五大体系建设稳步推进。年末全县共有注册个体经营户10337户，比上年增长37.4%；私营企业1406家，比上年增长28.9%；农民专业合作社407家，同比下降0.5%。完成电商交易总额63442.91万元。

在旅游方面，红河县2021年共接待国内外游客112.56万人次。其中，接待海外游客0人次；国内游客112.56万人次，同比增长58.6%；实现旅游业总收入11.29亿元，同比增长23.9%。

二　经济社会发展状况

当前，我国社会的主要矛盾已经从人民日益增长的物质文化需要同落后的社会生产之间的矛盾，转化为人民日益增长的美好生活需要和不平衡不充分的发展之间的矛盾。为了满足人民群众对美好生活的期望，切实提高人民群众的幸福感和获得感，红河县在教育、卫生、文化旅游、民族宗教、劳动就业、社会保障等各方面持续发力，并取得了系列成果。

（一）教育

1. 概况

红河县教育系统围绕乡村振兴战略及"十四五"发展规划，按照"普及学前、做实小学、做强初中、做特高中、联动职中"总体思路，落实立德树人根本任务，推进基础教育发展，强化教师队伍建设，加强校园安全管理，巩固教育扶贫成果。目前，全县共有各级各类学校338所，其中幼儿园120所（含民办9所），小学198所（含教学点115所），初中13所，九年一贯制学校 1 所，高中 2 所，特殊教育学校 1 所，职业学校 3 所。在园幼儿 16969 人，专任教师 174 人。在校学生 64379 人，其中小学 41081 人，初中 15490 人，高中 5203 人，特殊教育学校 125 人，中职学校 2480 人（含非全日制 2164 人）。专任教师 3554 人，其中小学 2080 人，普通中学 1446 人（初中 1009 人，高中 437 人），特殊教育学校 5 人，中职学校 23 人。校外机构教师 43 人。全县学校占地面积 179.8955 万平方米，校舍建筑面积 69.6026 万平方米；有藏书 182.06 万册，数字终端 8435 台。全县人均受教育年限 10.8 年。

2. 教育经费

红河县十分重视教育发展，在经费方面投入巨大，2021 年达到 70384 万元。其中，安排普通高中建设项目资金 9031 万元，义务教育薄弱环节改善与能力提升补助资金 2501 万元，城乡义务教育家庭经济困难学生生活补助 2853 万元，城乡义务教育公用经费补助 4381 万元，农村小学不足 100 人校点补充公用经费专项资金 353 万元，特殊教育公用经费 266 万元，农村义务教育学生营养改善计划国家试点县中央专项补助 5066 万元，普通高中建档立卡家庭经济困难学生免学杂费 177 万元，普通高中建档立卡家庭经济困难学生补助生活费 298 万元，普通高中国家助学金 623 万元，普通高中生均公用经费 714 万元，学前教育家庭经济困难学生资助经费 189 万元，支持学前教育发展资金 350 万元。

3. 教育基础设施建设

2021 年，红河县完成体彩公益金润雨计划项目投资 240 万元；改造中小学幼儿园厕所 200 座；实施"薄改提升"单体项目 13 个，总投资 1723.63 万元，校舍维修改造单体项目 14 个，总投资 935.61 万元，学前教育改造单体项目 4 个，总投资 298.89 万元。推进红河县第一中学建设项目，累计投资 27864 万元。

（二）卫生

1. 概况

红河县落实基本公共卫生服务和计生惠民政策，人口自然增长率 5.5‰，人均寿命提高到 77.93 岁。2021 年，红河县积极推进卫生健康重点项目，红河县妇幼保健院完成整体搬迁，红河县人民医院整体搬迁项目完成感染性疾病科综合楼主体工程，红河县医疗废物收转运能力建设项目主体完工，县中医医院迁建项目稳步推进；成功创建胸痛、卒中、新生儿和危重孕产妇救治四个中心。公立医疗机构总诊疗 174.9 万人次，住院 2.26 万人次。全县有 122 个医疗卫生健康单位，其中，县级公立医院 2 个，县级专业公共卫生健康机构 3 个，乡镇卫生院 13 个，村卫生室 88 个，社区卫生室 3 个，民营医院 6 个，诊所 7 个。卫生机构床数 1247 张（不含卫生室、诊所），每千人拥有病床 4.4 张。全县卫生机构技术人员 1286 人（含民营医院），已获得执业（助理）医师资格的有 265 人，每千人拥有执业（助理）医师 0.93 人。注册执业护士 464 人，每千人拥有护士 1.63 人。注册全科医生 44 人，每万人拥有全科医生 1.5 人。乡村医生 350 人。不过，高层次人才和学科带头人较为缺乏，全县仅有高级职称人员 51 人（乡镇卫生院 4 人）。

2. 医疗经费以及基础设施建设

红河县投入了大量经费在医疗以及基建设施建设上。在红河县人民医院整体迁建项目上，新建的县人民医院总建筑面积达到 62505 平方米，总投资 3.4 亿元。截至 2021 年末，共支出 10016.50 万元。在红河县医疗废物收转运能力建设项目上，计划投资 838 万元，其中中央资金 419 万元，地方配套 419 万元，建设内容为新建 1 座收转运能力 3 吨/天的医疗废物回收转运站，总建筑面积为 548 平方米及室外配套基础设施，项目于 2021 年 5 月开工建设，截至 2021 年 12 月，已经完成主体工程，中央资金支出 178.25 万元。在红河县"双提升"工程项目上，县人民医院改造装修负压病房 2 间、重症监护室 2 间。县疾控中心核酸实验室工程项目、病原微生物实验室由省卫健委统一设计、统一建造、统一配备仪器设备，目前项目改造完成，并投入使用。在红河县妇幼保健院搬迁项目上，县妇幼保健院室内整体装修改造于 2020 年完成，2021 年 6 月正式搬迁到新院区。

3. 医疗保障

红河县医疗保障工作围绕"保基本、可持续、全覆盖、推改革、优服务、惠民生"要求，加快推进"公平医保、法治医保、安全医保、智慧医保、协同医保"建设。2021年，全县参加基本医疗保险人数315794人，其中参加城镇职工医疗保险的11339人，参加城乡居民医疗保险的304455人。城镇职工基本医疗保险基金收入7087万元，支出11396万元；城乡居民基本医疗保险基金收入42523万元（本年收入26874万元，上级补助收入15649万元），支出49012万元（医疗费用各项支出14963万元，上级支出34049万元）。城镇职工普通门诊就诊57981人次，住院3777人次，医保金支出4938万元；城乡居民门诊就诊1481485人次，住院44189人次，医保金支出18937万元。医疗救助资金支出4173.54万元，其中直接救助3875人，1990.15万元；资助参保129632人，资助金额2183.39万元。办理转诊、异地备案结算4847人次。

（三）文化旅游

1. 文化

文艺活动。2021年，红河县组织文艺活动68场次，观众91880人次；组织文艺培训班3期，参与培训1330人次；举办展览3次，参展1460人次。同时，红河县每年都举办撒玛坝梯田"开秧门"大型民俗活动。此外，马帮题材大型舞台剧《马帮·女人》是红河州的第一部庭院剧，2021年在县城东门马帮庄园成功首演，广获观众赞誉。同年，全国首部哈尼戏剧《莫批阿波》展演。

地方文化书籍出版发行。红河县发行并出版多本地方文化书籍。其中，《哈尼哈巴——哈尼原生态民歌》囊括了红河州、西双版纳等地最具广泛性和代表性的233首哈尼族民歌、器乐和曲。《红河风·马帮韵》包含马帮简史、妇人缠足、马帮红颜、巨头风云、非遗荟萃、田园神韵、诗和远方七个篇章。《古镇钩沉》则紧扣迤萨古镇历史风貌，重点对其建筑进行了描写，分为"建筑类""水文化""人物故事""音乐艺术""其他"五个板块。

非物质文化遗产保护。红河县有各级非物质文化遗产代表性名录61项（国家级保护名录2项、省级保护名录4项、州级保护名录7项、县级保护名录48项），各级代表性项目传人300人（国家级非遗传承人3人、省级传承人9人、州级传承人39人、县级传承人249人）。

公共文化服务。红河县有文化馆 1 个，县级图书馆 1 个，各类文化站 13 个。公共图书馆总藏书量 60080 册。县图书馆全年免费开放服务，全年无休，每周开放 42 小时，每年举办文化活动 30 场次。曾开展"4·23 世界读书日"全民阅读系列活动、"阅读越美·致敬红色经典"读书分享会活动、首届"青春杯"中小学生优秀图书阅读朗诵大赛、"迎新春 送科技书"下乡等活动。

2. 旅游

红河县旅游业围绕打好世界一流"健康生活目的地"牌，打造一条环线两个景区，推进东门马帮古城 4A 景区和撒玛坝万亩梯田 5A 景区建设工作，秉承"以文促旅、以旅彰文、文旅融合、和合共生"思路谋求文化旅游和产业同步发展。

旅游项目建设。推进撒玛坝景区智慧化建设。通过对撒玛坝景区票务系统进行升级改造，完善网上购票、景区预约功能；完成景区地理基础信息测绘和手绘地图编辑，提升改造景区标识标牌；提供智慧旅游软硬件搭建、系统搭建、支付结算服务等，推进"智慧旅游"信息化建设。实现景区 Wi-Fi 全覆盖，安装景区监控 56 路；在 9 个最佳观景点安装 24 小时慢直播设备，为游客展示景区实况；完成撒玛坝景区大门改造及入口停车场、中心景区停车场、景区道路工程、给排水系统建设工程。同时，哈尼民俗文化博物馆、长街宴购物街、昆虫馆、植物馆等基础设施建设持续推进和完善。此外，陆续推出"康藤石头寨帐篷营地""苏红传统哈尼村落""红河县诺玛阿美养老中心""云上红河·哈尼文化庄园""尼美自驾车营地""哈尼蘑菇房"6 个半山酒店精品项目。

旅游宣传。红河县秉承文化搭台旅游唱戏思路，推进文化和旅游产品的互融互通。曾在央视新闻客户端直播撒玛坝万亩梯田，让观众感受和了解农耕文化。同时，在抖音直播平台上对"开秧门"活动全程直播。

（四）民族宗教

1. 民族

民族基本情况。红河县少数民族众多，有彝族、白族、傣族、壮族、苗族、回族、傈僳族、拉祜族、佤族、纳西族、瑶族、藏族、景颇族、布朗族、布依族、阿昌族、哈尼族、锡伯族、普米族、蒙古族、怒族、基诺族、德昂族、水族、满族、独龙族等民族分布。其中，哈尼族、彝族、傣族和瑶族人数最多。哈尼族 289932 人，占 80.89%；彝族 44677 人，占 12.46%；傣族 8686 人，占 2.42%；瑶族 3047 人，占 0.85%。

民族工作。红河县民族宗教工作贯彻落实县委"1153"工作思路，围绕"一条主线"、聚焦"两个示范"、紧扣"三个坚持"、善用"四种方法"、抓实"五项工作"的"12345"民族宗教工作方法，推动工作干在实处，确保全县民族团结宗教和顺。在民族调研方面，红河县民宗局完成《红河县民族文化旅游发展的研究》《铸牢中华民族共同体意识的县级实践》等 7 篇调研报告；撰写《夯实铸牢中华民族共同体意识的基础》《全域推动民族团结进步示范区建设的县级实践》等理论文章，在《红河日报》《红河》《红河文化》《哈尼族研究》等报纸、杂志上发表，并开展以"论道红河·铸牢中华民族共同体意识"为主题的论文征集活动。此外，红河县积极创建民族团结示范单位，勐龙村为省级民族团结进步示范单位。创建 20 个州级民族团结示范单位、1 个爱国主义教育基地、1 个铸牢中华民族共同体意识教育示范基地、200 户民族团结示范家庭。创建 48 个县级民族团结示范单位、2 个示范教育基地、300 户示范家庭和 1 所铸牢中华民族共同体意识教育学校。

2. 宗教

宗教基本情况。红河县有佛教寺院 4 座，即西云寺、安乐寺、宝林寺、金莲寺，均分布在县城迤萨；纳入基层组织规范化管理的基督教活动点 2 个，即迤萨镇跑马路社区松花街活动点、宝华镇宝华村委会活动点。

宗教工作。红河县贯彻落实全国宗教工作会议精神，组织宗教界人士学习习近平总书记重要讲话精神。开展"爱党爱国爱社会主义"主题教育，践行"政治上靠得住、宗教上有造诣、品德上能服众、关键时起作用"四条标准教育活动及"传承红色基因"教育活动，举办"四史"主题学习培训，组织收看建党 100 周年庆祝大会，开展"五进"宗教活动场所（国旗国歌、宪法和法律法规、社会主义核心价值观、中华优秀文化、民族团结进步建设进宗教场所）活动，引导宗教与社会主义社会相适应。坚持总体国家安全观，强化宗教领域分析研判工作，守住意识形态阵地，防范化解风险隐患，筑牢抵御渗透防线。贯彻落实《宗教事务条例》《云南省宗教事务条例》《宗教教职人员管理办法》《互联网宗教信息服务管理办法》，加强规范化管理和建设。

（五）劳动就业

红河县人力资源和社会保障局围绕"人才优先，民生为本"工作主线，巩固拓展脱贫攻坚成果，助力乡村振兴，落实就业创业政策，健全覆盖城乡居民的社会保障体系，深化人事制度改革，构建和谐稳定劳动关系。

1. 建立就业帮扶机制

红河县贯彻中央及省州关于进一步做好新形势下就业创业工作实施意见，把稳就业作为促进经济发展和保障贫困群众稳定增收的关键措施，全面落实就业优先政策，开发更多适合高校毕业生等各类群体的就业岗位，集中力量抓好高校毕业生、下岗失业人员、城镇困难人员等群体的就业创业工作。

2021 年，全县城镇新增就业人员 867 人，城镇失业人员再就业 115 人，就业困难群体就业 66 人。城镇登记失业人员 296 人，城镇登记失业率为 3.48%，控制在 4% 的目标以内；高校毕业生就业见习新增 54 人。开展农村劳动力各类培训 536 期 26810 人（脱贫劳动力培训 11857 人），其中引导性培训 478 期 23854 人，技能培训 58 期 2956 人。培训内容涵盖装载机操作、电工、焊工、乡村电子商务、菌类种植、果蔬种植及加工、民族歌舞表演、民族刺绣、畜禽疾病防控、杞果栽培、SYB 培训、花椒栽培、林地茶叶种植管护、核桃种植等项目。组织机关企事业单位技术工人参加职业资格培训 66 人，其中中级工培训 4 人，高级工培训 38 人，技师 24 人。新增高技能人才 62 人。为 465 人提供创业担保贷款，发放金额 9487 万元，带动就业 942 人，其中就业经办机构为 190 人，发放金额 3775 万元；为 288 人提供"贷免扶补"创业贷款，发放金额 5552 万元，带动就业 576 人，其中就业经办机构为 58 人，发放金额 1085 万元。对接广东、上海等红河县农民工主要务工省市，与县级劳务派遣公司、驻外劳务服务工作站开展合作，通过现场招聘、网络招聘等形式，搭建全县劳务网络，加强劳务输出，推进稳就业、保就业工作。2021 年，年内农村劳动力 179249 人，实现转移就业 129034 人，其中省外转移就业 27500 人，县外省内转移 64195 人，县内转移 37339 人。脱贫户劳动力 69290 人，转移就业 53319 人，其中省外转移就业 14237 人，县外省内转移 24547 人，县内转移就业 14535 人。实现劳务收入 30.97 亿元。通过技能培训、转移就业等方式促进增收的脱贫人口 122831 人，占脱贫人口的 99.53%，脱贫人口工资性收入 12.79 亿元，占总收入的 82.04%。劳务产业成为红河县脱贫户增收致富的"奠基石"和地方经济发展的"加速器"。

2. 健全劳动保障

红河县贯彻落实党中央、国务院和省、州根治欠薪工作的部署安排，开展农民工工资支付情况专项检查。2021 年，日常巡查 52 次，检查工程项目 67 个（在建项目 28 个），涉及农民工 3000 余人。受理拖欠农民工工资投诉案件 34 件，追回农民工工资共计 882.25 万元，涉及农民工 627 人。下达责令限期改正决定书 11 份、拒不支付劳动报酬限期整改指令书 3 份；行政处罚 1 起，罚款金额 1 万元；移送公安机关涉嫌拒不支付劳动报酬案件 2 件（均为农村危房改造项目拖欠农民工工资案件），涉及农民工 73 人，涉及金额 223.27 万元；列入拖欠农民工工资"黑名单"企业 1 家。

严格落实"六制一金一表"制度。2021 年，全县 28 个在建项目均落实农民工工资实名制管理，全县在建项目施工总承包企业均实行总包代发工资和工资按月足额发放。落实农民工工资保证金和应急周转金制度，全县 28 个在建项目全部缴存农民工工资保证金，保证金账户余额 2813.7124 万元，在建工程农民工工资保证金缴存率 100%。继续实行农民工工资应急周转金专用账户，筹集农民工工资应急周转金 100 万元。劳动监察系统（12333）接收欠薪投诉案件 45 件，办结 45 件；欠薪线索核处管理系统接收 49 件，办结 49 件；根治欠薪集中联合接访 7 次，接访欠薪诉求 13 件，解决 13 件。规范企业用工行为，全县 283 家用人单位、2848 名劳动者（其中农民工 723 名）劳动合同签订率 98%；国有及国有控股企业共 16 家，涉及劳动者 358 人，集体合同签订率 98%。实现了对用工单位 2848 份劳动合同签订、履行、变更、解除等状况的动态监管。组织实施各有关单位招聘编外人员，督促单位与个人及时签订《云南省机关 事业单位编外人员聘用合同书》，并缴纳各种社会保险。

（六）社会保障

红河县统筹推进建立覆盖城乡的社会保障体系。宣传贯彻城乡基本养老、失业、工伤等社会保险及其补充保险的政策、标准；统筹机关、企事业单位基本养老保险、农村社会保险政策，逐步提高基金统筹层次；与有关部门拟订社会保险及其补充保险基金的管理监督制度；编制社会保险基金预决算草案；贯彻执行社会保险基金收缴、支付、管理、运营等管理办法，依法监督管理社会保险基金。

在企业职工养老保险方面，2021 年全县参加企业职工养老保险 6566 人，其中参保职工 5180 人，完成任务数 5032 人的 102.94%。应征缴 1829 万元，实缴 1644 万元。清缴养老保险历年欠费 221 万元，完成任务数 104 万元的 212.5%；共发放养老金 3734.86 万元。协助 1386 人办理退休。

在失业保险方面，2021 年全县参加失业保险 7508 人，完成任务数 7366 人的 101.93%。实际征缴 330.53 万元，发放失业保险金 62.77 万元。帮助失业职工缴纳基本医疗保险费 8.67 万元。

在工伤保险方面，2021 年全县参加工伤保险 11296 人，完成任务数 11270 人的 100.23%。当年受理工伤事故 16 起 16 人，上年接转 6 起 6 人。征缴 173.23 万元，工伤待遇支付 298 万元。

在城乡居民社会养老保险方面，2021 年全县参加城乡居民社会养老保险 171190 人，完成任务数 173451 人的 98.70%，实际缴费 133687 人。全县建档立卡贫困户 122918 人，符合参保 77599 人，参保 77599 人，参保率 100%。城乡居民养老保险收入 7533.26 万元，支出 4308.63 万元，累计结余 22926.32 万元。

在机关事业单位养老保险方面，2021 年全县参加机关事业单位养老保险 8264 人,其中在职人员 6271 人,完成任务数 6158 人的 101.84%,离退休人员 1993 人。机关事业单位基金征缴收入 10546.86 万元,共发放资金 10137.65 万元。

第三节　脱贫攻坚战的成就、经验及其与乡村振兴的有效衔接

自脱贫攻坚战打响以来,作为国家级贫困县的红河县以"起跑就是冲刺,开局就是决战"的姿态,持续加大生产扶贫、易地搬迁扶贫、生态补偿扶贫、教育扶贫以及社会兜底保障力度,取得了脱贫攻坚的决定性胜利。为了进一步巩固拓展脱贫攻坚成果,推动脱贫攻坚与乡村振兴的有效衔接,实现"产业兴旺、生态宜居、乡风文明、治理有效、生活富裕"的目标,红河县在产业、人才、文化、生态、组织等方面持续发力,取得了一系列突出成就。

一　打赢脱贫攻坚战的历史成就和经验

在全县各族人民的努力奋斗下,红河县于 2020 年 5 月经省人民政府认定批准退出贫困县行列。截至 2020 年底,全县 8 个贫困乡镇、88 个贫困村全部脱贫出列,建档立卡贫困户 25062 户 122918 人全部实现脱贫,建档立卡贫困户人均支配收入从 2014 年末的 2049 元攀升至 2020 年底的 8392 元,"两不愁三保障"等突出问题得到全面解决,区域性整体贫困得到有效治理,并成功创建全省旅游扶贫示范县、全省金融扶贫示范县。困扰红河县千百年的绝对贫困问题得到历史性解决,全县各族群众世世代代的脱贫梦想已变成美好现实。在推动脱贫减贫的过程中,红河县始终坚持习近平总书记2015 年在减贫与发展高层论坛上提出的"发展生产脱贫一批""易地搬迁脱贫一批""生态补偿脱贫一批""发展教育脱贫一批""社会保障兜底一批"① 的精准扶贫方式,"五个一批"也成为红河县精准扶贫推动脱贫

---

① 习近平:《论"三农"工作》,中央文献出版社,2022,第 180~183 页。

减贫的主要手段和途径。

（一）大力发展特色产业，充分发挥产业的益贫性

发展产业作为农村增收致富的一项根本性和长远性的重要举措，是"从短期效益到长期效益"，从"输血到造血"的主要抓手和平台，也是解决农村贫困问题的根本途径。[①] 所谓的"产业扶贫"是指"依托贫困地区的自然条件、要素禀赋以及经济水平等现实条件，政府通过注入扶贫资金帮助贫困地区人口发展产业，通过产业发展带动贫困人口脱贫的一种扶贫方式"[②]。红河县不仅高度重视发展特色产业，而且积极引导贫困户参与到新型产业链条之中，搭建利益联结机制，切实推动贫困户实现稳定脱贫。

一方面，红河县按照"做强特色农业、做大特色工业、做优特色旅游业"的产业发展思路，通过产业片区的深度开发带动扶贫增收。在做强特色农业方面，红河县累计种植热区水果 2 万余亩，新植甘蔗 0.9 万亩，推广"稻渔共作"综合种养 8 万亩；引进和扶持培育省州级农业龙头企业 18 家，建成红枫种猪仔培育中心、生物产业开发工厂化育苗中心、洋圃园禽苗中心、牛多乐梯田水产育苗中心、小黄牛繁育中心等五大优质种苗供应基地；实施热区水果、生态鸡、生猪、食用菌、田蛙等产业易地集中式扶贫项目，带动脱贫户 4063 户，户均增收 832 元；累计发放扶贫小额贷款 3.96 亿元，带动 8343 户脱贫户发展农业产业增收。在做大特色工业方面，红河县狠抓红河谷农特产品加工园区、生物医药企业升级、石膏工业品生产线、棕榈产业园区等项目建设，基本形成以"一园区三片区"（工业园区、绿色生物资源加工产业片区、新型环保建材产业片区、非金属材料产业片区）为载体的产业发展基本框架，实现第二产业增值 15.4 亿元。在做优特色旅游业方面，红河县持续推动智慧旅游体系的建设和发展，农文旅融合程度不断

---

① 刘建生、陈鑫、曹佳惠：《产业精准扶贫作用机制研究》，《中国人口·资源与环境》2017 年第 6 期；胡振光、向德平：《参与式治理视角下产业扶贫的发展瓶颈及完善路径》，《学习与实践》2014 年第 4 期。

② 蒋永甫、龚丽华、疏春晓：《产业扶贫：在政府行为与市场逻辑之间》，《贵州社会科学》2018 年第 2 期。

提升。2020年，红河县共接待游客71万人次，旅游业总收入达到9亿元，推动旅行社、旅游商品加工、旅游商品销售等行业蓬勃发展，间接带动脱贫户1077户，户均增收600元。

另一方面，红河县积极引导农民以土地、林地、资金、劳动、技术、产品为纽带推动联农带农机制建设，依法组建各种类型的专业合作社联合社，建立紧密的利益共同体，让更多的贫困户共享产业发展的成果。首先，红河县引导贫困户利用好土地经营权、房屋等资源，通过股份制、合作制、租赁等形式，积极参与产业分红。在政府的推动下，以红河县库博农业发展有限公司（简称"库博公司"）为代表的一大批龙头企业参与到热区综合保护开发中来。仅红河县库博农业发展有限公司就流转了41000亩的耕地、林地、荒地和荒山，覆盖2个乡镇，970户4000余人从中受益，其中建档立卡户264户1200余人。其次，大力推动"订单收购＋分红""土地流转＋优先雇用＋社会保障""农民入股＋保底收益＋按股分红"等多种利益联结方式，让贫困户共享农产品加工、销售过程中的收益。以2018年成立的红河县善品良田产业专业合作社联合社为例，该联合社以红河县农业特色产品红米为依托，将种植梯田红米的贫困农户纳入联合社，借助于电商扶贫销售平台，积极推行"农户＋合作社＋电商扶贫"的扶贫模式，通过稻谷销售溢价、二次返利和股金分红等多种形式，仅2019年就帮助联合社旗下1518户社员户均增收超过2000元。

（二）保障基本住房，有效激发易地扶贫活力

易地扶贫搬迁是对"一方水土养不起一方人"地区的贫困人口进行系统与整体搬迁的一种扶贫方式①，是我国开发式扶贫的重要组成部分②。按照党中央、国务院的决策部署，我国在"十三五"时期加快实施易地扶贫搬迁工程，从根本上解决了约1000万名建档立卡贫困人口的稳定脱贫问题。

---

① 叶青、苏海：《政策实践与资本重置：贵州易地扶贫搬迁的经验表达》，《中国农业大学学报》（社会科学版）2016年第5期。
② 王宏新、付甜、张文杰：《中国易地扶贫搬迁政策的演进特征——基于政策文本量化分析》，《国家行政学院学报》2017年第3期。

从区域板块来看，西部地区 12 省（区、市）建档立卡搬迁人口约 664 万人，占建档立卡搬迁人口总规模的 67.7%。① 2014 年以来，红河县在住房安全保障方面累计实施农村危房改造 54339 户，实现了"危房不住人，住人无危房"的目标。虽然此次调查中只有 14 位被访者经历了易地扶贫搬迁，但他们对搬迁小区的"住房条件"均表示满意，其中 8 位表示"非常满意"，6 位表示"比较满意"。同时，他们对于小区的"供水""供电""供气""卫生环境""邻里关系""日常生活便利性""就业便利性""子女的就学便利性"的满意程度均处于较高水平，这充分说明红河县的易地搬迁扶贫群众的获得感较高，这离不开红河县委县政府对于易地扶贫搬迁的高度重视及其采取的系列举措。

首先，红河县建立了系统的农房监测体检制度，分类确保农村贫困户享有基本的住房保障。一方面，县住房和城乡建设局与原扶贫办、民政等部门不断加强协调联动和数据互通共享，建立了以农村低收入群体为重点对象的住房安全动态监测机制，并定期将疑似危房线索提交住建局核实定级并分类施策。对于监测发现的住房安全问题建立细致的工作台账，实行"销号制度，解决一户，销号一户"，竭力确保所有保障对象的住房安全。另一方面，重点聚焦农村贫困户、农村低保户、农村分散供养特困人员等依靠自身力量无法解决住房安全问题的农民。农村低收入群体等重点对象中住房安全未保障的，按政策规定对经鉴定或评定住房属 C 级或 D 级或者无房户予以住房安全保障支持。对于 7 度及以上抗震设防地区住房达不到当地抗震设防要求的贫困户，引导其因地制宜选择拆除重建、加固改造等方式，对农房实施改造。调查发现，92.9% 的被访者目前居住在自建房内，且自建房的户均建筑面积达到 161.48 平方米。其中 89.0% 的自建房房屋为"钢筋混凝土结构"，7.6% 的为"砖混结构"，2.8% 的为"砖木结构"，0.6% 的为"其他"。可见，红河县农民自建房质量整体较高，居住条件有了显著改善。

---

① 《全国"十三五"易地扶贫搬迁规划》，https://www. gov. cn/xinwen/2016 – 10/31/5126509/files/86e8eb65acf44596bf21b2747aec6b48. pdf，最后访问日期：2024 年 4 月 20 日。

其次，红河县通过盘活农村住房资源，不断降低政府和贫困户的建房负担，提高空置房屋的利用率。对于符合条件的保障对象，红河县统一将其纳入农村危房改造支持范围，并根据房屋危险程度和农户改造意愿选择加固改造、拆除重建或选址新建等方式解决住房安全问题。调查发现，75.9%的被访者表示建房（或翻修）时接受过政府补贴，在接受过政府补贴的人群中，户均补贴均值为17044元。同时，红河县积极推动企业和资本下乡，整合农村限制的房屋资源，切实提高贫困农民的收入水平。例如，甲寅镇甲寅村委会石头寨村是一个典型的哈尼族村寨，受地质灾害等因素的影响，村民相继搬离了村庄。针对这种情况，红河县积极引入有实力的企业，积极盘活村庄民房、自然和文化资源，打造了占地120亩的红河谷康藤帐篷营地，为游客提供集营地住宿、餐饮、摄影、徒步、越野、农务体验、农业观光等功能于一体的生态旅游休闲目的地，实现了石头寨村从"空心村"到"打卡地"的转变，同时也为当地村民提供了众多的就业机会，切实提高了他们的收入水平。

最后，对于30户以下且"一方水土养不活一方人"的边缘村寨，红河县大力推进易地搬迁以保障其基本住房安全，并通过强化产业帮扶等方式切实提升贫困户的收入水平和获得感。例如，红河县库博农业基地将产业易地集中式扶贫作为推动贫困户稳定增收的有力抓手，探索"一个产业一个班子、一个产业一个方案、一个产业一家龙头带动、一个产业一支技术团队、一个产业一支扶贫工作队"的"五个一"工作模式，通过打破行政边界，实行生产、管理、销售委托管理或集中管理，引导县域内建档立卡贫困户自愿使用产业扶贫资金投资获利，解决少数地区部分群众无力发展产业问题，提高产业扶贫组织化程度。截至目前，已有5个乡镇1700户投入资金近1000万元，年收益约200万元。同时，基地吸纳全县范围内建档立卡贫困户170户转型成为园区产业工人，实现户均年收入4.8万~6.3万元。此外，红河县政府不断加大基础设施建设投入力度，加大养老、儿童福利、社区建设、殡葬等基本公共服务设施建设力度，着力打造宜居的集中安置点，极大地提升了易地搬迁贫困户的幸福感和获得感。

（三）坚持在保护中发展，全面释放生态扶贫成效

所谓的"生态扶贫"是指通过精准识别贫困人口或贫困地区，遵循生态系统发展规律，引导各类扶贫资源优化配置，强化基础设施建设，优化贫困地区人口生产生活环境，进而实现脱贫致富的目的。[①] 中共中央、国务院印发的《中国农村扶贫开发纲要（2011—2020 年）》就明确提出要"充分发挥贫困地区生态环境和自然资源优势，推广先进实用技术，培植壮大特色支柱产业，大力推进旅游扶贫"[②]。红河县的生态扶贫模式既不同于以往单纯地保护生态环境下的扶贫，也有别于部分地区片面的资源开发式的扶贫，而是将生态保护和资源利用，生态保护和开发扶贫，生态保护和经济发展有机统一。[③] 整体而言，红河县的生态扶贫模式可分为三种类型：特色生态产业扶贫模式、乡村生态旅游扶贫模式以及生态建设扶贫模式。

首先，红河县依托红河谷山地未来乡村振兴创新中心（简称"山地未来"）、专家基层工作站，同时深化与中国水产科学研究院、中国林业科学研究院、中国科学院昆明植物研究所等的产学研合作，大力发展农林牧立体复合种养业生态循环经济，提升生态农业的生产效益。立足于当地的生态资源禀赋，红河县积极推动山地粮油林、林下种植养殖业、林下产品加工等建设，丰富农产品供给结构，强化产销对接，稳定林区山区贫困户增产增收。其次，红河县将旅游开发与扶贫脱贫紧密结合，将景区周围村落作为承接景区休闲、观光和民俗文化体验的重要载体，充分发挥乡村生态旅游的"溢出效应"。当前，红河县建成 7 个具有历史、地域、民族特点的特色旅游村镇和乡村旅游示范村。以宝华镇龙玛村为例，龙玛村按照"农房入会、农田入股、农俗入景、农产入市"的乡村旅游发展思路，进一步完善了乡村公共设施，改造了村容村貌，并且配套了农家乐、乡村客栈等旅游要素，打造民族文化、民俗体验和插秧、打谷、抓鱼、摸泥鳅等农事

---

① 黄金梓：《精准生态扶贫刍论》，《湖南农业科学》2016 年第 4 期。

② 《中国农村扶贫开发纲要（2011—2020 年）》，http://www.moa.gov.cn/gbzwfwqjd/cyfpjztp/201905/t20190510_6303484.htm，最后访问日期：2024 年 4 月 20 日。

③ 雷明：《绿色发展下生态扶贫》，《中国农业大学学报》（社会科学版）2017 年第 10 期。

体验活动，加强乡村旅游扶贫品牌营销，拓展农户增收渠道，取得了显著成效。以该村 2016 年 5 月成立的以餐饮、住宿为主的"悠然旅游开发专业合作社"为例，目前该合作社共接待国内外游客 5 万多人次，实现旅游收入百万元，带动村内贫困人口富余劳动力就业 76 人。2020 年，红河县还被评为省级生态文明县、中国最佳养生旅游目的地。最后，红河县始终坚持退耕还林、退牧还草以及生态综合治理等重点生态工程，挖掘生态建设与保护就业岗位，让有劳动能力的贫困人口就地转成护林员，2020 年续聘或新聘生态护林员 1964 人，为生态保护区的农牧民特别是贫困户提供了就业机会，切实提高了其收入水平。

（四）加大教育相关投入，竭力阻断贫困代际传递

教育在精准扶贫精准脱贫中具有基础性、先导性和持续性作用。作为我国扶贫开发总体战略的重要组成部分，教育精准扶贫是阻断贫困代际传递的关键举措，也是促进贫困地区经济发展和社会进步的根本途径。[①] 当前，我国已经构建起覆盖学前教育、义务教育、普通高中教育、职业教育、高等教育、民族教育、教师队伍、学生资助、考试招生等全方位的教育精准扶贫精准脱贫体系。[②] 红河县聚焦"义务教育有保障"目标和"发展教育脱贫一批"路径，突出"除身体原因不具备学习能力外，建档立卡贫困家庭适龄儿童少年无失学辍学"重点，坚决打赢教育脱贫攻坚战。

为了实现扶教育之贫的目标，红河县一方面持续加大对于教育的资金投入力度。首先，红河县着力改善办学条件，为教育扶贫打下坚实的基础。仅 2020 年，红河县就实施了一系列基础设施建设项目，建筑面积达到 19.27 万平方米（含运动场面积 3.3 万平方米），总投资 6.8149 亿元，极大地提升了教育扶贫的硬件基础。其次，红河县不断提升资助政策的精度，切实让贫困户在教育方面无后顾之忧。2020 年，红河县拨付学前家庭经济困难补助 80.97 万元，5561 人享受资助；拨付义务教育学校学生

---

① 代蕊华、于璇：《教育精准扶贫：困境与治理路径》，《教育发展研究》2017 年第 7 期。
② 王嘉毅、封清云、张金：《教育与精准扶贫精准脱贫》，《教育研究》2016 年第 7 期。

营养改善计划资金 2937.47 万元, 受益 54758 人; 拨付义务教育阶段家庭经济困难学生生活补助 1090.79 万元, 受益 29992 人; 减免学费 1792.31 万元, 受益 55074 人。同时, 红河县积极协调对口帮扶单位, 深入细化帮扶项目, 提升教育软实力。例如, 高等教育出版社持续围绕为红河县量身定做的 "美丽乡村教师" "美丽乡村学校" "美丽乡村学子" 三大帮扶项目, 落实教育专项帮扶工作, 仅 2019 年就投入 1123 万元用于援建红河县教师发展中心, 为红河县教育脱贫目标的实现提供了强大的外部支持。

　　另一方面, 红河县持续加大控辍保学力度, 不断引导和推动尊重教育和重视人才的文明风尚。首先, 印发《红河县进一步加强义务教育精准控辍保学工作实施方案》, 因地制宜实施 "一县一方案、一乡一方案、一校一方案", 按照 "应入则入、应保则保、应返则返" 的要求, 不断强化顶层设计。不同部门合力攻坚, 协调公、检、法、司、人社等部门组成 3 个联合工作组, 深入乡镇开展学生劝返、监督, 推动依法控辍。其次, 组建劝返小组, 并在省内外进行常态化劝返工作。由各乡镇人民政府、派出所、司法所、各中小学、驻村工作队、村两委等组织劝返工作小分队, 远赴广州、上海, 近赴村寨开展劝返, 及时劝返 "疑似辍学" 学生返校复学。最后, 各级政府以及社会力量持续加大对于优秀学生尤其是贫困户子女的奖励力度。2018 年, 垤玛乡政府开始实施积极的奖补政策, 对于考上一本和二本的大学生一次性奖励 2000 元, 对于考上大专的学生奖励 1000 元; 红河县贝乐思婴幼儿照护服务有限公司则主动对接垤玛村委会哈头村小组的困难学生, 初中生每月补助 1000 元、小学生每月补助 500 元, 并承诺一直资助到他们大学毕业。

　　此外, 红河县还坚持对于贫困户的 "志智" 双扶政策, 不断激发贫困户的内生动力, 实现教育扶贫的目标。首先, 红河县依托 13 个党建脱贫 "双推进" 教育实训基地、110 个 "新时代脱贫攻坚讲习所"、227 个自然村 "讲习阵地", 推广 "三讲三评" "自强动力小站" "深度贫困人口培训中心" 等创新做法, 引导贫困群众树立自强自立的信念, 支持他们凭借勤劳脱贫致富。其次，充分发挥基层党员干部的先锋模范作用，营造学习先进、争当先进的浓厚氛围。最后，组建 574 个红白理事会，以村规民约规范移风易俗，有效革除红白喜事大操大办等陈规陋习；同时，建立 91 个"自强动力小站"，广泛引导农户积极参与公益活动积分兑换物资，提高农户支持脱贫、参与攻坚的主动性和积极性。

（五）完善最低生活保障，努力确保特殊群体利益

以低保制度为核心的社会救助制度是我国反贫困体系和社会保障体系的重要组成部分。[①]《"十三五"脱贫攻坚规划》将兜底保障解释为：统筹协调社会救助体系，加强社会保障制度与扶贫开发制度的有效衔接，完善特困人员救助供养、农村低保等社会救助制度，建立健全农村残疾人和"三留守"人员关爱服务体系，努力实现社会保障兜底。[②] 在脱贫攻坚后期推进的过程中，残疾人、孤寡老人、长期患病者等无法通过产业等方法脱贫的人以及部分文化水平低且缺乏就业技能的贫困人口则是进行社会兜底保障的重点。2020 年，红河县共有农村低保对象 8880 户 19011 人，共发放农村低保金 1678 人，为 593 名特困对象发放特困供养金 212 万元，并不断加大临时救助力度，救助困难群众 2603 户 1.1 万人，发放救助金 370 万元。为进一步健全社会兜底保障机制，红河县织密编牢社会救助兜底保障网，兜准救助对象、兜住脱贫底线、兜牢保障待遇，切实解决好特殊群体的"两不愁三保障"问题。首先，红河县不断提高农村最低生活保障标准，切实提升贫困户的生活质量以及获得感。2020 年，红河县农村最低生活保障标准为 4500 元/（人·年），从 2022 年 7 月起，这一标准提升到 5343 元/（人·年）。同时，加大了对脱贫不稳定户、边缘易致贫户、突发严重困难户等困难人群动态监测力度，确保符合条件的应保尽保、应救尽救。此外，红河县不断完善临时救助机制，建立乡镇临时救助备用

---

① 左停、贺莉、赵梦媛：《脱贫攻坚战略中低保兜底保障问题研究》，《南京农业大学学报》（社会科学版）2017 年第 4 期。

② 张明锁、王灿灿：《兜底扶贫制度的运行现状、价值取向与优化路径——以河南省两地兜底扶贫实践为例》，《社会政策研究》2018 年第 1 期。

金，切实增强临时救助实效性，为广大困难群众提供更可靠、更充分的保障。

其次，红河县不断提高农村低保对象的精准性，夯实和完善最低生活保障制度。一方面，红河持续调整优化农村低保"单人户"政策，将未纳入低保或特困供养范围的低收入家庭中的重病、重残人员，参照"单人户"纳入低保。同时，对脱贫人口中完全丧失劳动能力或部分丧失劳动能力且无法通过产业获得稳定收入的人员，按规定纳入农村低保或特困人员救助供养范围，并按困难类型给予专项救助和临时救助。对基本生活陷入暂时困难的群众加强临时救助，有特殊困难情形的通过"一事一议"合理提高救助标准，做到凡困必帮、有难必救。另一方面，完善低保家庭收入财产认定方法，进一步落实好因病、因残、因学和农村低保对象就业等刚性支出扣减规定。对于通过就业创业家庭人均收入超过当地低保标准的农村低保对象，给予半年至一年的救助"减退期"。

最后，红河县持续做好对于低收入、特困人员等特殊群体的兜底保障工作。一是将"无劳动能力，无生活来源，无法定赡养、抚养、扶养义务人或者其法定义务人无履行义务能力"的老年人、残疾人和成年人，依法纳入特困人员救助供养范围。同时，按照最低缴费档次为参加城乡居民养老保险的低保对象、特困人员、返贫致贫人员、重度残疾人等缴费困难群体代缴部分或全部保费。二是进一步加强农村特困人员供养服务设施（敬老院）建设和改造，提高服务能力和服务质量，提升护理型床位占比，并配备专业化照护人员，鼓励引导失能、半失能特困人员集中供养，逐步提高生活不能自理特困人员集中供养比例。三是依托政府购买服务、供养服务机构、社会组织、社会工作服务机构及亲友、近邻或村民委员会等，强化对于社会救助家庭中生活不能自理的老年人、残疾人提供巡视探访、日常看护、住院陪护等。

二　推动脱贫攻坚与乡村振兴有效衔接的主要举措

2020 年在我国实现脱贫攻坚的目标之后，更好地巩固拓展脱贫攻坚成果、缓解相对贫困问题、促进乡村振兴成为未来我国扶贫开发的核心任务。^① 总体而言，乡村振兴与脱贫攻坚的差异在于，后者具有特殊性、局部性和突击性的特征，而前者具有综合性、整体性和持久性的特点。^② 习近平总书记在党的二十大报告中明确指出，"全面推进乡村振兴"，"坚持农业农村优先发展"，"巩固拓展脱贫攻坚成果"，"加快建设农业强国，扎实推动乡村产业、人才、文化、生态、组织振兴……"^③ 这为全面推进农业农村现代化建设指明了方向，也为做好新时期的"三农"工作提供了行动纲领。为进一步巩固拓展脱贫攻坚成果，全面提升广大农民的幸福感和获得感，红河县委县政府陆续出台了关于巩固拓展脱贫攻坚与乡村振兴衔接的统领性文件，同时县各相关职能部门也精心制定了关于产业、人才、文化、生态、组织振兴的政策文本，为红河整个乡村振兴事业的发展提供了稳固的政策支撑（见表 2 - 1）。

表 2 - 1　红河县关于巩固拓展脱贫攻坚与乡村振兴有效衔接的
政策文件、发展规划（部分）

类型	年份	名称
统领性文件	2021	《红河县健全防止返贫动态监测和帮扶机制工作方案》（红河县巩固脱贫攻坚推进乡村振兴领导小组）
	2021	《红河县乡村振兴战略规划（2020—2025 年）》（红河县农科局、云南省宏观经济研究院）
	2021	《关于实现巩固拓展脱贫攻坚成果同乡村振兴有效衔接的实施方案》（中共红河县委员会、红河县人民政府）
	2021	《红河县巩固拓展脱贫攻坚成果同乡村振兴有效衔接规划（2021—2025 年）》（中共红河县委员会、红河县人民政府）
	2021	《红河县国民经济和社会发展第十四个五年规划和二○三五年远景目标纲要》（红河县人民政府）
	2022	《红河县乡村振兴重点帮扶县巩固拓展脱贫攻坚成果同乡村振兴有效衔接实施方案（2022—2025 年）项目计划（县汇总）》（红河县人民政府）

---

① 王介勇、戴纯、刘正佳、李裕瑞：《巩固脱贫攻坚成果，推动乡村振兴的政策思考及建议》，《中国科学院院刊》2020 年第 10 期。
② 张琦：《稳步推进脱贫攻坚与乡村振兴有效衔接》，《人民论坛》2019 年第 24 期。
③ 习近平：《高举中国特色社会主义伟大旗帜 为全面建设社会主义现代化国家而团结奋斗——在中国共产党第二十次全国代表大会上的报告》，人民出版社，2022，第 30 ~ 31 页。

续表

类型	年份	名称
产业振兴	2022	《红河县"十四五"特色产业发展规划》（红河县巩固脱贫攻坚推进乡村振兴领导小组）
	2022	《红河县 2022 年扶持壮大村级集体经济项目实施方案》（红河县委组织部、红河县财政局、红河县农科局）
	2022	《红河县机耕服务队建设项目实施方案》（红河县巩固脱贫攻坚推进乡村振兴领导小组）
	2022	《红河县 2022 年"三品一标"发展农业扶持项目实施方案》（红河县巩固脱贫攻坚推进乡村振兴领导小组）
	2022	《红河县中半山区特色农业扶持方案》（红河县巩固脱贫攻坚推进乡村振兴领导小组）
	2022	《红河县茶叶产业提质增效项目建设实施方案》（红河县巩固脱贫攻坚推进乡村振兴领导小组）
人才振兴	2022	《红河县 2022 年高素质农民培育项目实施方案》（红河县巩固脱贫攻坚推进乡村振兴领导小组）
	2022	《在"干部规划家乡行动"中做好村级文化振兴实用性村庄规划的实施意见》（红河县委宣传部、红河县文化和旅游局）
	2022	《红河县 2022 年村级干部队伍能力提升教育培训实施方案》（中共红河县委组织部）
	2023	《红河县科学技术协会实施乡村振兴科技人才支撑工作》（红河县科学技术协会）
文化振兴	2022	《红河县 2022 年移风易俗重点领域突出问题专项治理行动方案》（红河县文明办、红河县农科局、红河县民政局、红河县乡村振兴局）
	2022	《红河县推进农村精神文明建设实施方案》（中共红河县委精神文明建设指导委员会）
	2022	《红河县深入开展"三话六学"实践活动方案》（中共红河县委办公室）
	2022	《红河县巩固脱贫攻坚推进乡村振兴"红黑榜"实施方案》（红河县巩固脱贫攻坚推进乡村振兴领导小组）
生态振兴	2021	《红河县生态修复试验示范区实施方案》（红河县扶贫开发领导小组）
	2022	《红河县农村人居环境整治提升五年行动实施方案（2021—2025 年）》（中共红河县委办公室、红河县人民政府办公室）
	2022	《关于红河县"十四五"期间乡镇"两污"项目建设情况报告》（红河县住房和城乡建设局）

续表

类型	年份	名称
生态振兴	2022	《红河县 2022 年度县城周边生态修复项目实施方案》（红河县林业林草局）
	2022	《绿美红河生态修复项目可行性研究报告》（红河县林业林草局）
组织振兴	2021	《关于成立红河县巩固脱贫攻坚推进乡村振兴领导小组的通知》（中共红河县委办公室、红河县人民政府办公室）
	2021	《红河县改进和规范基层群众性自治组织出具证明工作的实施意见（试行）》（红河县民政局、红河县发展和改革局、红河县公安局、红河县人力资源和社会保障局、红河县司法局、红河县卫生健康局）
	2022	《红河县村级"小微权力"清单及运行流程（试行）》（红河县委组织部、红河县民政局、红河县农科局）
	2022	《2022 年红河县基层党建工作总体方案》（中共红河县委办公室）
	2022	《红河县推行村级组织"大岗位制"工作方案》（中共红河县委办公室）
	2022	《红河县村（社区）干部负面清单管理办法（试行）》（红河县委组织部）

立足于县委县政府以及县各职能部门精心制定的各项政策规划，红河县在巩固拓展脱贫攻坚成果与乡村振兴的有效衔接，以及产业振兴、人才振兴、文化振兴、生态振兴、组织振兴等方面做出了卓有成效的努力，并形成了一系列亮点与特色。

（一）立足干热河谷资源优势，充分发挥数字经济潜力

发展产业是乡村振兴的根本之策，是促进城乡要素融合、解决就业问题、增加农户收入、变"输血"为"造血"的重要途径，对推动巩固拓展脱贫攻坚成果与乡村振兴有效衔接、实现共同富裕具有重要意义。所谓"产业兴旺"是指在脱贫攻坚和乡村振兴有效衔接中，通过挖掘区位优势，立足资源禀赋，整合市场资源，联结政府、农户、龙头企业、农业经济合作组织等主体，调整乡村传统产业结构，在农村地区形成一批现代化的聚集、共生协同产业，将资源优势转变为经济优势，进而带动群众增收，最终实现共同富裕的过程。①

---

① 郭俊华、卢京宇：《产业兴旺推动乡村振兴的模式选择与路径》，《西北大学学报》（哲学社会科学版）2021 年第 6 期。

立足干热河谷的区位优势，推动乡村特色产业绿色转型发展。要想实现乡村产业的振兴，必须尊重中国的国情和地方的特色。[①] 立足于干热河谷的区位优势，红河县不断推动干热河谷综合保护开发，推动产业转型升级。截至 2022 年，红河县巩固发展杧果、沃柑等干热河谷特色产业 22.68 万亩，各大产区开发已初见成效。通过对干热河谷 1200 米以下的热区资源综合开发，发展杧果、荔枝王、西柚、凤梨释迦等热区水果种植产业，集中连片规划热区现代农业种植基地。此外，红河县还打造了全国最大的山棕产业基地，实现棕榈产品开发多样化，提升棕榈产业效益（图 2-4 为棕榈林风光）。与此同时，在红河县农业企业加工园区，以生物药业、农业产品加工业为代表的新兴产业呈现蓬勃发展态势。当前，红河县正加快推进云百草药业生物提取中心、食用菌深加工等工业项目建设。目前，全县累计有规模以上企业 12 家，园区入驻省级农业龙头企业 3 家、州级农业龙头企业 16

图 2-4 棕榈林

---

① 廖嗨烽、王凤忠、高雷：《中国乡村产业振兴实施路径的研究述评及展望》，《技术经济与管理研究》2021 年第 11 期。

家，其中杜果、梯田红米入围上海"百县百品"名录，乡村特色产业绿色转型发展稳步推进。

充分发挥数字经济潜力，实现产业的专业化和集约化升级。近年来，伴随着互联网、大数据、云计算和人工智能等数字技术的发展，数字经济发展速度之快、辐射范围之广、影响程度之深，前所未有。当前，数字经济已加速向农业农村领域广泛渗透，在培育乡村产业发展新优势、推动乡村产业结构升级、增强乡村产业创新活力等方面已发挥重要的支撑作用。[①] 红河县高度重视数字经济的发展，2022年还专门成立了"数字经济发展中心"，统筹全县数字经济和产业发展。具体而言，一方面，红河县不断加快农技推广服务信息化步伐，提升乡村产业的专业化水平。截至2022年，红河县148位基层农技人员已安装中国农技推广App，他们使用手机App、微信、短视频、直播平台、农技推广云平台、云南农业农村厅官网、中国农业信息网、全国农技推广网等，积极主动开展线上线下农技推广服务，充分利用"脱贫地区特色产业技术"等板块指导农业生产。另一方面，红河县借助数字信息平台，助推乡村产业的集约化水平。为进一步深化农业供给侧结构性改革，红河县以"打造开放型、创新型、高端化、信息化、绿色化"现代产业体系为目标，以"乡村产业振兴、促进农业增效、农民增收"为宗旨，按照"大产业+新主体+新平台"发展模式，借助大数据、互联网和云计算等信息技术，聚焦热区水果优势产业，全面落实"抓有机、创名牌、育龙头、占市场、建平台、解难题"六个方面举措，构建完善的产业体系、生产体系和经营体系，把小农户引入主导产业发展大格局。2020年，红河县成立了35家电商企业，极大地推动了梯田红米和热带河谷经济果蔬、中药材走出去的步伐；2021年，红河县库博农业发展有限公司的杜果数字示范基地入选云南省20个首批省级数字农业示范基地，数字经济发展已初见成效。

[①] 完世伟、汤凯：《数字经济促进乡村产业振兴的机制与路径研究》，《中州学刊》2022年第3期。

（二）发挥城归精英衔接作用，积极构建乡村人才体系

人才是乡村振兴各个体系的实施主体，是乡村振兴的关键和基石。在现代化经济体系建设背景下，乡村振兴人才建设面临不少机遇，也遭遇诸多挑战，包括"跳农门"文化意识形态下的"人才出走问题"、"抢人大战"下城市对乡村人才的"虹吸效应"以及乡村产业无法满足村民生存和发展需求的"挤出效应"等。[1] 面对这一现状，红河县多措并举，不仅充分发挥城归精英的衔接和示范效应，还着力构建乡村人才振兴金字塔，打造了一支"懂农业、爱农村、爱农民"的"三农"工作队伍，夯实了乡村振兴的基石。

引育并举，充分发挥城归精英的衔接作用。当前，乡村人才短缺现象尤为突出，[2] 城归精英群体的涌现则有助于缓解当前的人才短缺困境。从广义上来看，所有返乡的农民工、大学生、退役士兵和科技人才都属于城归精英；从狭义上来看，"城归"群体通常被限定为原具有农业户籍，离开农村老家，以不同形式进入城镇工作、生活和学习的返乡创业农民工、企业老板和专业技术人才等。他们不仅本身属于乡村精英的一部分，有着浓厚的乡土情怀，而且一般具有开阔的视野、较强的经济实力、强烈的现代化意识和广泛的社会网络。他们的回流不仅是对乡土人才队伍的重要补充，也是激活"本土人才"的关键因素。[3] 长期以来，红河县高度重视城归精英群体，积极为他们的发展创造更好的环境。调查发现，超过四成（40.4%）的被访者有过跨县区外出务工经历，其中包括大量潜在的城归精英。2020年，红河县委组织部专门印发《红河县"深化农村'领头雁'培养工程"实施方案》，重点之一就是"实施农村优秀人才回引计划，注重从退役军人、返乡大学毕业生、外出务工经商人员、致富带头人的党员中选优配强

---

① 郭险峰：《构建推动乡村人才振兴的综合机制》，《中国党政干部论坛》2019年第4期。
② 李卓、张森、李轶星、郭占锋：《"乐业"与"安居"：乡村人才振兴的动力机制研究——基于陕西省元村的个案分析》，《中国农业大学学报》（社会科学版）2021年第6期。
③ 李卓、张森、李轶星、郭占锋：《"乐业"与"安居"：乡村人才振兴的动力机制研究——基于陕西省元村的个案分析》，《中国农业大学学报》（社会科学版）2021年第6期。

村党组织书记"。另外，红河县充分发挥城归精英在本土人才培养上的优势，着力提升本土人才的能力和水平。例如，全国政协委员、红河县钰尼文化艺术传承中心创始人杨钰尼，从小深受民族文化的熏陶。2015 年，她创办了红河县钰尼文化艺术传承中心，并成立了红河哈尼梯田传承学校教学点，立志将家乡歌舞文化融入生活，以青春之创造力促进"哈尼族多声部民歌""乐作舞"等优秀传统文化的传承发展，让哈尼文化走向全国、走向世界。①

明确定位，构建乡村本土人才金字塔模型。乡村建设需要多层次和多类型的人才队伍。立足于乡村振兴的整体战略，红河县着力发展以下四类乡村人才——农村实用人才、农业农村科技人才、乡村产业精英人才和农业管理与服务人才，构建乡村振兴的人才"金字塔"模型。

（1）农村实用人才是主要指从事乡村种植业的实用型人才，如农村致富带头人、职业农民以及各类新农人。这类人才位于金字塔最底层，是目前农村职业培训中的主要对象。在技术支持层面，2022 年，红河县在 13 个乡镇范围内针对 160 位 16～55 周岁正在或有志从事农业生产、经营、服务的务农农民和返乡入乡创新创业者开展了 3 期的培训。在资金帮扶层面，红河县充分发挥小额信贷在实体产业中的支撑作用。截至 2022 年底，发放小额信贷总额达到 11455 万元，其中 2022 年 1～2 月就新增 1422.77 万元。

（2）农业农村科技人才包括农科人才、土专家、农机人才、农业技术推广人才、农村技能服务人才。这类人才位于金字塔的第二层，属于乡村人才队伍结构中的中坚力量。截至 2021 年 1 月底，全县县、乡两级共有基层农技人员 155 人，其中农科人才 48 人、兽医 36 人、农机人才 3 人。同时，红河县重点引进中国水产科学研究院、中国科学院昆明植物研究所、云南农业大学等的科研力量，聘请高校专家教授担当技术顾问，提升本地农技人才的专业素养。

---

① 《杨钰尼委员：为非遗传承注入青春力量》，https://news.cnr.cn/2023zt/2023lh/dbwys/2023 0309/t20230309_526177040.shtml，最后访问日期：2024 年 4 月 20 日。

（3）乡村产业精英人才可以分为两类：一类是乡村新兴产业人才，引领带动休闲农业、乡村旅游、乡村服务业、农村电子商务等特色产业发展；另一类是指家庭农场主、规模经营户、农民专业合作社、农业龙头企业农产品经纪人等四类经营主体人才。乡村产业精英人才位于金字塔的第三层，同样属于乡村人才队伍结构中充满活力的中坚力量。2020 年，红河县遴选了 5 个生产规模较大、服务意愿较强、辐射带动面广的农民专业合作社、种养大户等新型农业经营主体作为农业科技示范主体。同时，依托电子商务进农村综合示范项目，组织开展培训 66 期 3827 次，孵化本地直播人才 49 人、民族特色网红 24 人，储备各级电商人才 226 人。

（4）农业管理与服务人才主要是指引领提升乡村治理能力现代化和服务美丽乡村建设的人才，可以分为农村管理人才和农村服务人才两类。前者包括乡村干部队伍、大学生村官、乡村振兴职业经理人；后者包括乡村医疗卫生教育者、健康养生从业者、基础设施专业管护人员等美丽乡村建设服务领域的乡土人才。这类人才位于金字塔的塔尖。[①] 近年来，红河县每年都会引进 20 位硕士研究生及以上学历的人才，并且重点培育本地走出去的高素质人才，做好优质人才储备工作，打造乡村治理高素质人才队伍。

（三）传承地方民族文化知识，不断完善公共文化供给

文化是一个国家和民族的"根"和"魂"，是最基础、最深沉、最持久的力量。乡村作为优秀传统文化的发源地，是礼仪文化、农耕文化、民俗文化的重要载体，推动乡村文化繁荣兴盛既是乡村振兴的题中应有之义，又顺应了广大农民对美好生活的新期待。不过，长期以来，以普同性知识逻辑为指导的乡村文化建设工作既取得了系列成就，也诱发了乡土文化边缘化、同质化以及农民文化主体弱化等意外后果。[②] 同时，在城乡二元结构

[①] 王柱国、尹向毅：《乡村振兴人才培育的类型、定位与模式创新——基于农村职业教育的视角》，《中国职业技术教育》2021 年第 6 期。

[②] 汪圣、聂玉霞：《地方性知识的张扬：乡村文化振兴的应有之义及其实现》，《图书馆》2022 年第 5 期。

下，我国乡村文化振兴事业面临缺乏扎根乡土的优秀文化人才、缺乏公益性专业化的文化产品供给主体、缺乏对乡村文化基础设施的高质量应用、缺乏立足当地特色的文化产业发展规划等众多基础。①

面对这种现状，红河县传承地方民族文化知识，推动乡村文化多元化发展。地方性知识（local knowledge）是与普同性知识相对应的概念，它涉及知识生成与辩护过程中所形成的特定情境，包括由特定的历史条件所形成的文化与亚文化群体的价值观，以及由特定的利益关系所决定的立场、视域等。② 通常而言，地方性知识具有地域性和实用性等特质，涵盖了生产生活知识、历史文化知识、传统民俗知识、民间艺术知识、地理景观知识以及思想观念知识等不同的类型。③ 作为哈尼族、彝族等少数民族聚集区，红河县历史文化悠久深厚、类型多样。以非物质文化遗产为例，当前红河县有各级非物质文化遗产 61 项，各级代表性项目传承人达到 300 人，彝族刺绣和哈尼族奕车"仰阿那"于 2022 年 6 月入选云南省第五批省级非物质文化遗产代表性项目。

一方面，红河县积极做好少数民族文化的保护性开发。例如，位于县城东门街的马帮古城在红河县委县政府的大力支持下于 2003 年被列为省级历史文化保护单位。此外，红河县还大力推动有着浓郁地方和民族元素的文艺创作，原生态电影《风吹红河谷》、庭院剧《马帮·女人》、哈尼剧《莫批阿波》、民歌《哈尼哈巴》、文化书籍《红河风·马帮韵》《古镇钩沉》《侨乡厚土花韵》《绮丽的山花》等。另一方面，红河县依托区位、生态等方面的资源禀赋优势，秉承"以文促旅、以旅彰文、文旅融合、和合共生"的原则，推动文化与旅游产业的深度融合发展。正所谓"山外有山，天外有天；不到撒玛坝，不知梯田大"，被誉为世界第一梯田的撒玛坝梯田集中展示了森林、村

---

① 冯庆：《高校参与乡村文化振兴的路径研究》，《四川师范大学学报》（社会科学版）2022年第 3 期。

② 〔美〕吉尔兹：《地方性知识——阐释人类学论文集》，王海龙、张家瑄译，中央编译出版社，2004，第 222～224 页。

③ 汪圣、聂玉霞：《地方性知识的张扬：乡村文化振兴的应有之义及其实现》，《图书馆》2022年第 5 期。

寨、梯田、水系四素共构的农业生态系统。自2020年10月试运营至2021年4月，撒玛坝梯田短短几个月就接待超过51万人次的游客。红河县也以此为契机，加快哈尼梯田和马帮侨乡多元文化旅游开发，形成了"云上撒玛坝·醇情哈尼人"梯田文化旅游品牌。

此外，红河县不断完善公共文化供给，丰富农民的精神文化生活。党的十九大报告指出，我国社会主要矛盾已经转化为人民日益增长的美好生活需要和不平衡不充分的发展之间的矛盾，人民群众对于公共文化服务也有了更高的标准和要求。在此情况下，红河县积极推进公共文化服务均等化建设，保障人民群众平等地享有文化权利，促进公共文化资源在城乡之间的均衡配置。一方面，红河县持续加大对于乡村公共文化设施的资金投入力度，实施农村基层文化惠民工程，提升改造一批乡村振兴公共文化服务站点，同时开展革命遗址、革命文物保护利用行动，以满足农民对于文化场所的需求。目前，全县13个乡镇文化站、91个行政村（社区）综合文化服务中心建设已经实现全覆盖。2020年至2022年共投入250.5万元对13个乡镇综合服务中心进行升级改造，切实补足乡村公共文化服务设施的供给短板，夯实乡村公共文化服务阵地。另一方面，红河县从人民群众需求出发，鼓励文艺工作者创造人民群众喜闻乐见的精品项目，办好"开秧门""长街宴""仰阿那""万人歌舞节"等民族节庆文化主题活动，着力创建民族团结进步示范县，增强全社会保护非物质文化遗产意识。与此同时，红河县深入推进农村铸魂塑形工程，创新开展以"最喜欢总书记的一句话、最感恩的一项政策、最大的一个愿望，学理论、学政策、学科技、学法律、学普通话"为主要内容的"三最五学"实践活动（见图2-5），激发内生动力，提升群众"比学赶超促增收"的意识，为巩固拓展脱贫成果、接续推进乡村振兴注入新动能。大力推进社会公德、家庭美德、个人品德建设，开展移风易俗宣传活动。截至2022年底，红河县已成功创建全国文明村2个、省级文明乡镇1个、省级文明村6个、州级文明新风示范村42个、州级文明校园16个、州级文明家庭31户，乡村精神文明建设取得丰硕成果。

图 2 – 5　红河县甲寅镇咪田寨正在开展"三最五学"活动

（四）生态振兴治理主体协同并进，系统推进三大治理领域

生态振兴作为乡村振兴战略的重要组成部分，对于农业农村发展具有重要意义。[①] 当前，全面推进乡村生态振兴是由乡村的特有功能决定的。首先，乡村的第一大特有功能是生产功能，乡村生态振兴能够为全国人民提供质量更好、更健康、更安全的粮食和农副产品。其次，乡村的第二大特有功能是生活功能，乡村生态振兴能够为我国 5 亿多名农民提供健康的生活场所。最后，乡村的第三大特有功能是生态功能，乡村生态振兴能够为整个国家提供生态环境和生态产品。[②] 为了化解现阶段社会主要矛盾的生态之维，红河县从"治理"和"物理"两个层面着手巩固和拓展乡村生态振兴的成果。

在治理层面，坚持政府、企业、村民三大主体协同并进。乡村生态振兴的实现，既要找准关键领域，同时也要立足于政府、企业、村民等多元

---

① 曹立、徐晓婧：《乡村生态振兴：理论逻辑、现实困境与发展路径》，《行政管理改革》2022 年第 11 期。
② 张远新：《推进乡村生态振兴的必然逻辑、现实难题和实践路径》，《甘肃社会科学》2022年第 2 期。

主体之间的密切协作。① 在红河县的乡村生态振兴治理系统中，政府是生态制度的设计者，通过法律法规和行政手段约束各类经济主体可能出现的各种违法违规行为，鼓励和支持相关经济主体参与乡村生态产业化发展，引导和推动村民生态观念朝着现代化转变。2021 年，红河县林业和草原局印发《关于实现巩固拓展脱贫攻坚成果同乡村振兴有效衔接的实施方案》，要求促进脱贫人口稳定就业，通过政府购买服务方式开展生态管护，建立健全特许经营制度，吸纳本地脱贫人口就地就业；同时，支持产业建设，鼓励建设现代化特色生态农业示范园，打造绿色食品、森林生态标志产品。以企业为代表的市场经济主体是红河乡村生态振兴治理系统的核心，其依托于乡村的资源禀赋和生态优势，通过供给生态产品最大限度地满足人们的生态需求，同时推动村民形成绿色环保的消费观念。2014 年，红河县通过招商引资引进库博公司对红河谷 4.1 万亩热区土地资源进行开发。该公司入驻后，依托红河谷区充沛的光热资源和立体海拔等天然优势，打造高效、生态农业生产示范基地和特色林果生产示范基地。当前，库博公司规划的生活休闲区、果园景观区、绿色涵养区、规模种植区、生态养殖区和加工交易区六大区已逐渐建成，曾经光秃的山头已变成绿波荡漾、瓜果飘香的"花果山"。生态红利的释放不仅促进了企业的发展，周边村寨的上万名村民也从中受益，绿色发展的理念也由此深入人心。村民是红河乡村生态振兴治理系统中的最大能动主体，通过乡村生态文明教育和生态文明创建活动，村民已经逐渐树立起生态自觉的意识，并且积极践行生态理念。近年来，在各级政府的指导下，红河县各个乡镇的村民积极开展生态文明创建活动，并且取得了一系列突出成绩。截至 2019 年 7 月，红河县农村生活用能中，清洁能源占比超过 40%，秸秆综合利用率超过 85%，规模化畜禽养殖场、粪便综合利用率超过 95%。②

---

① 王山林：《西部乡村生态振兴的理论逻辑与协同机制》，《社会科学家》2022 年第 10 期。

② 《中共红河县委办公室 红河县人民政府办公室关于印发〈红河县创建省级生态文明县实施方案〉的通知》，http://www.hhx.hh.gov.cn/zfxxgk/zcwj_211210/qtwj_211210/zbf/202009/t20200911_469505.html，最后访问日期：2024 年 4 月 20 日。

在物理层面，主张自然、生产、生活三大领域系统推进。习近平总书记曾指出"扭转环境恶化、提高环境质量是广大人民群众的热切期盼"①。乡村生态振兴以生产、生活、生态协调发展为实践导向，以建设生态宜居乡村为战略目标，契合了人民群众美好生活生态需要。② 为了达成这一目标，红河县在自然、生产、生活三大领域付出了大量的努力。首先，红河县不断加强乡村自然生态保护修复。考虑到县城南面坡生态环境恶化、森林面积减少、森林林分质量较差的状况，2021 年，红河县坚持"在保护中开发，在开发中保护"的原则，大力推进 360 亩南面坡生态修复试验示范区基地建设，通过示范工程、样板工程充分发挥示范带动、典型引路作用，推进红河县南面坡造林绿化高质量发展。预计到 2024 年，红河县将在县城南面坡建设完成 2000 亩生态修复区，进一步提升乡村生态承载力。同时，秉持"绿水青山就是金山银山"的生态理念，持续推进"蓝天、碧水、净土"计划。2022 年红河县空气质量优良率达 99.3%，全县水质全面达标；同期，完成退耕还林 14.94 万亩，营造林 6.05 万亩，森林覆盖率达到 60.48%，并获得省级生态文明县、"中国天然氧吧"等一系列荣誉称号，自然生态修复成效显著。其次，红河县着力深化农业生产污染防治。作为乡村生态振兴的重要组成部分，农业生产发展模式直接影响到乡村生态振兴的成效。调查发现，超过一半（53.8%）的被访者表示农业面源污染最亟须治理的是"控制农药、化肥、饲料的大量施用"。针对这一现状，红河县一方面加强农用地土壤污染防治，加大对农用地土壤保护力度和在农用地土壤污染防治上的投入力度，为乡村土壤环境的调查与监测、治理与修复等工作提供资金保障；另一方面持续开展化肥农药减量行动，加大对于禽畜养殖污染的综合治理工作。最后，红河县持续推进农村生活环境污染整治。以《农村人居环境整治三年行动方案》为政策导向，以推进乡村建设行动为契机，以农村厕

---

① 《新征程 新思想 新篇章 | 科学把握习近平生态文明思想的理论体系》，https://baijiahao. baidu. com/s? id = 1735125833887150490&wfr = spider&for = pc，最后访问日期：2024 年 4 月 20 日。
② 邓玲、顾金土：《后扶贫时代乡村生态振兴的价值逻辑、实践路向及治理机制》，《理论导刊》2021 年第 5 期。

所革命、生活垃圾污水处理、村容村貌提升为重点，全面提升农村人居环境质量，不断增强广大农民的获得感和幸福感。调查发现，95.5%的被访者表示相比五年前，自然村的人居环境"变好了很多"或"有所变好"，96.8%的被访者表示会"经常"将生活垃圾倾倒到固定垃圾堆放点；同时，94.2%的被访者表示相比五年前，自然村的生态环境"变好了很多"或"有所变好"。截至2022年底，红河县建成农村卫生户厕2.8万座，卫生公厕510座，卫生户厕覆盖率提升到54.67%。为有效推进粪污资源化利用，全县13个乡镇均配备1辆吸粪车，并动员当地农业龙头企业、农民专业合作社、种植大户等新型农业经营主体，定期清掏公厕粪污，开展资源化利用。此外，目前红河县有垃圾处理设施4个，覆盖全县9个乡镇，日处理量达到84吨；污水处理设施5个，涉及4个乡镇，日均污水处理量1020立方米，行政村生活污水治理率和收集处理率达到21.98%和7.69%，超额完成预定目标。

（五）正式制度与非正式制度并重，三重赋权再造村庄组织

改革开放以来形成的主流发展理念和发展模式具有浓厚的城市中心主义色彩，乡村不是作为独立的发展主体，而是作为现代化过程中需要被解决的问题，从属和依附于城市，乡村的人财物等资源向城市单向流动。乡村的去主体性集中表现在农民的去组织化，村社共同体逐渐解体，乡村社会丧失凝聚力和内生发展动力。[①] 由于村庄各类组织尚未发挥各自应有功能，组织错位、职责不清、权威弱化，下沉到村庄的国家与地方的公共资源遭到侵蚀，乡村振兴资源投入的治理绩效递减。[②] 乡村振兴作为复杂的系统工程是一个整体性治理过程，要激活和发挥参与要素的优势潜能，使之有效衔接这一过程，[③] 因而组织振兴的成效直接影响到乡村振兴整体成效。

正式制度与非正式制度并重，激发组织内生动力。研究表明，与脱贫

---

① 吴重庆、张慧鹏：《以农民组织化重建乡村主体性：新时代乡村振兴的基础》，《中国农业大学学报》（社会科学版）2018年第3期。

② 唐斌尧、谭志福、胡振光：《结构张力与权能重塑：乡村组织振兴的路径选择》，《中国行政管理》2021年第5期。

③ 苑丰、金太军：《行政、社区、市场：乡村组织振兴"三重赋权"的内在逻辑》，《理论与改革》2021年第4期。

攻坚时期各省市县党政一把手任"双组长"且所有部门全力参与相比,乡村振兴只由农业农村部门牵头,部分部门协同参与,且多数省市县仍沿用以前成立的农村工作领导小组,未调整领导小组组长,导致乡村振兴所需的人才、资金、土地、信息等要素资源很难得到保障。① 不过,红河县对于乡村振兴的力度较之前的脱贫攻坚并未减弱。为进一步巩固拓展脱贫攻坚成果,筑牢巩固拓展脱贫攻坚成果同乡村振兴有效衔接的组织保障,红河县严格落实"中央统筹、省负总责、市县乡抓落实"的工作机制,成立了由县委书记和县长任双组长的巩固脱贫攻坚推进乡村振兴领导小组,并且在领导小组下设置了 5 个工作专班——产业振兴工作专班、组织振兴工作专班、人才振兴工作专班、文化振兴工作专班、生态振兴工作专班,以进一步强化责任落实、政策落实、工作落实。同时,通过调整县级领导挂联乡镇工作方案,全面压实末端责任,形成项目分解、责任落实、跟踪督查的闭环推进机制,深化运用党建扶贫"双推进"经验做法,推动问题在一线动态清零机制建设。除正式组织之外,非正式组织的重要性同样不容忽视。2018 年中央"一号文件"曾明确提出要"发展多样化的联合组织,提升小农户的组织化程度"。为了充分发挥回乡干部以及乡贤能人的作用,红河县在全县范围内广泛动员国家公职人员,开展"干部规划家乡行动",编制科学规范、务实管用的村庄规划。从 2021 年起,利用 3 年时间全面完成全县88 个行政村村庄规划编制工作。② 此外,红河县还成立大批农业合作社,推动形成"市场 + 公司 + 合作社 + 基地 + 农户"的产销模式,释放社会组织在乡村组织振兴中的潜能。例如,2016 年成立的红河县红电商贸农民专业合作社将该县 13 个乡镇的红米、民族手工艺品等农特产品集中起来,统一包装、管理和销售,切实提升了农民的经济收益。

行政、社区和市场三重赋权,实现村庄组织再造。要想实现乡村组织

---

① 唐亮、杜婵、邓茗尹:《组织扶贫与组织振兴的有机衔接:现实需求、困难及实现路径》,《农村经济》2021 年第 1 期。

② 《云南红河县扎实推进"干部规划家乡行动"》,http://union. china. com. cn/txt/2021 – 08/19/content_41650463. html,最后访问日期:2024 年 4 月 20 日。

振兴的目标，就要提升国家支农资金的使用效率，提高市场资源配置的效率。这意味着乡村组织振兴的有效运转不仅需要"行政性"和"社区性"双重赋权，还需要"市场性"赋权。作为乡村组织振兴的权力维度，行政赋权集中体现在政策赋权和项目赋权。在政策赋权方面，红河县允许和鼓励农民合作社的经营业务从"专业生产"向"生产、销售、信用"三位一体发展，开展集体经济产权制度改革，着力构建新型集体经济。在项目赋权方面，红河县借助项目制对农村进行大量的资源输送，并积极探索如何统筹整合财政资金，提升财政资金的使用效率。作为乡村组织振兴的社会维度，社区赋权通过聚人以及促事等方式重构乡村治理主体的作用方式。龙头作为哈尼族和彝族的宗教领袖，一般一个村寨一人，他们在群众中享有较高威信，亦是凝聚村民、乡贤以及各类精英的关键纽带。龙头的存在也成为激活乡土公共性，进而实现村民有机整合的关键要素。同时，村治事务往往交织着复杂的社会关系，因而有效的村庄治理本质上是以"人"的动员促进"事"的解决。龙头作为村庄的宗教领袖，与村两委成员共同处理村寨内的各种纠纷，基本做到了"纠纷不出村寨"。作为乡村组织振兴的经济维度，市场赋权的逻辑在于提高要素的可流动性，降低交易成本，提升产品和服务在市场中的价值，其立足点为要素盘活和效益实现。一方面，红河县为了实现村庄生产要素的内部整合，积极对接并导入外部市场力量，促进小农户和市场的无缝衔接。调查发现，接近三成（27.6%）的被访者加入了各种类型的农民合作社。另一方面，红河县大力扶持不同类型的农业合作社，将土地和农宅等资源优化配置给大型高科技农业企业，而不开展具体的养殖和种植项目，较好地规避了农业产业效益低下、缺乏经营型人才的风险，从而保证了集体经济的稳步发展，也使村民获得较高的市场报酬。[1]

---

[1] 苑丰、金太军：《行政、社区、市场：乡村组织振兴"三重赋权"的内在逻辑》，《理论与改革》2021 年第 4 期。

第三章　理念层面：营造新内生的文化氛围

在新内生发展主题的倡议和实践中，社区文化内生发展的目标是转换并升级当地文化资源、利用这些资源重建社区文化特殊性（可识别性）。这是一个区域性的文化复兴运动，即通过对当地文化的重新评价，提供一个比现代化和自上而下的发展价值观、发展规模和文化动态更具包容性的环境。红河县文化的新内生发展不是独立或孤立的进程，而是与经济社会相互融入、相互渗透的交叉领域，是一个可持续发展的过程，这种诠释路径正好与社区居民生活混融交错的本质特征相弥合。

文化的内生发展进一步推动红河县的建立与发展。文化在红河县建设中发挥着工具性和价值性的"双重作用"。一方面，文化本身便构成了红河县建设中的重要资源，文化产业成为红河县产业发展以及产业结构升级的重要方式，也是红河县"特色"建设的关键环节。红河县聚焦"特色"、大力发展文创产业，在增加收入的同时也能够反哺社区文化建设。另一方面，文化在红河县建设中发挥着重要的价值性功能，不仅能够为红河县建设提供方向指引，同样也是个体获得身份认同、归属感的重要精神力量，是实现群体联结的重要纽带和社区共同体建构的前提条件。

第一节　价值导向：坚持"新内生"发展目标

新内生发展模式强调将"自上而下"的外生发展模式和"自下而上"的内生发展模式相结合，在整合地方社区资源和推动地方居民参与的同时，适当借助外部资源，在这种内外联动的"超地方实践"中培育地方社区内生发展动力和能力。在乡村发展的现实情境中，新内生发展是一个极具延展性的复合概念，具有多重意涵。其一，在价值理念层面，新内生发展遵循"能力本位"，强调在"内外联动"中提升地方社区以及居民的内生发展能力。[①] 其二，在行动目标上，内生发展始终是新内生发展的目标所在，这也同样使内生发展成为乡村发展的重要衡量尺度，本土资源的挖掘、外部力量的介入、内生动力的培育、内生能力的提升等都是衡量乡村发展的具体指标。其三，在行动主体上，新内生发展在主张外部适度介入的同时，强调社区居民的本土参与，通过居民社区认同以及共同体意识的培育，激发乡村社区发展的内在动力。其四，在行动路径层面，新内生发展在将"地方社区"作为基本单位的基础上，指出了行动者、资源、文化、组织、制度机制等具体的构成要素，并循此提出了一系列具体的行动路径，例如本土资源的开发、内外部行动者的多元参与、社区文化培育和各类制度创设等。上述要素和行动路径之间并非相互独立的，而是共同嵌入在地方社区的"超地方实践"之中。其五，在行动场域层面，新内生发展强调将乡村社区作为基本单位，在乡村社区发展的现实情境中推进新内生发展实践。

一　树立社区为本的整合理念

新内生的发展目标要贯彻落实于乡村治理发展实践，首先要在乡村环境中树立新内生的发展理念。"能力本位"和"社区为本"共同构成了新内生发展模式的价值意蕴，前者更加强调从外生发展到内生发展的历时性转变，后者则侧重对新内生发展模式的共时性理解，强调以"地方社区"为基本单元，以社区居民为行动主体，以社区资本为发展基础，以社区整体发展为目标的实践取向。

在当前的实践中，"能力本位"的发展理念基本成为共识，但"社区为本"的整合取向却时常遭受忽视。这种"社区为本"的整合取向建立在

---

① 文军、刘雨航：《迈向新内生时代：乡村振兴的内生发展困境及其应对》，《贵州社会科学》2022 年第 5 期。

"地方社区"概念的基础之上。"地方社区"这一概念不单单包括地理意义上的实体居住场域，也包含了社区共同体和文化共同体的意蕴。在此基础上，"社区为本"的整合取向首先强调将地方社区这一地理空间单位作为基本的行动单元，并在此基础上强调社区居民之间基于文化认同而形成的包含共同价值、共同目标和共同思想在内的联结纽带，以此动员地方居民参与到社区发展实践中，并促进乡村社区共同体成员之间的交流、协作，推动个体行动向行动共同体转变，以此挖掘、培育和整合各类社区资本。此外，新内生发展摆脱了早期现代化进程中的单一经济视角，而是采取更具整体性的视角看待乡村社区发展。① 在乡村振兴的政策背景下，新内生发展模式应当追求乡村社区产业、生态、组织、文化、人才"五位一体"协同发展，整体推进乡村社区的"五大振兴"，通过乡村社区的整体发展满足"人民对美好生活的向往"。"社区为本"的整合取向不仅与乡村振兴的整体性要求相契合，其将"乡村社区"作为基本行动单元的实践做法，也为乡村振兴战略的推进提供了切实的实践思路和着力点。其中的关键是需要坚持"需求"导向，将社区个体、群体层面的需求与社区整体需求相结合，以此制定整合性的行动策略。

新内生发展模式"能力本位"和"社区为本"的价值理念既为乡村振兴时期的中国乡村发展提供了实践指引和行动方向，同样也是激发地方行动者内生动力的重要精神力量和推进文化振兴以及乡风文明建设的潜在资源。② 在实地调研过程中，红河县的各村负责人在谈及发展理念时，大都提到了"发展能力""培养个人技术""培育共同体难""难以号召村民"等情况，这与理论层面的"能力为本"和"社区为本"概念有着极强的关联性。在乡村振兴的现实情境中需要将两者相结合，遵循"社区为本"的整合取向推进能力建设，通过"能力本位"的实践行动推进社区整体发展，建构整合性的乡村治理体系。在实践中，需要将新内生发展理念内化到各

---

① 吴越菲：《内生还是外生：农村社会的"发展二元论"及其破解》，《求索》2022 年第 4 期。

② 张晓溪：《乡村文化新内生发展路径的实践探索——基于主体性身体技术视角的社会学分析》，《贵州社会科学》2022 年第 5 期。

类行动者的主体认知之中，并通过多元主体的共同行动使之"脱域"（dis-embedding），成为乡村社区的文化结构和共同纽带，在乡村振兴实践中发挥更为深层、持久的影响。

具体而言，红河县围绕社区为本的发展理念，形成了以下工作思路。第一，通过对当地自然资源和人力资源进行价值评估和开发，重新调整经济和其他发展活动的方向，最大限度地保留当地特色。除了外部注入之外，将当地人民的需求、责任能力和潜能发展状况与当地环境纳入考量范畴。第二，倡导社会与文化资本相互协调、多元主体参与推动下的合作模式。地方倡议可以通过其积累的实际经验构建特定的概念框架，但这种观点只有通过探索自上而下（外生）和自下而上（内生）方法相互作用的界面才能得到加强。发展目标开放性和不确定性并存。第三，乡村可持续发展的技术、制度激励和改革，必然面临知识经济、技术渗透、制度改革与乡村多元化发展进程中其特殊性的接合碰撞。可见，乡村发展与乡村独特性的维护、乡村发展的潜能境遇与居民需求、乡村可持续发展的激励措施、团队引领和主体责任的贯通，这些都是用以对抗外生发展弊端的乡村独特性，可以规避乡村发展的失衡风险，是红河乡村新内生发展的重中之重。

二　建构身份归属和社区认同

乡村的悠久历史注定了乡村是人类文化和传统技艺的"博物馆"，人们的日常生活过程就是文化和习俗生成和传播的过程。人们在自然生活中沉淀出的习惯、风俗、技术等，都是塑造乡村文化空间的要素之一。这种空间为居民的身份建构和心理认同提供了生存的场域，居民们基于共同的文化和传统习俗，自发地生成了区别于其他地域的居民身份，并产生了对于家乡社区的认同。

居民的身份归属可以从制度和情感两方面进行建构。在制度上，为了实现由内而外、自下而上的社区居民对社区地域的归属，红河县的居民在户籍上归属于当地，在制度管理上强调红河的地域特征与独特福利优势，与外地居民区分开来，形成了居民在制度上的身份归属。在情感上，社区内部存在纵横交错的群体组织和关系网络，居民自组织、政府、市场力量等同时存在。居民既是建构红河县的参与主体，也是红河县社区的居民，这些群体互动从空间地域来看未必发生在社区之内，但以此为基础的身份归属成为红河县居民区域认同的重要构成。居民在建立了社区身份和认同意识后，在社会日常互动中所形成的对特定组织群体的归属感将在社区生活中与居民身份交汇，共同构成整合性的社区归属感。这种明确的身份归属不仅能够在心理上为社区居民提供一种归属于群体之中的本体性安全感，同时也会为后续的社区认同和凝聚力建构提供心理基础，为社区共同体建设提供可能性。

乡村社会的快速发展需要国家权力和资源的再嵌入，而乡村社会的可持续发展则需要国家引导和培育出乡村社会发展的自主性和内生动力。红河县特别注重通过文化的浸润和熏陶，发掘和培育农民的主体性和创造性，真正形成乡村社会自我发展和创新的内生力量，从而促进乡村振兴。在现代化转型的洪流下，由于对当地传统文化、民族文化的认同，居民们将红河县作为自己的家乡，而不是旅游景区或者工业园区。在本次调研中，当居民们面临是"保留各民族文化特色"还是"支持各民族文化的交融"的问题时，有 69.2% 的居民选择了保留本民族文化特色，可见其对于特色民族文化的强烈认同和归属。在乡村文化建设的过程中，可以通过社会主流文化、民族文化和地方传统文化塑造当地居民对于自我身份的认知，建构居民的身份特征。老博村村民在访谈中说：

> 和别人不一样的文化和习俗肯定是要保留的，那是我们是哈尼族的证明，是我们自己文化。同时每个民族都应该保持自己的特色，这样才是五十六个民族五十六朵花嘛。

"归属"与"认同"为红河县的内生发展和共同体建设注入了精神动力，红河县所在社区在此基础上通过多样化措施加强社区居民的身份归属感和社区认同感建设。① 第一，唤起地方居民的社区意识。在红河县建设中，社区成员作为主体力量，需通过强化身份归属和民族认同在意识层面上激活其主体性和"主人翁"意识，在社区开发和建设过程中培育社区成员的参与意识和社区责任，以此形成社区归属意识。第二，激励居民的社区参与行动。红河县的内生发展依赖于居民的有效参与，文化具有激励作用，文化认同是社区成员获取参与动力的重要来源，这种激励会作用于地方居民的参与行为，使得他们的参与更加积极和有效。第三，通过文化认同提供社区成员之间的心理纽带。基于特定地域及其特色文化所形成的社区归属与认同为地方居民提供了共同的情感和目标，强化了除共同经济利益外各方整合所需的纽带。特色文化可以被用来强化地方的关系网络，促进当地的发展，而认同处于这种作用发挥的中间环节。红河县建设过程中，充分挖掘地方行动的文化意义，不仅仅将社区发展视作经济行为，更是将其视作涉及社会、文化等多方面的综合实践，赋予发展更多文化意义，使其成为增强社区成员身份归属感和社区认同感的重要基础。但在强调文化价值的基础上，还需要尽可能地为社区成员提供均衡化的社区服务和社区福利，让社区成员共享红河县建设的发展成果，以此为社区成员的身份归属和社区认同提供长久支撑。

三　凝聚群体共识和公共价值

社区内组织赋能是实现乡村社区行动有机整合的关键环节，强调以组织为媒介增强社区成员间的群体互动，搭建社会关系网络，培养互惠、信任等机制，激活社区社会资本，发挥组织资源的正向功能。当前的乡村社区组织赋能应当以基层党组织为核心、村社自治组织和集体经济组织为两翼，鼓励各种内生性社会组织和村民自组织的培育，以此建构复合型乡村组织体系。就后者而言，可以以乡村社区内部的群体性需求为抓手，鼓励

---

① 王春光：《新生代农村流动人口的社会认同与城乡融合的关系》，《社会学研究》2001 年第 3 期。

地方精英发挥"带头人"作用。

红河县成员在特色文化的引领下产生了独属于红河县社区的归属感与认同感,并在这种归属之下推动社区成员的社区参与行为。但更为深层的是,需要在这种文化氛围和归属认同意识的影响之下,引导社区成员的价值理念,并且在社区层面达成价值共识,形成红河县社区成员之间的价值共同体。实际上,这种价值共同体也是提升社区成员凝聚力,并进而采取社区行动的前提条件。①

红河县在凝聚社区成员的价值共识、培养居民公共价值意识上采取了较多措施,总体可归纳为以下内容。一方面,以社区特色文化、社区主流文化为基础,在个体层面加强社区成员的公共价值教育。人不仅是个体性的存在,同时也是一种公共性的存在。居民在共享民生福祉、实现个人利益的同时,也需履行维护、扩大公共福祉的道德义务。社会价值共识的建立和社区凝聚力的增强旨在提升社会公共福祉,而不仅仅指向个人福祉,因此要让公民切实明晰"公私之界"。公共价值是"涉及公民的公共生活和公共实践的共享的、在理性上共同认可的价值"②。对此,红河县向社区成员积极传递社会主义核心价值观中的民主、文明、和谐、平等、公正、法治、诚信、友善等公共价值理念,同时以特色文化为资源开展公共价值教育,促使社区成员对公共价值形成理性的价值认同,在公共空间做出符合公共价值的行为。另一方面,加强社区内部的协商对话平台建设,加强对话,提升价值共识。红河县在加强村民们价值教育的基础上,从乡村协商空间打造入手,并推动协商议事规则完善,同时顺应数字化时代潮流,积极打造数字协商议事平台,推动村民们展开对话,最大限度达成价值共识。实际上,协商过程本身也是一种社区参与,有利于加强村民的身份意识和社区认同。红河县扎么村负责宣传组织的村干部在价值引领方面有很深刻的体会:

---

① 宋才发:《中华民族共同体意识是国家凝聚力的精神纽带》,《社会科学家》2021 年第 5 期。
② 金生鈜:《公共价值教育何以必要》,《华中师范大学学报》(人文社会科学版) 2010 年第 4 期。

我们之前对于如何凝聚共识还是很头疼的，最后从实践结果来看，可以通过发掘长老能人、提供协商渠道等先把矛盾解决了，才能谈到合作共创上面来。

总之，红河县在价值导向层面时刻坚持新内生发展目标，在树立社区为本的整合理念、构建身份归属与社区认同以及凝聚社区内部成员的价值共识等方面开展了较有特色的新内生乡村治理实践，推动红河县的发展不断焕发新的内生活力，获得积极发展动能。

第二节　党建引领：打造乡村振兴的文化内核

乡村文化振兴是一项思想性、政治性和群众性很强的社会文化实践活动，需要农村基层党组织强有力地组织、引导和有效监督，需要广大农村基层党员发挥先进模范带头作用，需要党建思想理论的深度武装。没有乡村基层党建的思想、组织和制度创新，就没有新时代背景下党的乡村治理体系和治理能力现代化，乡村文化建设不仅得不到科学布局、系统实施和有效推进，而且还很容易"跑偏""走调"。在乡村文化建设问题上，作为实施乡村振兴战略"主心骨"的乡村基层党组织，尤其需要通过富有成效的乡村基层党建，把思想认识统一到党中央有关乡村振兴重大战略部署上来，提高政治站位，增强文化意识，通过党建实践不断提升基层党组织驾驭和提供新型乡村公共文化服务的水平和能力等，并结合乡村发展实际，充分发挥村"两委"的关键性作用，因地制宜、科学地制定乡村文化振兴的近远期发展目标和发展规划等，带领乡村居民创造性地开展乡村文化振兴的实践路径探索，努力把党和政府的富民惠民政策宣传落实到位，"成为帮助农民致富、维护农村稳定、推进乡村振兴的坚强战斗堡垒"。

一　强化理论武装，营造乡村振兴宣传氛围

民族地区因发展的特殊性和现实性，政府在民族地区经济社会发展中

扮演着十分重要的角色。在打赢脱贫攻坚战，全面建成小康社会的征程中，政府通过制度设计、政策支持等强化理论武装，营造浓厚的党建宣传氛围，使居民的精神生活丰富多彩。民族地区的乡村振兴，不仅要关注物质财富，更要追求精神财富的创造，而物质和精神的富裕都要通过"新内生动力机制"的激发来实现。[①]

首先，坚定党引领下的乡村振兴新道路，强化党建理论的全面武装。第一，抓党建促乡村振兴是实现共同富裕，维护好农村发展公平公正的保障。党坚持发展为了人民、发展依靠人民、发展成果由人民共享，共享发展是实现社会公平正义和共同富裕的根本途径。第二，抓党建促乡村振兴在解决绝对贫困的基础上进一步提升农村发展水平，缩小城乡之间以及农村内部的差距，确保农村发展的根本方向。第三，抓党建促乡村振兴，以党的组织力提升村庄的组织化水平和发展能力，从而降低农民走向市场的成本。第四，抓党建促乡村振兴通过把党建引领机制嵌入社会资源的动员与配置中，使资源与村庄以及区域的需求精准对接，进一步协调资源、促进区域协同，加快乡村发展。第五，抓党建促乡村振兴充分彰显我国的政治制度优势，是党对农村工作全面领导的实现载体。党建引领调动政府、市场、社会资源，协调各方关系，为农村发展提供了动力，保证了发展方向。

其次，理论赋能乡村治理现代化，推动乡村内生动力发展。通过强化组织领导的工作机制，把乡村振兴与基层党组织建设紧密结合，让基层党组织成为实施农业农村发展新战略、全面推进乡村振兴、团结动员群众加快发展的坚强战斗堡垒，把党的领导的制度优势转化为治理效能，促进村庄发展能力和村庄治理能力的提升。[②] 完善和创新各级党委领导下的乡村振兴政策体系，完善跨区域的资源整合机制和协调机制，健全乡村人才培养机制，强化人才服务乡村激励机制，发挥县委书记的"一线总指挥"

---

① 白雪军：《民族地区巩固拓展脱贫攻坚成果同乡村振兴有效衔接研究——基于新内生动力机制的建构视角》，《贵州民族研究》2022年第6期。
② 宫玉涛、施言志：《新时代基层党建引领乡村振兴的实践创新研究》，《乡村论丛》2023年第2期。

作用。发挥好基层党组织的战斗堡垒作用，解决在产业振兴、社区服务、社区文化传承、生态文明建设过程中党员参与动力与参与机制问题，盘活村庄资源。坚持党的群众路线，发挥好农民的主体性，让广大农民成为乡村振兴的真正主体，让村庄的内外资源转化为村庄发展的源源不断的动力。

最后，拓展理论宣传的内容与形式，营造乡村学习新风尚。红河县始终以习近平新时代中国特色社会主义思想为指导，以"新时代文明实践中心"和爱国主义教育基地等为主阵地，通过开展各类常态化宣讲活动宣传贯彻习近平新时代中国特色社会主义思想，统一群众思想，指引群众转变观念，听党话、感党恩、跟党走，凝聚民心，通过讲述身边事、身边人，讲好红河故事。各级党组织会议坚持第一议题学习习近平新时代中国特色社会主义思想，深入学习宣传贯彻党的二十大精神和习近平总书记考察云南重要讲话精神。持续深入开展专题学习、宣传宣讲、专题培训、研究阐释工作，用党的创新理论武装头脑、指导实践、推动工作。通过宣传栏、墙报等形式，大力宣传有关婚丧改革的法律法规，宣传婚事新办、丧事简办和移风易俗的意义，鞭挞比阔气、讲排场、搞封建迷信等陈规陋习，引导干部群众从我做起，从身边做起，移风易俗，倡树新风。

同时，红河县在打造宣传上采取多样化的宣传氛围，积极发挥宣传引导和宣传鼓动作用。一是在全县公路主干道、乡镇集镇街道、村（社区）、易地扶贫搬迁点及其他各类公共场所设置醒目的宣传标语、公益广告、户外宣传栏及部分大型宣传立牌，各乡镇根据民族民风特色，将社会主义核心价值观、村规民约、道德规范等绘制成墙体文化，如迤萨镇勐龙的傣家墙体文化、甲寅镇老博村委会咪田寨哈尼族民俗墙体文化（见图 3 - 1）。二是充分利用县融媒体中心传播影响力，抓住互联网新媒体覆盖广、传播快、参与性强等优势，加大媒体宣传力度，积极推送精神文明建设相关信息，选树典型人物和总结提炼案例。三是印发知识小册子、日历挂画等，通过广播喇叭、召开群众代表会等形式，加大对精神文明建设工作的宣传力度。多层次、多角度、立体化营造浓厚的宣传氛围。为积极营造良好创建氛围，三村乡通过张贴横幅海报、赶集日发放宣传彩页、摆放民族团结进步创建工作简介展板等形式大力宣传民族团结示范创建工作，用红色文化和中华传统文化浸润，守紧意识形态阵地。红河县宣传部相关领导就提道：

> 省外的这些城市都有一个东西叫健康步道，然后我们在参考健康步道的同时，我们就因地制宜，在我们边疆这些少数民族地方就建立了习语步道（见图3-2）。习语步道主要是这样的，就是说我们融合了三项，一是习近平总书记重要讲话，二是绿色生态，还有一项就是便民。不可能就是说步道离居民区很远，建这个都是和群众生产生活息息相关的，也便于他们来利用，可以在生活中潜移默化地带动学习和宣传的氛围。

图3-1　咪田寨文化墙

图 3 - 2　习语步道

二　深化思想道德教育，巩固乡村文明内核

我国要实现乡村文化振兴，思想道德建设必须先行。中国传统的乡土社会立足差序格局，是一种礼治社会，传统礼制规范着社会成员从生到死的每个阶段，血缘、地缘是维系道德秩序的重要纽带，传统道德在乡村地区拥有悠久的传统。众所周知，传统乡村社会以家庭伦理为中心，"孝"在传统乡土道德中居于核心地位。[1] 目前，我国乡村面临传统伦理、终极关怀失落等问题。唯物史观认为，人是一切社会关系的总和，伦理关系在一定的生产关系中形成。儒家角色伦理学强调伦理角色的完整性。农村流动人口剧增必然导致某些伦理关系、伦理角色的空场，引发包括传统孝伦理在内的诸多留守人口的伦理问题。尤其是在商品逻辑的冲击下，个人主义、

---

[1]　刘晗、王亚民：《清末乡治思想演变百年后的再认识——兼论乡村治理传统文化的自觉》，《山东农业大学学报》（社会科学版）2023 年第 1 期。

功利主义和实用主义等价值观在乡村地区越来越受到青睐,一定程度上加速了中国乡村文化的式微。

思想道德建设在我国乡村文化振兴中居于核心地位。2018 年 9 月 26 日,中共中央、国务院印发《乡村振兴战略规划 (2018—2022 年)》(简称《规划》),专辟一章聚焦乡村思想道德建设。乡村思想道德振兴主要解决我国乡村文化振兴中的道德失调问题,总体要求是通过厚植社会主义核心价值观,培育社会主义乡村道德新风尚;通过倡导诚信道德规范,着力解决市场化进程中的道德失范难题;强调通过弘扬中华优秀传统美德,倡导尊老爱幼、邻里互助的传统美德,形成家庭和谐、邻里和睦的人伦关系;最终推动形成爱党爱国、向上向善、孝老爱亲、重义守信、勤俭持家的良好道德风尚。

红河县注重抓好民族教育,构建精神家园。以“五进”为主阵地,着力构建铸牢中华民族共同体意识宣传教育常态化机制。组建理论宣讲团进机关、企业、学校、村组、家庭开展民族宗教政策普及、党史学习教育、法制教育、普通话宣讲,继承发扬党领导人民在各个历史时期奋斗中形成的伟大建党精神等精神谱系,凝心铸魂。在干部教育中,采取自学 + 集中学的方式带领干部职工深入学习民族宗教各项知识,为检验学习成果,采用奖惩制组织干部职工参加民族政策法规知识测试,确保全体干部能熟练掌握、运用民族政策。

一方面,注重在青少年群体中开展宣传教育工作,营造见贤思齐、明德守礼的浓厚氛围。首先把爱国主义教育、社会主义核心价值观、创建文明城市、文明家风、道德规范等内容纳入中小学“开学第一课”、思政课堂、主题班会等,将文明种子厚植于广大青少年心中。① 开展中华优秀传统文化进校园、“扣好人生第一粒扣子”主题活动,注重家庭文明和家教家风建设,选树先进典型,坚持以正确的舆论引导人,突出以文化人,开展“七进七促”理论宣讲活动。其次是利用重要节日及党史国史重大事件、重要人物纪念日等,广泛组织开展主题团(队)日、交流分享、寻访实践等

---

① 戴妍、刘斯琪:《乡村教育助推共同富裕的理论阐释与实践进路》,《教育与经济》2023 年第 2 期。

活动，引导青少年大力弘扬民族精神和时代精神。最后是推动实践养成，打造立德树人、久久为功的平台载体。广泛深入开展"光盘行动"、绿色出行、垃圾分类、节水节能等道德实践活动，以及青少年学雷锋活动和青年志愿者行动，大力倡导践行文明新风，推进学雷锋活动常态化。

另一方面，把移风易俗教育与公民思想道德教育结合起来，加强和改进未成年人思想道德建设，使道德规范成为人们的自觉行为。一是把移风易俗教育与社会主义核心价值体系教育结合起来，把丧葬新风融入荣辱观价值体系，培育文明道德新风尚，引导广大群众查摆自身及身边存在的不文明现象，自觉破除恶俗陋习，倡导文明新风。二是推进移风易俗弘扬时代新风，引导人们自觉遵守社会交往、公共场所中的文明规范。进一步加强农村精神文明建设。三是坚持开展爱国卫生运动，推进健康知识普及，倡导"六条新风尚"。深化拓展群众性精神文明创建活动，将"四德"建设贯穿创建全过程，加强动态管理。

三　强化基层党组织作用，激发民众自治热情

红河县深化党建引领，抓好基层党支部建设。倾心助力打造有凝聚力、有战斗力、有执行力的集体，筑牢民族团结和谐的政治基础。基层党建对乡村治理现代化发展的引领作用集中体现于引领力、组织力、凝聚力、影响力四个方面，在实践过程中应坚持政治立场、重塑治理责任、汇聚主体合力、构建善治机制，从而确保"四力"的有效发挥。

坚持政治立场，发挥乡村治理引领力。新时代基层党建引领乡村治理现代化发展，应牢牢把握坚持政治立场，进而发挥对乡村治理的引领力，推动乡村治理现代化顺利发展。[1] 一是发挥基层党组织的政治引领作用。基层党组织是党在基层的战斗堡垒，党员干部则是基层党建的核心力量，因此应锤炼基层党员干部的政治品格，使之掌握系统化的党建理论知识。二是以

---

[1] 袁方成、杨灿：《嵌入式整合：后"政党下乡"时代乡村治理的政党逻辑》，《学海》2019年第2期。

党的政治路线引领乡村治理现代化。党的政治路线是党和国家事业取得成功的保证，也是推进乡村治理现代化发展的支撑力量。在实践过程中应立足乡村治理诉求，始终坚持党的政治路线，以马克思主义为指导，以实践为价值标准，推进马克思主义与乡村治理现实相结合，全面回应乡村群众多方诉求。以党的优良品格赢得民心，从而夯实党的执政基础，发挥乡村治理引领力。

重塑治理责任，增强乡村治理组织力。组织力是对组织内各项要素进行整合的能力，对于基层党组织而言，组织力是基层党组织对内部各要素进行调配、统合的能力，是党组织战斗力和生命力的体现。在以基层党建引领乡村治理现代化过程中，基层党组织应重塑治理责任，充分发挥自身组织力。一是创新乡村治理活动形式，有效提升组织的影响力。面对人民日益增长的美好生活需要，应创新乡村治理活动平台，建设以党建联动中心为主，学校、合作社等全覆盖的网格化治理模式，同时借助人工智能、大数据、物联网等技术打造"智慧党建"模式，为参与主体之间的互动创造条件，从而提升乡村治理活力。二是发挥优秀人才引领作用，提升乡村治理执行力。一方面，应发挥基层党组织带头人的引领作用，开展党规党纪培训活动，坚定基层党员干部的理想信念，提升其为民服务能力和实干精神，同时还可鼓励外出人员返乡、鼓励大学生人才到农村去、激励新乡贤展现新作为、精选驻村工作队等，夯实乡村治理现代化的队伍基础。另一方面，充分发挥优秀党员引领作用，提升党员干部的政治觉悟和使命意识，在参与乡村治理过程中练就过硬本领。三是加强管理制度约束，为乡村治理现代化奠定基础。应健全基本生活制度、党员奖惩机制、容错纠错机制、监督体系等，为提升乡村治理效果、推进乡村治理现代化创造条件。

汇聚主体合力，提升乡村治理凝聚力。乡村治理现代化是乡村治理价值思维的现代化，是多元主体参与治理的现代化。在实践过程中，应汇聚主体合力，最大限度地吸纳多元主体参与，从而打造一套完善的党领导人民参与乡村治理的制度体系及运行机制。① 一是发挥基层党组织的引领作

① 熊万胜、方垚：《体系化：当代乡村治理的新方向》，《浙江社会科学》2019年第11期。

用。扩大党组织的影响力，吸纳优秀的乡村青年加入党组织，动员村民参与监督工作，真正建立起党群结合的关系网。二是发挥好乡镇政府的职能作用。乡镇政府作为基层社会中重要的政权组织，应肩负好乡村服务供给、乡村治理、社会管理、经济管理等多重责任，应明确自身的责任定位，在坚持依法治理的基础之上，营造动态和谐、权责分明的乡村治理生态。三是提升村委会自治能力。积极开展村干部培训教育活动，提升村干部的村务管理、乡风建设、农业指导等多项能力，使之更好地胜任乡村村民"当家人"的角色，更好地提升乡村治理现代化水平。四是提升社会组织在乡村治理中的参与性。社会组织的参与程度关乎乡村治理绩效。应给予社会组织充分的治理参与权，使之为乡村社会秩序维护、经济发展、文化进步贡献独有的力量。五是培育村民的共同体意识。唤醒乡村村民的集体认同感，使之积极参与乡村治理并在其中发挥重要作用。正如红河县组织部相关领导所说：

> 基层党建为我们凝聚社会合力发展也提供了不少助力，比如说它是一个非公企业，然后我们就通过党组织帮扶把企业的党组织建立起来，然后又在党组织里面，引导企业的负责人，我任党组织书记，实现我们党组织的有效覆盖，然后通过这些活动的开展，实现党组织作用的发挥和形式的有效覆盖。

构建善治机制，延伸乡村治理影响力。构建良性的运行机制，是新时代基层党建引领乡村治理现代化的基础，是巩固党的执政地位、达成乡村"善治"目标的保证。一方面，建设科学的利益协调机制。基层党建应充分发挥协商民主优势，有效均衡协调各方利益，在协商过程中要发挥把控大局的作用，寻找各主体利益的"最大公约数"，以保证多方主体利益最大化。在协商之后还应以保证公共利益最大化为前提，制定合理的乡村治理方案，以推动乡村治理现代化的高效运行。① 另一方面，建设完善的资源整

---

① 黎珍：《健全新时代乡村治理体系路径探析》，《贵州社会科学》2019 年第 1 期。

合机制。在实践过程中，基层党建应制定具有可实施性的乡村社会发展相关规划，成立资源管理工作队伍，来实现对内部资源的合理开发及利用，为推进乡村治理创造便利的条件。同时，还应采取多方举措实现外部资源引入，比如，扩大资金及资源投入、建设高素质的乡村服务干部队伍、发挥社会企业的资源优势等，这充分保障了乡村治理决策的科学性和有效性，也彰显了基层党建在乡村治理中的影响力，为乡村治理现代化奠定深厚的基础。

红河县从源头把关，以村组换届选举为契机，从加强村党总支班子建设着手，通过"引雁归巢"把在外务工的明白人、带头人引进村三委班子中。坚持加大对乡、村、组三级党员干部教育培训力度，把学习习近平总书记关于加强和改进民族工作的重要思想作为党员干部学习的重要政治任务，依托党员干部教育培训、"云岭先锋"App、"三会一课""万名党员进党校"等，深化民族团结政策，铸牢中华民族共同体意识，铸好"能力武器"，切实增强"四个意识"、坚定"四个自信"、做到"两个维护"，增强抓党建促民族团结工作的思想自觉、政治自觉、行动自觉。

第三节　文化更新：移风易俗与乡风文明建设

加强农村精神文明建设，是社会主义精神文明建设的重要组成部分。近年来，红河县委、县政府把农村精神文明建设作为决战决胜脱贫攻坚助力乡村振兴的重要抓手，从群众良好行为生活习惯养成着手，把"移风易俗、弘扬时代新风"作为农村精神文明建设重要途径，红河县农村精神文明建设取得了较大的成效，为建设团结和谐美丽乡村打下了坚实的基础。

一　推行厚养薄葬，提倡文明婚姻

乡村婚丧嫁娶民俗是我国传统文化的重要组成部分，与老百姓的日常生活密切相关，其中包含着深厚的道德价值内涵，具有极大的道德引领和思想教化功能。乡村婚丧嫁娶作为礼仪民俗，体现为集体活动的实践形式。

参与其中的人们的行为是否符合社会准则，反映着社会风气的好坏。从具体表现形式看，婚丧嫁娶就是把邻里朋友置于一个特定场合，通过人与人之间的礼尚往来，使乡民之间的感情得到凝聚和升华。民俗文化的内在规范性作用使得乡民在特定的道德准则内行事，成为协调人与人之间以及个人和社会关系之间的重要文化力量。① 经过长期的历史发展，我国乡村婚丧嫁娶民俗形成了特有的程序与规范，发挥着不可或缺的教化和调节作用，成为传统文化与现代价值观有效融合的社会基础和重要形式。

红河县境内各民族生活习性相同相近，在长期的生产生活中形成了红白喜事大操大办、薄养厚葬等习俗。如红河县哈尼族奕车支系，宰杀猪牛羊举行丧葬，来祭奠亲戚少则要带来 3～5 头猪、3～10 头牛、40～60 只山羊、100～200 只鸡鸭，高寿者去世时亲友赠送的牛羊更多。在姑娘嫁娶中，奕车人还有索要高价彩礼的习俗，不管家庭贫穷还是富有，男方须给付女方高价彩礼。调查发现，红河县居民们的婚姻配偶有 62.3% 来自本行政村，村民们主要崇尚自由婚姻，大多数夫妻是在居住地或劳作中认识的。这种"门当户对"、文化习俗相似的人们结为家庭，会使得好的风俗习惯得以传承，而陋习也获得生存的土壤，甚至日益牢固。文明风尚靠创新，也靠积极引导。红河县自脱贫攻坚以来，持续开展移风易俗讲文明、除陋习、树新风活动，倡导婚事新办，丧事简办，破除封建迷信，狠刹大操大办、互相攀比、铺张浪费等不良风气，努力践行社会主义荣辱观，建立科学、文明、健康的生活方式，有效衔接乡村振兴。

殡葬工作方面，殡葬改革实际上也是一场群众思想的革命。殡葬过程中的陋习要在短时间内得到改变很不容易。② 针对封建迷信、铺张浪费、大操大办、薄养厚葬、天价彩礼等不良风气，红河县下发了《红河县革除陋习促脱贫实施方案》，开展移风易俗各类主题实践活动，在全县 840 个自然村中 80% 以上村寨成立了村民议事会、道德评议会、红白理事会和调解委

---

① 李圣强、李琳：《论传统文化赋能乡村振兴的路径选择》，《山东行政学院学报》2023 年第 2 期。

② 王启梁、刘建东：《中国殡葬法制的意外后果》，《云南社会科学》2016 年第 1 期。

员会等群众组织。党委政府结合实际制定村规民约，通过村委会、村民小组层层落实在全县各乡镇推广应用，取得了很好的效果。经过一系列革除陋习、树新风行动，垤玛乡、宝华镇、大羊街乡等在丧事葬礼中大操大办、铺张浪费的现象已明显改善。一批文明村相继涌现，如乐育镇玉古村、宝华镇龙甲村、三村乡大梁子下寨村等。垤玛乡在各村成立红白理事会，红白理事会及时对有婚丧事大操大办苗头的人员进行说服教育、正确引导。为了鼓励敢于实践变革的家庭，乡党委政府规定：只要按照规定执行，从俭办事，最先 10 户从俭办事者，每户补助 1 万元。这一规定产生了明显效果。

同时，红河县加强基础设施建设，根据实际情况及对未来的殡葬需求科学规划，搞好基础设施建设，按照乡镇公益性公墓全覆盖的思路，每个乡镇先建成一个农村公益性骨灰公墓，然后每个村委会或自然村规划一个农村公益性骨灰公墓，分批建设，满足人民群众需求。

在婚姻嫁娶工作方面，不仅需要革除陋习，还需对婚姻权利进行合法保障。在以往的人情交往中，一方面，乡民们在相互交往中极为重视情面，讲究礼尚往来。所以，尽管随礼并非自愿，但也不得不照顾情面。而且随着农村居民收入的增长，礼金的数额也水涨船高，礼金在家庭年支出中所占比重越来越高，甚至礼金的多少也成了衡量人与人之间关系亲疏程度的标志。另一方面，婚姻嫁娶也成为乡民回收多年已经随出份子钱的一个重要机会，乡村传统朴素的人情关系被简单冰冷的金钱关系所裹挟。

我们的父辈、爷爷辈们确实在彩礼问题上经历过，但其实我们年轻一辈的人都把这个看得比较淡了。什么都不如两个人好好过日子的强，同时，我们也被上一辈的人情扯着，对我们这个小家庭来说也是不少的一笔开销哩。

红河县引领婚育新风三年专项行动工作的开展，具体工作有以下几个方面。第一，民政局充分发挥业务优势，创新宣传思维，帮助村（居）委会将依法婚育、保护未成年人合法权益、反家庭暴力等有关内容纳入村规民约和居民公约。第二，结合落实适龄儿童少年复学、保学工作，杜绝早婚早育导致的辍学行为。第三，积极配合整治未成年人非法务工，杜绝用工单位招录未满16周岁的未成年人，对介绍未满16周岁的未成年人就业的中介机构和个人追究其法律责任。印制宣传海报及宣传单4万余份。在本次调查数据中可以看到，受访者家庭夫妻双方在婚前的经济状况相对持平，在结婚时大多男方虽有送彩礼，但金额不大。经此改变，新农村文明、健康、向上的现代生活方式和文明乡风初步形成。

二　破除老旧观念，打造文明新风

乡村振兴涉及领域众多，是科学的发展进程。实现乡村振兴伟大战略，必须与时俱进除旧布新，消除落后腐朽思想对乡村振兴带来的消极影响。随着农村的经济发展，社会生活变迁，人与人之间关系的转变，旧的观念已经不适应甚至会阻碍农村发展。长期以来，农民形成了其独具特色的生活方式，其中有些是不文明不健康的生活方式。农村现代化发展进程要求农民转变传统生活方式中与现代化不相适应的部分，① 破除老旧的观念想法，形成新的生活方式，打造文明新风，主要体现在以下两方面。

一方面，倡导自治自强，提高村民精气神。新中国成立后，经过了改革开放和社会主义现代化建设，我国农民整体素质已经有了很大提高，但是与新农村建设和实现乡村振兴对农民提出的要求相比，还存在一定的差距。农村乡风文明是实现农村物质文明、政治文明和社会文明不可缺少的部分，也是农村经济社会发展的思想保证、精神动力和智力支持。农民有了新思想，对于追求美好生活的干劲更足，可以更有效地推动农村经济的发展。文明的乡风使农民形成健康积极的生活状态，努力去创造美好的生活。调查发现，在回答"相信命运"还是"相信自己努力"的系列问题时，70%以上的受访者选择了相信自己、勤劳致富。同时文明乡风有利于社会的

---

① 夏志远、郑伟：《知识分子"在场"与社会秩序"表征"——基于20世纪二三十年代乡村改造思想比较分析》，《社会科学论坛》2023年第2期。

稳定，为经济发展提供了良好的环境，有利于吸引资金和人才。经济发展的同时也进一步推动了农村城镇化进程，这是乡风文明对经济发展的间接促进作用。在市场经济日益发展，农村现代化程度日益提高的今天，必须提升农民文明素质，实现乡村振兴崛起。

红河县在乡村振兴的实践期间，积极引导群众在生产生活中勇于自我革新，实现外部力量向内在动力的转化，推动群众自我教育、自我管理和自我提高。工作中，各乡镇注重在提升群众内在素质上下功夫，为革除陋习夯实群众基础。垤玛乡少数群众以前存在"等、靠、要"思想和外出乞讨行为的问题，严重影响经济社会的发展和社会和谐，针对这一情况，垤玛乡在重教育、断贫根、强素质上下功夫。在腊哈、牛红等10个村设立了宣传栏和成就展板，把各村乡风文明转变中的崭新风貌动态直观地进行展示。该乡还制定村规民约，提倡爱护公共财物，维护村容整洁，自觉抵制乞讨行为，建立和睦相处的邻里关系。同时组织开展文艺活动，不但丰富了群众的生活，而且促进了社会主义新风尚的形成。如白宏文艺队自编自演的《外出行乞可耻、勤劳致富光荣》和《综合扶贫送脱贫》等节目，对倡导当地群众"反对行乞"、树立"自力更生、勤劳致富"理念起到了"润物无声"的效果。近年来，通过各方努力，垤玛乡群众生产生活发生了巨大变化，家家养起了猪、鸡，种起了青菜、玉米，过上了新生活。甲寅镇十分注重镇政府所在地和村庄"文化墙"建设，采用图文并茂、通俗易懂的方式，让民族的优秀文化有机融入百姓生活，同时在全镇开展善行义举榜工作，让群众学身边人学身边事，弘扬时代主旋律，提高村民文明素质。龙普村一位靠手工编织为生的中年女性说：

> 幸福生活都是自己奋斗出来的，靠谁都不如靠自己。我虽然没读过什么书，但是我相信人可以努力改变自己的生活条件。加上现在政府对我们的各种层面的帮扶，房子都给我们修得这么好，那我们更没理由不靠自己的双手创造自己的美好生活了呀。

另一方面，始终坚持以人为本，提高物质保障水平，切实改善和保障民生，不断提高人民幸福指数。乡风文明建设改变了农村居民的生活方式，与现代化的城市生活相得益彰，这就需要同步改变村貌村容。在长期的乡风文明建设中，农村居民认知水平提高，对于不健康的生活方式进行改正，对城市文明中的健康生活方式学习借鉴。[①] 例如，在农村生活中，随处可见垃圾堆，垃圾乱扔导致环境污染。要实现美丽乡村建设，就需要农民改变长久以来的生活习惯，将垃圾放到统一的垃圾处理点，这需要统一规划建设垃圾投放点，整治村容村貌。在本次调研中，红河县的村民们表示现在村子里都建了集中垃圾堆放点。只有改变农民传统的生活方式，顺应时代发展的要求，才能实现文明乡风建设。三村乡村民提到垃圾处理问题时说：

> 我们的垃圾处理现在都是定时投放的，然后每家轮流清理打扫。这样确实比乱丢干净卫生了许多，整个村子也漂亮起来。村子里修起来的那些健身器材等等，也让我们大开眼界，闲的时候去使用一下，好像自己又多了点新乐子。

红河县在 52 个文明单位与 52 个自然村开展以"真情注农村、携手建农村"为主题的共建创建活动，从思想、道德、文化、环境卫生、技能培训、普法、帮困解难等方面开展工作。充分结合村情，因地制宜，因村施创，对村容脏、村貌差的村子，重点实施环境整治，进行改厕、改厩和小街道建设；对环境卫生较好，村容村貌比较整洁的村子，帮扶建设农村文化活动场所（室），引导村民开展移风易俗、树新风活动，积极发动村中热心公共事业，且具有一定文化知识的中老年人组成文艺活动组，开展文体活动；对赌博、偷盗等社会治安问题较为突出的村子，实施教育与处罚并举的措施，积极开展法治宣传教育，提高村民法治意识，对教育不改者，与当地派出所联系，进行治安处罚。驻村扶贫工作队成为改陋习、树新风、当好

[①] 吴理财、解胜利：《文化治理视角下的乡村文化振兴：价值耦合与体系建构》，《华中农业大学学报》（社会科学版）2019 年第 1 期。

文明新风的倡导者。

三 建设家风家训，助力民族团结

家是传统中国社会的基本组织形式，经由家族长时间沉淀而形成的家风家训，不仅是家族文化的外在显现，更是家族成员日常生活的行动指南。家风家训作为家族道德伦理的起点，不仅是家族长期发展过程中的精神纽带，更是社会风气的重要组成部分。① 家风的好坏足以影响社会乃至国家的发展，作为中国传统道德文化重要组成部分的家风家训，大多以儒家伦理观念为核心，在家族文化发展和社会治理等诸多方面具有重要的文化功能。

家庭是社区的基本单元，社区整体情感的深化实际上有赖于作为组成基础的家庭本身情感的进一步"升华"。强化家庭成员之间情感的连接，改善成员之间的沟通模式，家风家训建设都必不可少。家风家训的建设有利于促进社区内部成员的情感传递，加强社区成员之间的关系互动。从调研数据来看，社区村级层面设有加强家庭沟通和社区参与的场所，但是由于村民们文化水平和农作时长的限制，应有的设备未起到预期的效果。具体来说，围绕建设家风家训与改善家庭沟通，红河县主要完成了以下工作：一是强化身边典型的发现挖掘培养体系，开展家风家训征集活动，通过广泛动员与征集—宣传与评选—颁奖与表彰的系统工作流程传递优秀家风家训精神，促使社区成员强化情感联结；二是对优秀家风家训及村规民约进行系统整理、发掘和研究，并建立家风家训馆，发挥传统媒体和新媒体各自的优势，进行正向的舆论引导；三是加强核心价值观体系建设，进一步探索家风家训、村规民约等与社会主义核心价值观的内在联系，丰富社会主义核心价值观及社会主义文化的内涵，积极引导符合时代要求的、有地域特色的新家风家训形成，激活家风家训、乡规民约的生命力，更好地塑造社会主义文化，例如开展"最美庭院"评选。同时，村党组织发动老党

---

① 钟涵冕、郑兴明：《乡村振兴视野下农村良好家风培育路径研究》，《长春理工大学学报》（社会科学版）2019 年第 4 期。

员、老干部、退休老教师等人员组成志愿服务队，利用"院坝会""火塘夜话"等方式走村入户宣传移风易俗。

因为我们这每个村子都不大，一个村子里面家家户户都认识，所以一个家庭氛围怎么样，就能带动整个村子的风气改变。就比如咱们村有一家很重视教育，对小孩子读书看得很重，慢慢地周围同龄小孩的家长也被影响了，就形成了一个重视教育的风气，这样就是很好的。

同时，红河县高度重视民族工作，发扬民族文化，助推民族交融。①

案例：三村乡黑树林民族团结案例

三村乡与坪玛乡、龙坝镇、那哈乡合称为黑树林地区。长期以来，黑树林地区由于特殊的地理环境和贫穷落后的社会面貌，因生存而引发的山林水土权属纠纷不断。三村乡党委、乡政府以铸牢中华民族共同体意识为主线，以加强各民族交往交流交融为根本途径，立足接边地区，少数民族人口众多，民族文化底蕴深厚的特点，结合"哈尼十月年、祭龙、矻扎扎"等民族节日，召开黑树林地区联谊会，组织开展篮球、足球等友谊联赛，邀请各族群众参加套圈、飞镖等趣味活动。积极召开创建交流会，共谋争创示范之事，建立常态化互鉴交流机制，紧扣工作主线推进民族团结进步创建工作，相互学习，真正地拉近了黑树林地区人民的手足情谊，巩固和发展了"平等、团结、互助、和谐"的民族关系，推动了中华民族共同体的建设。同时三村乡党委和乡政府高度重视民族文化的保护与传承，以"一民族一精品、一民族一特色"为目标，引导民族文化创作，鼓励和扶持少数民族村党组织牵头组建农村文娱团队，以民族节庆活动为契机，以民族歌舞、戏曲、

---

① 王延中、管彦波：《云南建设民族团结示范区与和谐民族关系的基本经验及启示》，《民族研究》2014年第3期。

小品等表现形式，展示民族文化的魅力，宣传党和国家的方针政策，展示新农村建设的成就和社会新风尚，以先进文化带动民族文化繁荣，促进各族群众相互学习、相互借鉴，推动农村精神文明建设。

第四节　地方认同：传承发扬本土特色文化

红河县境内居住有哈尼族、彝族、傣族、瑶族等少数民族，少数民族人口占红河县总人口的94%，其中哈尼族占75%。因此，红河县有丰富的民族文化，独特的自然资源，境内的青山绿水间，散落着不少特色村寨，承载着极为丰富的文化遗产，素有"歌舞之乡""棕榈之乡""江外侨乡""云上撒玛坝·醇情哈尼人""马帮侨乡·山巅城堡"的美誉。境内梯田面积有26万余亩，有500亩以上集中连片梯田35个。"森林－村寨－梯田－水系"四素同构的农业生态系统堪称世界山地生态农业的典范，其中，面积1.6万多亩有4300多级的撒玛坝万亩梯田作为世界文化遗产、全球重要农业文化遗产最为著名，2018年4月被上海大世界基尼斯总部授予中国面积最大的哈尼梯田（连片）称号，2021年5月通过国家4A级旅游景区评定。"哈尼族多声部民歌""乐作舞"被列为国家级非物质文化遗产。有独具一格的哈尼"奕车风情"，历史悠久的哈尼长街宴、万人长街歌舞、仰阿那、开秧门等民族节庆活动，有集马帮、侨乡两大独特文化元素一身的马帮古城，有规模宏大、保存完整的中西合璧连片建筑群，被誉为"江外建筑大观园"。

一　找寻特色文化，保留乡村记忆

特色文化符号是乡村社区的名片，是乡村文化的载体，在现代乡村振兴进程中起到不可忽视的作用。在红河县的调查中，有60.9%的受访者认为本村有属于自己的特色文化，每一种特色文化都有其独特的价值。在乡村文化建设和传播中，提到一个乡村，人们往往会马上想到与其相对应的乡村"符号"，有可能是某一个建筑物，有可能是美食，也有可能是一些历史沉淀下来的文化特色，这些有关乡村意象的某一要素成了乡村的一种"符号"。乡村社区的符号建构也是同理，乡村文化符号往往具有传承的价值，传承乡村社区的历史文化以及人文精神，是乡村自身魅力与特色的源头。

特色文化符号具有以下特征。首先，文化符号具有代表性。乡村文化符号一定要能够代表这个乡村的品牌形象。这就要求管理者在确定乡村品牌符号的时候，首先要明确乡村的形象定位和乡村品牌的内涵，找出能够代表乡村品牌，并与乡村形象和品牌内涵相一致的文化符号。[①] 比如天安门是北京的一个标志性符号，外滩是上海的一个代表性符号。其次，文化符号具有差异性。差异性强的文化符号，不仅容易被受众识别和记忆，同时也能够节约传播成本，对乡村品牌形象的传播将会有非常大的推动作用。而雷同性很强的文化符号，则可能不会对乡村形象的传播产生很大的影响力和推动力。文化符号具有很高的知名度，受众能在较短的时间内认识乡村品牌，感受乡村品牌的精神内涵。最后，文化符号还具有一定的地域性。乡村是有空间性的，因此代表乡村形象的符号应该是这个乡村独具的、能够代表这个乡村的品牌形象，是这个乡村引以为傲的、独特的地域性符号。也正是这种独特的地域性，成就了乡村品牌符号的不可模仿性。

"一个良好的乡村形象……是一种无形资产与有形资产的有机构成。"[②] 良好的文化符号是整个乡村的一种软实力、重要的生产资料和战略资本，乡村文化符号的高水平运作甚至能够为乡村的发展带来质的变化，提供新的经济增长点，并使相关的产品链、产业链、消费链相继获得大的发展，极大地提升整个乡村的品牌形象。乡村品牌构建的最高境界是在塑造乡村品牌长期战略指导下，配合乡村定位，从整体上进行长远的、有计划、有针对性、切实可行的全方位乡村符号管理和传播。与普通的符号相比，典型的文化符号能够代表整个乡村的品牌形象，因而在对外宣传的过程中更具传播价值，并

---

① 刘新鑫：《乡村形象塑造中文化符号的运用》，《当代传播》2011 年第 3 期。

② 张鸿雁：《城市形象与城市文化资本论》，东南大学出版社，2002，第 52 页。

且能够很快或相对容易提升乡村的知名度和美誉度。在文化符号系统中，这些符号会慢慢演变成乡村的品牌代表，它们不仅能够展现乡村的品牌精神，传达乡村的品牌内涵，还能够构筑受众对乡村感知和记忆的基础。可以说文化符号是乡村品牌形象的基础，乡村品牌形象是文化符号的提炼、升华。

面对新时代背景下新的传播环境、新的传播媒介、新的传播对象，乡村特色文化符号的建构过程应融合创新发展理念，将创新理念贯穿于文化符号塑造的实践路径始终。融合创新发展理念是建构文化符号的核心，体现的是习近平总书记提出的"在新的时代条件下推动中华优秀传统文化创造性转化、创新性发展"[①]的深刻思想和卓识远见，揭示了历史文化发展是一个不断积累、丰富和完善的过程。融合创新发展理念必将加速社会主义核心价值观与文化符号的深度融合，促进文化符号的产业化发展和传播手段的不断创新。

具体而言，乡村社区特色文化符号的建构可以从以下几方面入手。第一，社会与理论界要对文化符号实践路径有一个准确定位。明确的文化符号建构不仅仅是对历史传统文化的保护，更是对地方传统文化的创造性传承和再生产。要将这种创造性生产纳入社会和学校文化教育中，使文化符号创新性建构成为每个人的共识，并且要积极参与其中。第二，新时代文化符号建构主体自身的新思维、新方法、新技术也非常重要。新思维、新方法、新技术将改变原有文化符号的单一固化形态，使原有文化符号转为以发挥传播效应为第一要务的全新形态，从而影响受众认知、促进乡村经济发展。第三，产业化是助力文化符号建构的推进剂。构建文化符号的根本目的是通过文化宣传扩大乡村的知名度、推动文化产业的发展与升级，进而推动经济可持续发展。这一具体实践路径，充分体现了"古为今用、洋为中用、推陈出新"的科学文化传承思想。同时，其也是"文化传承、形象塑造、产业化"三位一体文化符号建构实践路径在新时代的应用范式。

[①] 习近平：《给〈文史哲〉编辑部全体编辑人员回信》，《人民日报》2021年5月11日，第1版。

二　保护非遗文化，传承民族内涵

非遗文化在民族地区具有复合价值，不仅有利于增强乡村社区的文化底蕴，还能通过文化产业等形式转化为地方发展的潜在资源，具有一定的产业经济价值。发挥非遗文化复合价值的基础则是对其的保护与传承，新时代的非遗文化必须走可持续的保护性开发道路。① 对此，红河县将非物质文化遗产保护与传承作为乡村文化振兴的重要举措，具体做法如下。

一是建立健全组织机构，科学制定发展规划。红河县成立了非物质文化遗产保护传承工作领导小组、红河县文化馆等机构，组建传承基地——红河哈尼梯田文化传承学校以及乡镇传承习会、传承点等民间组织，制定了《红河县非物质文化遗产管理办法》《传承人目标管理责任书》，安排专业队伍负责县域民族文化的挖掘、收集、整理、保护、传承和弘扬工作，为非物质文化遗产保护与传承发展做好组织保障。

二是健全传承扶持机制，激发民间文化传承热情。在发掘整理民间文化传承人资料过程中，结合实际，针对部分传承人年龄较大、生产生活存在不同程度的困难等问题，红河县积极探索建立民间文化传承扶持机制，鼓励民族民间艺人带徒授艺，在政策上给予重点扶持，积极争取财政、社会资金扶持其开展授徒传艺、教学、交流等活动。

三是积极创办非遗特色学校，培育新一代文化传承人。紧扣非遗传承人才培养的关键节点，在有序引导现有民间文化传习馆开展文化传承的基础上，组建中专类学校"红河哈尼梯田文化传承学校"，学校以传承民族文化为宗旨，以教授民族文化技艺为核心，以教授哈尼族多声部民歌演唱、乐作舞表演、器乐演奏、哈尼传统乐器制作为主要任务，为红河县的民族文化传承保护工作做出了积极的贡献。学校在对传承人的培育过程中，还积极鼓励学生深入乡村地区，实地参与到各项文化活动之中，同时还积极与基层政府开展合作，共同举办形式多样的民族活动，践行文化传承使命。

---

① 黄永林：《数字化背景下非物质文化遗产的保护与利用》，《文化遗产》2015 年第 1 期。

红河县宣传部相关领导提道：

> 我们哈尼族、彝族这一块节庆活动多，我们通过开展各项自娱自乐的媒体活动来传承（民族文化）。现在存在的一个问题就是，现在开展活动的这些领路人是年老的，年轻人也想一起通过文化赚钱、养活自己，所以我们才成立了这个行业文化传承学校，做强做大这一个文化馆。我们的文化馆在全州都还是可以的。

红河哈尼梯田文化传承学校是在认真贯彻落实习近平总书记 2013 年 12 月 23 日中央农村工作会议上关于"农耕文化"的讲话精神、实现云南"文化强省"战略目标和红河州"1046"春天工程背景下，为保护和传承哈尼梯田文化精髓，打造红河县"歌舞之乡"民族品牌，经县人民政府的批复，于 2015 年 4 月创办的一所中等职业学校。创办红河哈尼梯田文化传承学校的目的，就是使红河哈尼传统民族民间文化得到更好传承和保护，使红河哈尼传统习俗、哈尼族多声部民歌、乐作舞、哈尼生产四季调、哈尼民间工艺等哈尼梯田文化精髓逐步发展为令世界瞩目的民族文化瑰宝，进而推动红河"文旅商一体化"建设步伐，促进文化效益、经济效益和社会效益齐头并进发展。学校开设民族音乐与舞蹈、民族乐器修造、民族工艺品制作、导游服务以及高星级酒店运营与管理五个专业。自创办以来，学校积极参加省州组织的技能大赛，在获得广泛好评的同时提升了办学影响力。2017 年首次踏出国门，参加由云南省人民政府侨务办主办，红河州人民政府外事侨务办公室协办，中共红河县委、红河县人民政府、老挝云南同乡会承办的"文化中国·七彩云南·魅力红河"赴老挝慰侨演出。

三 开发文旅产品，拓宽宣传范畴

文化资本是承载文化观念的资产存量[①]，对于乡村社区的内生发展与建

---

① Throsby, D. "Cultural Capital," *Journal of Cultural Economics* 23（1999）：3 – 12.

设发挥着至关重要的作用①。从工具角度看，它们是要被开发或保护的资产；从代表性上讲，它们定义了地方认同；从动员地方民众的意义上来说，它们是地方伦理、道德和行为动机的来源。② 在内生发展进程中，相较于实体性的文化资源，隐性的价值观、信念与态度、地方文化、传统习俗等非物质性的文化资本往往发挥更大的作用。③ 红河县在乡村振兴中尤为重视发挥文化资本的作用，将具有地方特色的文化元素、价值精神融入乡村振兴实践进程之中，着力打造特色农产品品牌和特色乡村旅游模式，以此活跃经济，拉动消费，提高农民收入，促进乡村社区的内生发展，具体措施如下。

一是成立非遗项目合作社，搭建民间文化活动平台。成立各种非遗项目合作社，支持传承点开展传习活动，坚持活态传承。以"阿扎河民间传习会""阿扎河哈尼族民歌传承会""竹编专业合作社""刺绣专业合作社""红河州天河焖锅酒业有限公司"等一批民间传承基地和专业合作社及民营企业为载体，由非物质文化遗产代表性传承人担任社长，为非物质文化遗产代表性传承人开展传承活动提供了有利条件，调动了非物质文化遗产代表性传承人的工作积极性。以龙玛村为例，红河县从 2014 年起开始对龙玛村进行"合作社 + 农户"的旅游精准扶贫示范村打造，通过采取"房入会、田入股、文化入景、农特产品入市"的"四入"措施，实现旅游兴村与精准扶贫"双推进"，取得了明显的成效。

二是抓实文化节庆活动，推动文旅融合发展。按照"定位准确、主题突出、特色鲜明、梯次发展"的要求，广泛开展一批参与度高、群众受益面广的民俗活动和群众文化活动，以文化遗产日和民族传统节日为载体，普及非遗文化，促进非遗的传播，增强全社会保护非物质文化遗产的意识，

---

① Zakiya, Afia S. "Centring African Culture in Water, Sanitation, and Hygiene Development Praxis in Ghana: A Case for Endogenous Development," *Development in Practice* 24 (2014): 699 – 713.

② Jenkins, T. N. "Putting Postmodernity into Practice: Endogenous Development and the Role of Traditional Cultures in the Rural Development of Marginal Regions," *Ecological Economics* 34 (2000): 301 – 313.

③ Ray, C. *Culture Economies: Aperspective on Local Rural Development in Europe*, University of Newcastle, 2001.

重点打造开秧门、长街宴、仰阿那、长街歌舞节、马帮文化节等品牌；定期举办民族特色浓郁的文化艺术活动，将文化产业与旅游发展相融合，采取市场化方式，充分发挥各级传承人在各种民俗活动中的积极作用，利用新闻媒体加大对外宣传力度，展示红河的发展魅力和文化底蕴。

三是借助数字网络平台，拓宽文化产品市场。在数字时代，文化产品以及文旅产业的开发与建设都需要借助数字网络平台实现。对此，红河县鼓励各乡村社区以及文化产业、非遗传承人、民间团体、社会组织等多元主体积极通过网络工具开展文化宣传工作。例如，通过微信公众号、抖音账号、快手账号等，对外宣传红河县的特色文化，打造特色文化品牌，以此提高特色文化的吸引力。在加强文化传播工作的基础上，红河县还积极借助网络开拓市场，在通过网络销售平台开设网店等的同时，开展直播带货，扩大文化产品销售渠道。

四 深化文化认同，铸就本土意识

乡村社区由内部各种正式和非正式的组织、群体构成，既有地方社区的居民居于其中，又有大量新进入的"陌生人"。为了较好地理顺乡村社区发展过程中地方与地方力量之间错综复杂的关系以及达到整合地方居民、建立社区共同体的目标，可运用基于地方文化、历史以及物质材料而建构出来的"本土文化认同"概念予以分析。在"本土文化认同"中有本土和文化两个基本关注点，本土以文化为边界，文化以地域为根基。"本土文化认同"不仅确定了地方居民的社会身份特征，也反映出地方居民对家园的归属感，他们通过身份认同、本土意识以及归属感体现出自身的地方性表征。

社区成员的"本土文化认同"是地方性认同，在现代化转型的洪流下需要通过基于特色文化而形成的文化认同，使社区成员以乡村社区的特色文化为依托形成一种牢固的社区身份和本土意识。红河县诸多乡村社区在特色文化建设过程中将其内化为社区成员对于所属地的"本土意识"，建构当地居民的身份特征。在红河县的问卷调查中，几乎所有的受访者都为自己是中国人和本民族的人而感到自豪。文化凝聚使当地居民对社区有着较强的身份认同，能凭借特色文化这一纽带将当地居民联系起来。而"本土意识"是指在身份认同方面社区中的个体具有归属感和安全感，可以感受到自身是社区的一员，[①] 这是在不断社会化的过程中建构的。当地居民对于乡村社区的规划和建构有着自己的"本土意识"。虽然本土意识的强弱程度对于不同成员而言存在个体性差异，但就地域空间、组织管理、人员构成等多个方面而言，成员都明确归属于乡村社区，"居民"为社区成员提供了最为清晰明确的共同身份归属，构成了形塑成员意识的根基。红河县在乡村社区建设过程中，通过特色文化赋予全体社区成员共同的"成员身份"，并且以具有包容性的特色文化为根基，在全体成员内部进行宣传推广，同时鼓励全体成员参与到特色文化建设过程之中，推动社区成员的身份建构和本土意识培育。勐龙村村民很自豪地说：

> 我们就是这个村子土生土长的人，我们肯定都觉得自己的习俗和民族文化是最好的。你看我们聊天说哈尼话，你也听不懂，这就是我们自己的文化、我们自己的根。

特色文化不仅是重要的产业资源，其所具备的特色文化属性也为乡村社区居民的身份建构提供了支撑，红河通过特色文化保护与传承提升社区居民的归属感、认同感，从而激发其本土意识、参与意识和能动意识，由此提高居民参与乡村发展以及乡村实践的可持续内生动力。尤其是红河县作为民族地区，县域范围内遍布民族社区，这些民族社区本身便以民族文化为依托，具有较强的特色文化资源禀赋，这也为特色文化的打造以及居民身份建构和本土意识培育奠定了良好基础。

---

① 〔英〕安东尼·史密斯：《文化、共同体和领土——关于种族与民族主义的政治学》，涂文娟译，《马克思主义与现实》2009 年第 4 期。

第四章 主体层面：实现社区化的赋能增效

　　主体是实现乡村新内生发展的关键要素和基础依托，只有当主体足够成熟、内部具有强劲活力、拥有自主实践能力时，其才能在乡村发展过程中不自觉地整合资源、文化、行动以及结构等多重关系要素，推动乡村从不断"失血"转向赋能增效。因此，主体赋能工作对于社区整体的可持续性建设、乡村振兴战略的全面推进都具有极为重要的意义。新内生发展模式将"能力本位"与"社区为本"相结合，强调社区化的赋能策略，其中具体包括村民个体、群体组织、家庭单元以及社区整体四个主体层面，四个层面是相互统一的，诸如个体层面的自主性培育为家庭发展能力提升、乡村组织化建设以及社区情感共同体打造奠定坚实基础，家庭、组织以及社区层面赋能工作的开展又为个体赋能提供动力支撑。本章将从个体、群体、家庭以及社区四个维度对新内生发展实践中如何进行主体赋能进行分析，同时结合调研所得进一步总结红河县从主体层面推进新内生发展实践的具体做法与相关经验，以期能够为其他地区开展主体赋能工作提供实践借鉴与理论参照。

第一节　个体赋能：村民自主性培育

　　伴随着城市化和工业化发展浪潮的席卷，我国乡村发展长期处于"失血"状态，村民自我发展难以跳出结构性束缚，个体自主性受到较大程度抑制。同时，国家和地方多项"输血"举措落实，大量外部资源的输入也促使村民产生较强的外部依赖性，无形之中进一步淹没个体自主性。自主性是人作为主体的根本属性，指的是一种不受他人干扰和支配，进行自我选择、自我决策与自我行动的意识与能力。拥有较强自主性的村民具有自我行动赋能以及自发参与社区治理的意识、能力和知识，能够真正通过"自发造血"实现自下而上的乡村内生发展。因此，乡村发展过程中，村民个体的自主性培育工作具有相当重要的意义。围绕村民个体赋能，红河县开展了大量村民自主性培育工作，具体可以分为自主意识的培育、自主能力的强化以及自主知识的再生三个部分。

一　思想赋能：自主意识的培育

乡村振兴最终旨归是人的振兴，农民既是乡村振兴的行动主体，也是推动乡村内生发展的决定性力量。然而，自计划经济时期伊始，为了谋求生计大量乡村青壮年选择进城务工，乡村中留下来的大多是妇女、老人、儿童，乡村"空心化""老弱化"现象较为显著，由此导致的后果便是乡村流失了大量劳动力人口以及可持续性的发展动能。即使近年来我国颁布了一系列支持进城务工人员返乡创业的优惠性政策，乡村劳动力"乡—城"流动数量仍逐年增加，乡村人口流失问题并未得到有效解决。2020年"乡—城"流动人口为2.49亿人，占全部流动人口的66.26%，[1] 乡村"空心化"现象仍然显著，使得乡村振兴和新内生实践的行动基础较为薄弱。

此外，在脱贫攻坚和乡村振兴战略大背景下，为了解决我国乡村的发展问题，国家政府发挥主导性作用，通过资源供给、干部援助、资金补助等方式自上而下地推动乡村外生发展，这也导致长期以来村民缺少足够的内生发展动力，其中最为关键的便是村民自主意识的匮乏。自主意识指的是村民意识到自我具有发现问题、判断问题以及解决问题的能力，自我是解决自身问题的主人的理念与思路。因此，为了有针对性地提高村民内在发展动力与自我价值，红河县围绕"思想赋能"开展了一系列自主性意识培育工程。其一，通过多种宣传手段、形式等增强村民自主发展意识与自治意愿。这里的宣传手段既包括社区宣传栏、村里户户通、文化表演、广播电视等传统形式，也

---

① 资料来源：国家统计局第七次全国人口普查数据。

包括微信公众号、抖音等多种新型媒介。其中所宣传的内容既包括一句话口号如"有建议你就提""每一个村民都是社区的主人"等，也涵盖一些经过方言、民俗文化转化后的理解难度较低的改编故事。总之，如何让村民摆脱长期以来政府包揽、村民委员会包办所养成的依赖性习惯，红河县在宣传方面进行了个性化的尝试。其二，通过多方动员为村民自主发展注入动能。自主动力的激发是长期性建设工程，因此红河县有意识地将其作为需要长期推进的基础工程与常态工作，通过社区动员、单位组织、学校教育等增强村民的自我认同及其对自身与集体利益关联的感知，推动村民进一步增强参与社区治理的动力。如红河县老博村村委会工作人员就提到，"还是要让村民自己有想法，不能一直靠我们，所以经常性我们和单位、学校这边都会有联合活动，希望能够慢慢让他们有这样一种意识，村集体的发展靠的是他们每一个人，我们只能帮助一部分"。其三，宣传产业发展、志愿服务、文化振兴、组织发展等方面的典型案例及先进人物。这些案例及人物都是贴近村民日常生活的，无形之中推动村民迸发自主意识，并不断参与乡村发展实践。

需要进一步补充的是，村民自主性意识的培育需要内部要素系统和外部资源共同提供支持，两者缺一不可。其中既需要外部政府、社会组织、村（居）民委员会赋权增能，也需要自我赋权增能，自我争取权利，自我承担责任，激活内部行动要素。

二 主体赋权：自主能力的强化

村民个体自主意识培育之后需要相应提升的便是村民的自主能力，包括自我生存发展、参与社区治理相关方面的能力等。然而，在现行的乡村权力结构体系中，村民处于较为边缘的位置，基本上是以"客体化"的角色与身份被动卷入，这种权力的区隔弱化了村民主体地位，导致其参与乡村社区治理的能力较为薄弱，参与、决策以及监督等相关权利基础也较为薄弱。因此，尊重村民的主体性地位，不断强化村民自主能力，是推进乡村新内生发展的基础性环节。从目前红河县的乡村发展现状来看，农民的自主性仍旧呈现出较为薄弱的特点，村民不仅主动参与乡村建设的意愿较为欠缺，参与乡村建设的各方面条件与能力也存在不足，更多仅仅是"村里面叫我去，我就去了……很多我也不懂"。调研过程中，就有相当多的村民表示"自己只知道做活吃饭……不懂村里的事情，这件事不归我们管，我们想加入也加入不了"。

为此，一方面需要明确保障村民参与社区治理的相关权利，包括表达权、监督权等。红河县通过村规民约（见图 4 - 1）、集体内部共识、小组条约等多种形式将村民应当具有的"自主行动"权责进一步明晰，促使其参与乡村治理有"法"可依、有"规"可循。其中应当充分意识到村内张贴的"村规民约"在少数民族村庄治理过程中所发挥的引导性作用，能够推动村民以高度的共识、强烈的义务感参与村庄治理。诸如龙普村村委工作人员就表示，"我们在村规民约中都说好了，村民有事情、有想法要第一时间说，尤其是能够对集体好的想法，这是每一位村民应该要做的事情"。另一方面，红河县也通过各种工作形式、建设工程等切实提高村民参与社区治理以及社区建设的能力，包括引入社会工作服务机构开设"骨干培育与民主协商"工作坊和"治理精英与未来社区"工作坊等提升村民参与村庄治理的能力。在开展活动过程中，红河县重点发现一批对本县了解深入、热情大方的"能人达人"以及"中坚力量"，这些力量后续将会成为乡村发展的强大动力来源。当然，对于村庄中因为各种主客观因素留下来的广大妇女、老人、儿童等，红河县也积极支持村（居）委会、社会工作者开展相关赋能工作坊，通过网络技能培训、就业互助实践等鼓励他们成为乡村社区发展的重要后备军。

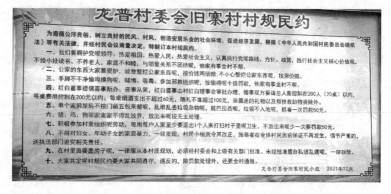

图 4 - 1　龙普村委会旧寨村村规民约

三　思维赋能：自主知识的再生

自主意识的培育以及自主能力的强化都需以丰富的自主知识作为铺垫。自主知识的获得促使村民在乡村发展实践过程中能够清晰辨别问题、准确认知需求并在此基础上进行能动投入。红河县通过组织学习活动、技术培训、内部交流讨论等提升村民自主性相关知识，增强乡村内生发展动能。这些知识可以具体概括为以下几个层面。

一是乡村一般性建设体制的相关知识。乡村发展本质上是"政府搭台、村民唱戏"，然而很多村民对于自身所要唱的戏内容并不完全了解，诸如村委会常规工作内容、村民应有的权利义务、乡村建设工程以及乡村组织体系等。可以说，村民对于这些与其生活生产息息相关的一般性建设体制知识的了解较为薄弱，这导致他们更多地被动参与乡村建设与发展。为此红河县各乡镇工作人员定期开展坝上协商、入户走访以及座谈会等乡村建设知识交流活动，同时邀请村内党员积极分子、返乡精英、社区能人等加入乡村发展知识培训学习班，先学带动后学，使红河县域内的村民对乡村建设体制相关知识的了解越来越深入。

二是乡村建设各范畴内的相关知识。乡村建设内含了众多领域及范畴的知识，诸如乡村产业发展、乡村社区治理、乡村文化培育、乡村组织振兴以及乡村生态维护等一系列乡村发展相关性知识。只有对这些知识有较为充分的理解，村民才能在乡村发展实践中搞好生产、搞好教育、发展文化、壮大组织以及保护生态。然而现实情境中许多村民对于这些知识往往是"一知半解"，尤其是在产业发展方面，许多村民认为"生产不就是把我家的这块地搞好，每年都能丰收吗？我只用管好我家一亩三分地"，对于其中存在的生产风险以及可能蕴含的新经济业态活力则不予关注。为此红河县尤为重视变革村民的思想观念、思维方式等，促使其对现代农业、生产、经营体系形成正确的认识，从而成为具有新思维、新眼光、新技术、新追求的新型农民，比如红河县老博村经常组织新型农民、农业技术人才培训班，为广大农民提供农场管理、现代农业技术运用等相关知识。

三是乡村建设多元参与的相关知识。乡村建设绝非一家之事，也不能仅仅停留于政府、居委会、村民等主体的投入，而是一个需要整体性纳入市场力量、政府力量、自治力量等多种力量的综合系统工程。红河县各乡镇按照县政府统一部署同时根据自身实际定期开展重大事项讨论会、专题议事协商会、常规协商会等，为村民了解其他主体、认识其他主体以及与其他主体建立协商互动关系提供了有效平台。红河县朝阳村村民就表示：

> 村里有的时候会对一些发展的大事，邀请许多人来讨论，比如说我们的手工怎么发展，有县城里工厂的人，也有政协这边的，还有很多村民、村里干部，总之很多人一起讨论，我们刚开始也什么都不懂，说不出什么东西，但慢慢地你就知道要往哪个地方说了。

当前，红河县在向现代农业生产经营方式转型的过程中，由于经营要素缺乏、市场对接困难等原因，现代规模农业、家庭农场、农民专业合作社等新型经营主体发展受阻，除了其他外部影响因素之外，问题的根本症结在于广大村民参与、融入、发展现代农业的积极性、主动性不够，即农业现代化"短腿"的问题。[①] 其中，村民个体自主意识不足、自主能力不够以及自主知识匮乏是其参与困境的基础表征。因此，在让广大村民真正拥有对乡村"为什么建""怎么建"的知情权、参与权、决策权、监督权，真正共享乡村建设行动的成果基础上，需要不断尊重村民意愿、相信村民、依靠村民，真正让村民成为乡村建设的行动主体，自觉当好乡村建设的践行者和建设成果的维护者。

总之，村民自主性的培育是一个艰难而缓慢的过程，自主意识的唤醒、自主能力的强化以及自主性知识的再生，每一个环节都是需要通过平等对话的方式来实现的。

---

① 张晓溪：《乡村文化新内生发展路径的实践探索——基于主体性身体技术视角的社会学分析》，《贵州社会科学》2022 年第 5 期。

第二节　群体赋能：乡村组织化建设

个体赋能工作作为最根本环节，为实现乡村社区化的赋能增效奠定了扎实基础。然而，随着社会转型的持续推进，城镇社区的流动化、陌生化以及不确定性趋势的增长，乡村新内生发展建设正面临组织性发展薄弱、集体性不断脆弱困境，单纯依靠个体化的赋能举措显然难以维系乡村系统的正常运作。此时，乡村组织化建设为乡村社区的内部整合提供了重要方式，组织化成为推进乡村社区新内生实践的重要选择，也是组织振兴的应有之义。长期以来，围绕着组织化建设，红河县开展了一系列群体赋能相关工作，有效推进了乡村社区新内生发展实践进程。当前的社区组织赋能以基层党组织为核心，以社区自治组织和社会市场组织为两翼，鼓励各种内生性社会组织和居民自组织培育，以此构建复合型社区组织体系。① 因此，红河县群体赋能的工作机制可以分为三部分：一是基层党组织建设，二是村社自组织建设，三是集体经济组织建设。

一　基层党组织建设：夯实治理根基

乡村基层党组织建设是党全部工作与战斗力的基础，也是基层治理的根基所在。因此，助推新时代乡村的内生发展，必须不断加强基层党组织建设，切实增强基层党组织的创造力、凝聚力与战斗力，为推进乡村发展提供坚实的组织保障。近年来，红河县全面贯彻落实新时代党的建设总要求，向细处着眼，向实处发力，认真落实高质量党建引领高质量发展要求，推动基层党组织建设工作创特色、出成效、上水平。

第一，健全完善上下贯通、执行有力的组织体系。一是扩大党的组织和工作覆盖。红河县按照党章规定设立党组、基层党组织，科学合理划分

① 马良灿、哈洪颖：《新型乡村社区组织体系建设何以可能——兼论乡村振兴的组织基础建设》，《福建师范大学学报》（哲学社会科学版）2021 年第 3 期。

党小组，加大新兴领域党组织组建力度，形成纵向到底、横向到边的严密组织架构。同时建立落实每半年定期抓摸排、抓组建、抓规范机制，严格执行按期换届制度，适应形势任务的发展变化，及时调整和优化党的各级组织。此外，深化新时代党建带群建工作，加强党对群团工作的领导，一体化推进党群组织建设，延伸党的"工作手臂"。二是积极创新基层党组织设置。红河县按照有利于加强党的领导、有利于党员教育管理、有利于联系服务群众的原则，积极创新党组织设置和活动方式，把党的基层组织建到村民小组、居民小组、管理网格、车间班组、重要产业、重大项目、农民合作社等各类基层单元，不断织密基层党组织网格体系，创新推进重点特色产业链等党组织建设。三是深化党支部规范化建设。红河县坚持党的一切工作到支部的鲜明导向，建立定期督促推动机制，深化党支部标准化规范化建设，认真按照省级和州级标准指标抓好"云岭红旗党支部"示范创建，引领党支部建设整体提质。着力督促各级党委（党组）书记及班子成员落实党支部工作联系点相关要求，指导全县各党（工）委每年对所属党支部全覆盖"过筛子"、扎实开展分类晋级。用好软弱涣散基层党组织管理系统，以农村为重点，落实领导挂点、部门结对、书记包保、驻点指导"四个一"措施，建立整顿长效机制。

第二，全面实施党的创新理论凝心铸魂行动。一是持续深入学习贯彻习近平新时代中国特色社会主义思想。红河县深入推进"两学一做"学习教育常态化、制度化，巩固深化"不忘初心、牢记使命"主题教育和党史学习教育成果，建立健全长效机制，坚持把学习贯彻习近平新时代中国特色社会主义思想作为各级党委（党组）会议"第一议题"、各级各类党员干部教育培训"首课"和必修课，及时组织学习宣传贯彻习近平总书记最新重要讲话、重要指示批示精神，教育引导各级党组织和广大党员忠诚拥护"两个确立"、坚决做到"两个维护"。二是持续深化"担当实干，争先跨越"大讨论活动。红河县始终把解放思想贯穿于改革发展稳定的各个环节，用改革的思维、创新的办法，围绕贯彻落实党中央决策部署及省、州、县党委工作要求，聚焦影响和制约红河县发展的关键问题、实际问题，持续深入推动"担当实干，争先跨越"大讨论活动见行动、出实效，进一步把大讨论活动转到行动突围、工作提质、发展增效上来。三是深化党员教育"百千万"工程。红河县全面完成中央及省、州、县党员教育培训规划任务，科学制定新一轮党员教育培训规划，深化"百名讲师上讲台、千堂党课下基层、万名党员进党校"工程，创新培训模式和教材课程，建好用好讲师库和各类党员教育培训基地、实训阵地，抓好党的创新理论武装和党性教育。以党的十九届六中全会、党的二十大和省第十一次党代会、州第九次党代会等重要会议精神为主要内容，有计划、分层级、高质量集中轮训全体党员。四是深入开展"党的光辉照边疆，边疆人民心向党"学习实践。红河县深入学习贯彻习近平总书记考察云南重要讲话和重要指示批示精神，依托红河县党史馆、迤萨镇昆南红护团建军旧址等爱国主义教育资源，推出一批体验线路、制作一堂精品党课、整理编纂一批红色爱国故事、打造一台红色舞剧、组织开展一次学术研讨活动、组织开展一次党性教育、集中创作一批文艺作品、制作播出一批融媒体作品、策划推出一批文旅产品。持续开展"自强、诚信、感党恩"等宣传教育，广泛开展党员干部大下访大走访、"党员大培训、基层大宣讲"，讲政策、讲变化，推动理想信念教育常态化，引领全县各族人民坚定一条心、永远跟党走。

第三，全面实施基层党员干部队伍素质能力提升行动。一是高标准高质量抓好发展党员工作。红河县坚持把政治标准放在首位，采用"1314"工作方法，严格执行发展党员"5个阶段25个步骤"要求，抓实入党积极分子队伍建设，建立入党积极分子储备库，加大在少数民族聚居区、宗教工作重点地区、产业工人、青年农民、国有企业、两新组织、高知识群体等中发展党员的力度，逐步消除"党员空白村民小组""党员空白班组"，不断改善全县党员队伍素质、学历、年龄等结构。严格执行政治审查制度和执纪执法部门政审联审机制，全面推行并巩固农村发展党员违规违纪问题排查整顿工作成果，建立防止发展党员违规违纪问题长效机制。二是严格党员日常管理监督。红河县严格执行"三会一课"、组织生活会、民主评议党员、主题党日等基本制度。严格党籍管理和党员组织关系管理，严格查核党员档案，稳妥有序开展不合格党员组织处置工作。稳步推进党员队伍分类管理，加强党内激励关怀帮扶，认真做好党内表彰、走访慰问等工作。组织引导党员发挥先锋模范作用，持续开展"党旗在基层一线高高飘扬"、党员"亮身份、明职责"实践等，健全"我为群众办实事"长效机制，深化拓展"七愁七盼"等举措，推广民情恳谈和民情收集制度，推动广大党员常态化联系服务群众。三是抓实新时代基层干部主题培训。红河县每三年轮训一遍基层干部，使其政治素养、理论水平、专业能力、实践本领跟上新时代步伐。根据分类分级的原则，按照县、乡、村等基层干部不少于 3 天，县直部门和乡、村党组织主要负责人不少于 5 天的要求，每年采取省级示范培训、州级重点培训、县级普遍培训、基层兜底培训的方式，对各领域基层党务工作者进行全覆盖培训，新任党支部书记半年内必须由县、乡级党委进行集中任职培训。

二　村社自组织建设：激活内部动力

社区自组织建设是推进社区建设与基层管理的重要基础，是促进社区公益与社区文明的倡导者，是促进社区参与和实现社区自治的主力军，是有效开发和利用社区资源的整合器。因此，作为一种有效的、内生的调节机制，社区自组织的发展建设能够通过面对面的协商与合作，在不借助外部行政权威基础上实现可持续发展。本书所指的社区自组织主要包含三个层次。一是社区居民委员会，居民自我管理、自我教育、自我服务的基层群众性自治组织。二是社区业主委员会，是业主自治得以正常运转的中心环节。三是社区中介性组织，主要包含两方面内容：一方面指的是社区居民自发组建形成的社区民间组织，包括满足社区居民个性化需求的舞蹈队、晨练队等会员社团；另一方面指的是为社区公共事务提供服务的楼道互助小组、门栋委员会等志愿互助组织。红河县以社区党建引领社区自组织建设，进一步将社区资源整合成促进社区建设的有机力量，推动社区实现内生发展。

第一，红河县加强村（居）民委员会规范化建设，全面落实村（社区）

两委班子成员资格联审机制。红河县坚持和发展新时代"枫桥经验",健全群防群治、联防联治机制,完善村(社区)网格化管理,实行村(社区)两委成员和党员联系服务群众机制,基层干部、党员和网格员定期遍访,及时发现问题苗头、排查风险隐患、调解处置矛盾。同时,及时完善和落实村规民约、居民公约,加强群众自我管理、自我服务、自我教育、自我监督。推进综合服务设施建设,优化党群服务中心布局,探索建设农村党建综合体,打造多维度联系服务群众的综合平台,完善服务功能,规范服务事项,由基层党组织主导整合资源服务群众。

第二,红河县找准两新组织有形资源融入社区发展治理方式。红河县尤为突出利用两新组织的资源优势、人才优势、专业优势,不断强化两新组织属地责任。近年来,红河县通过社区"大党委"体系平台,引导片区内66家两新组织与社区组成"共建联盟",以公益众筹、商家赞助、惠民项目、生态环境建设、公共服务进家庭等途径开展100余场服务下沉活动,进一步链接各类社会资源参与到社区发展治理和社区群众活动,有效引导全县两新组织积极参与社区发展治理工作,主动融入社区发展治理大局,彰显两新组织的责任与担当,发挥两新组织在乡村治理、发展中的重要作用。

第三,红河县积极鼓励当地居民自发形成各类自治性组织。地方社区的基层治理人员立足当地实际发展需求,以多种形式积极鼓励社区精英、社区干部、社区达人以及中坚力量开展各类自组织建设。尤其红河县境内还有哈尼族、彝族、苗族、傣族、壮族、瑶族、回族、布依族、拉祜族、布朗族等世居少数民族,民族文化深厚,各民族之间的共同体意识较为强烈,因此发展自组织存在一定的优势。一些歌舞类自治组织、产业互助类自治组织以及社区志愿团体等在红河县发展过程中都起到了重要的支持性作用。红河县朝阳村就有村民表示,"我们这个团体都有一个目标,就是传承我们的哈尼族文化,能够更好地让全国(人民)了解我们"。

案例：红河县的志愿组织建设

随着个体化程度的提高，由外而内输送的社区服务越来越难以满足社区居民的精细化需求，很多时候需要居民之间的互帮互助解决生活中的"小"问题。由此，红河县各基层社区联系当地长期以来热心公益的陈女士，并将其吸纳到社区组织和社区服务过程之中，并培养其组织管理能力，反哺社区志愿组织建设。陈女士先是从身边入手，积极发动地方社区的本地居民参与其中，包括老年人以及亲子家庭等，而后向驻地单位和外来商企、工作人员扩展，链接人力、物力等层面的多元资源。在扩大自组织人员范围的同时，陈女士还发动组织成员推进组织化建设，不仅制定了简单的组织制度，还结合民族"特色"完成了志愿服务队名、队旗、队服等的设计工作。经过三年多的建设，目前志愿组织登记人数已有200余人，累计服务人数1000余名，服务类型包括照料独居老人、组织社区亲子活动、讲解旅游文化、清洁社区卫生、开展社区教育等。此外，以陈女士为核心的志愿队管理成员深度整合当地社区、驻区单位以及在地企业等多方资源，包括空间场地、资金、技术等，并结合当地居民的实际需要，制定了年度社区志愿服务日历，使得志愿队的组织化、制度化和规范化程度进一步提升。

随着自组织建设的深入推进，红河县社区居民的组织化意识和参与积极性不断提高。实际上，在红河县域内自组织建设初期，自组织制度完善、团队建设以及文化塑造等都需要依托正式社区组织进行动员工作。然而，现在很多社区居民的内生动力已然被激活，其会因地制宜根据社区发展需求推进自组织建设。例如红河县朝阳村居民主动成立或筹备成立养殖合作队、直播带货组织、舞蹈合唱队等形式多样的居民自组织，同时他们还会积极与当地政府、企业等建立联系，寻找多种形式的资源支持，成为打通资源获取渠道的重要力量，也成为地方社区公共生活和治理实践的重要内生力量。

三 集体经济组织建设：激发市场活力

健全农村集体经济组织，发展壮大新型农村集体经济，是乡村新内生发展的重要基础。乡村集体经济组织是指以村民集体所有的土地、农业生产设施和其他公共财产为基础（主要以自然村或者行政村为单位设立），从事农业生产经营的经济组织。这一组织以集体产权制度为运行基础，作为社会主义现代企业组织在乡村社会的主要组织形式，目的在于盘活现有资源，探索集体经济的多元实现方式，最终实现新型农村集体经济的内生发展。红河县根据《中国共产党农村基层组织工作条例》关于因地制宜推动发展壮大集体经济的相关规定及《关于坚持和加强农村基层党组织领导扶持壮大村级集体经济的通知》要求，把发展壮大村级集体经济作为当前农村工作和组织建设的一项重要任务，进一步解放思想，因地制宜，分类施策，不断创新农村集体经济发展思路和模式，积极探索村集体经济组织发展的多种实现形式，切实增强农村集体经济发展的内在动力和综合实力。简单来说，可以概括为两个层次。一是直接投入资金助推集体经济组织建设，如 2022 年红河县投入资金 130 万元，在全县每个乡镇支持 1 个专业合作社示范社或家庭农场，按流程组织实施，每个合作社或家庭农场补助 10 万元，主要购买种植养殖良种苗，建设畜禽圈舍、种植基地等，提升专业合作社、家庭农场发展水平。二是通过项目带动集体经济组织发展，一般继续采用"异地联建入社、异地购置资产、抱团集中发展"的模式。如红河县购买马帮古城文化街商业中心民宿客栈作为 2022 年扶持壮大村（社区）集体经济项目，州级政府配套补助 20 个项目村，每个行政村补助村集体经济发展项目资金 50 万元。此外，红河县也积极支持集体经济组织进行发展模式转变，整合闲散资源进行统一管理。如安品村委会、碧苗村委会引导村民树立市场化导向思维，提升整合闲散资源资产的能力和家庭农场经营管理水平，实施脱贫致富示范先导工程，利用干热河谷土地发展千亩连片冬早蔬菜基地，制定了合作社与群众利益分配制度，村民以土地入股合作社，合作社统一经营，通过资源变资产、资金变股金、农民变股东"三变"，充分调动群众参与发展的主动性和积极性，有效转变村集体经济发展模式，群众获得感、幸福感、安全感提升。

　　总之，集体经济组织在乡村运行实践过程中既需要接受村党组织的直接领导，同时也要依照现代企业管理制度对集体资源、资产等进行有效经营与优化配置。通过建设集体经济组织发展壮大新型农村集体经济，不仅有助于促使村民与集体、个人与组织之间建立紧密型、股权型的利益联结机制，也有助于密切干群关系，增强村民对村庄的认同感和归属感，进而实现乡村社会在社会秩序、经济交往和社会生活等方面的再组织。[①]

第三节　家庭赋能：家庭发展能力提升

　　家庭是社会基本组成单元，家庭发展能力的提升关乎国家和社会整体的发展速度和发展质量。从脱贫攻坚到乡村振兴，现代化冲击下中国乡村家庭结构面临巨变，家庭发展能力的提升始终是工作的重点和难点，家庭赋能也始终是工作的目标。家庭赋能在具体实践工作中可分为关系赋能、技术赋能和风险化解三方面。从家庭人际层面到家庭生产技术的培训和发展，再到家庭应对风险的抗逆力建构，红河县通过一系列行动与举措切实推进红河县家庭发展能力的提升。

一　关系赋能：家庭支持网络构建

　　家庭的稳定有序对于个体、社区发展以及国家稳定都具有重要意义。随着我国经历从传统社会向现代社会的变迁，社会的家庭结构也不断处于转型发展进程之中，具体体现在以下几个方面：一是家庭核心化、小型化成为基本趋势；二是各种形态、形式的新式家庭正在不断产生，家庭结构

[①]　马良灿：《新型农村集体经济发展与乡村社会再组织：以贵州省塘约村为例》，《中州学刊》2021 年第 2 期。

日益松散；三是随着个体化主义的进一步增强①，单亲家庭、离异家庭等呈现"几何式"增长②；四是家庭内部代际差异扩大，家庭成员间思想观念、生活方式、行为习惯等方面存在较大不同，夫妻以及代际矛盾、冲突的发生率增加③。红河县在脱贫攻坚与乡村振兴探索过程中极为重视家庭冲突的解决与改善家庭功能，为了进一步加强家庭支持网络构建，红河县进行了"关系赋能"相关介入工作。

一方面，通过多种形式调整家庭沟通模式。家庭关系的问题关键往往在于沟通方式，无论是夫妻的横向沟通还是代际的纵向沟通，无效的沟通模式都会直接损害家庭关系，导致家庭矛盾的产生。为此，红河县采取了以下做法进一步调整县内家庭成员之间的沟通模式。一是通过讲座、培训等形式增加村民对沟通模式相关知识的了解。红河县每年都会邀请家庭社会学、家庭心理学等相关方面的专家进入社区讲授正确的家庭沟通技巧与方法等。红河县三村乡的一位村民表示，"每年都有家庭方面的课，尤其孩子放假的时候会来开课，有的时候也会让家长跟着一起去，怎么和孩子说话这些方面都会提"。二是加强对心理咨询服务与社会工作的投资与介入。红河县积极引入心理咨询师、社会工作者等专业力量定期在社区工作站、事务服务中心以及村（居）委会点开展亲子、家庭关系等相关咨询服务。三是邀请社区内的"十佳家庭""友好家庭""优秀家庭""文明家庭"等典型家庭与优秀模范进行经验分享、问题答疑，通过组织沙龙、父母交流会、你问我答等多种形式帮助改善家庭成员之间的沟通方式。

另一方面，加强家庭多种互动空间的设计与打造。家庭互动与交流是维持家庭关系的基本形式与基本要求，亲密、关怀以及良性的家庭互动对于家庭关系改善、家庭能力提升具有重要意义。红河县在乡镇以及村级层面都为家庭互动打造了较为舒适与开阔的空间，并积极引导社区家庭参与

---

① 李银河：《家庭结构与家庭关系的变迁——基于兰州的调查分析》，《甘肃社会科学》2011年第 1 期。

② 陈芳：《我国"单亲家庭"研究述评》，《西北人口》2008 年第 5 期。

③ 唐灿：《中国城乡社会家庭结构与功能的变迁》，《浙江学刊》2005 年第 2 期。

其中，具体措施包括以下两个方面。一是改善社区内部物质设施等，比如加强乡镇亲子阅读室、家庭活动屋以及亲子玩具乐园等的建设，拓宽家庭成员互动交流的物质性空间。二是在县级、乡镇层面开展多层次、多种类的家庭活动，诸如家庭歌舞比赛、亲子游乐会等，通过组织层面各类活动的引入丰富家庭互动形式与内容。简而言之，红河县通过扩展家庭多种互动空间、形式，丰富家庭互动内容，增加了家庭成员之间的互动频率，提升了家庭成员之间的互动质量，切实推动了家庭整体发展质量的提升。

家庭互动模式的调整以及家庭多种互动空间的打造最终旨在增强家庭的情感支持与保障功能。随着现代社会福利制度的日益完善，原有保障功能从家庭大幅转移至社会，个体在流动的社会里感受到了较为强烈的不安全感、脆弱感。因此，家庭的情感支持与保障是帮助个体解决心理情感问题与应对社会风险的重要方式。然而由于外部力量难以直接作用于家庭情感，红河县通过提供互动空间、传授相关知识等方式为家庭关系改善赋能。

二　技术赋能：家庭生产能力优化

在工业化、城市化与全球化多重交织的时代背景下，想要推动家庭发展能力进一步提升，实现家庭内部的内生动力激活，就需要以生产技术为家庭赋能，提高家庭生产能力。因此，从技术层面对家庭进行赋能具有重要意义。需要明确的是，"技术赋能"这一帮扶思路，并非简单地提供给乡村家庭生产技术，而是通过"技术"这一外源性因素为家庭生产"赋能"，使其转化为家庭的"能力"，这是一种内外融合的技术"嵌入"方式，它既调动外部的资源，充分利用技术嵌入的方式突破乡村家庭生产能力的瓶颈，又通过技术的作用挖掘乡村社会的本土文化资源和地方性知识，从而激活乡村技术发展的内生动力，赋予乡村家庭可持续发展的能力。红河县围绕"技术赋能"开展了一系列行动。

一方面，具体的农业生产、农业管理以及农业销售知识技术的引入是提升家庭生产能力的重要途径。为此，红河县积极实施农业科技服务增收工程，如2022年曾计划投入26.5万元，开展50期3000人次农村实用技术培训，培训方式为理论与实践相结合。同时还包括基层农技推广体系改革与建设项目，投资预算为 80 万元，主要用于提升基层农技推广机构履职能力，打造农业科技示范展示平台，推动先进适用技术示范推广，提升基层农技推广队伍素质能力，加大农技推广服务特聘计划实施力度以及加快农技推广服务信息化步伐。可以说，这些技术培训项目、农技推广服务项目通过充分利用信息技术、大数据、云计算等先进技术，实现对家庭生产能力全过程、全方位的支持，赋予家庭内生发展的能力和动力。此外，建设一支具备较高业务水平、经验丰富的专业化技术服务团队十分必要。红河县积极鼓励技术专家和人才向乡村基层流动，通过"输血"的方式开展乡村振兴科技支持行动，建立技术赋能乡村教育振兴的"专家系统"。近年来红河县日益重视技术力量引入产业发展，在搞好传统种植养殖的基础上，积极发动种植养殖大户和群众组织成立种植养殖专业合作社，并邀请农业大学教授开展种植、养殖专业技术培训。同时因地制宜地发展特色产业，主动与县委、县政府沟通联系，在红河县产业年度扶贫计划的基础上，为建档立卡贫困户增发 300 亩泥鳅苗等，大力发展"稻渔共作"产业，积极引导农户发展种植养殖复合式产业，让有限的田地最大限度地提质增效，全面优化家庭生产模式与提高相关生产能力。

另一方面，生产模式优化与技术相关机制打造也是提升家庭生产竞争能力的重要举措。红河县始终坚持把发展劳务输出和就业脱贫工作作为"头等大事"来抓，搭建"基层党组织 + 劳务合作社 + 人力资源服务企业 + 农村劳动力"劳务输出平台，突出"五抓"（抓机制、抓转移、抓宣传、抓服务、抓协作），着力提高转移就业组织化程度，助推家庭生产竞争能力的提升。

同时，技术赋能带来了农民向产业工人转型带动技术脱贫。以技术为先导，以科学化管理模式为支撑，整合产业区范围的党组织，探索建立组织联结、场所联建、活动联办、业绩联创"四联"机制和党员教育培训、劳务输出培训及明白人与带头人培训示范基地"三位一体"培训中心，着力在引种育苗、栽培管理、营销等方面提供服务，优先协调帮助有劳动能力的建档立卡贫困户转移聚集到公司就业，带动农民向产业工人转型，助力技术脱贫。目前已吸纳全县范围内建档立卡贫困户170户转型成为园区产业工人，最多可吸纳800户贫困户约2400人到园区就业，实现户均年收入达4.8万~6.3万元。红河县洛恩乡村民表示：

> 家庭整体能赚钱才是最关键的，一个人赚钱养活不了一个家，尤其我家还有老人和小孩，老人年纪也大，不能再出去了，家里的地又赚不了什么，只能供自己吃。政府也考虑到了我们，帮助我们学手艺，做点手工制品，还是可以卖卖钱的。像其他稍微年轻一点的，都是教他们怎么种地，怎么去用设备，这些比较难，都是需要学的。

三 风险化解：家庭抗逆力的提升

伴随着社会转型与发展，我国家庭普遍呈现出小型化、核心化特征，家庭成员的不可替代性、家庭功能的不稳定性以及居住方式的分离等因素使一部分家庭在快节奏的现代社会生活环境下陷入脆弱处境，家庭整体走向失稳趋势，家庭对公共政策与公共服务的需求不断加大。授人以鱼，不如授人以渔。乡村振兴的核心要义是帮助每一户脱贫户依靠自己的能力富起来、强起来，全方位地激发村民的内生动力，提高其应对不确定性风险的能力。一个健全强韧的家庭是可以抵御风险、化解危机的家庭，因此，在乡村振兴的过程中提升家庭应对风险的能力，增强家庭的抗逆力是工作的重中之重。

一方面，家庭整体贫困脆弱性的根源在于家庭自我发展积累不足、抗风险能力差。[1] 扶贫小额信贷不仅通过向低收入群体提供资金，提升家庭事前抵御风险冲击的能力，而且通过事后风险管理促使遭受风险冲击的家庭迅速恢复，有效提高家庭韧性。举例来说，红河县通过开展扶贫小额信贷，缓解农户融资难问题，提升其应对风险冲击能力，降低家庭自身的贫困脆

---

[1] 吴越菲：《从部门生产到区域繁荣：面向农村新内生发展的政策转型及其反思》，《贵州社会科学》2022年第5期。

弱性，发挥减贫效应。此外，红河县坚持市场化和政策扶持相结合的原则，以市场化、法治化为导向，以政策扶持为支撑，引导金融资源向民营小微企业、农户生产经营领域倾斜，推动乡村家庭化解生产过程中的各种风险。

另一方面，村民家庭在子女教育、婚姻生活、就业创收以及生活环境等方面均存在潜在风险，这些风险表现出多样性、复杂性、不确定性等特征。因此，村民家庭风险治理是推进乡村新内生实践的重要保证。为此，红河县建立健全防止返贫动态监测和帮扶机制、返贫致贫人口快速发现和响应机制，实现及时发现、及时帮扶、及时清零。建立农户自下而上主动申报与部门自上而下筛查预警相结合机制，对脱贫不稳定户、边缘易致贫户，以及因病、因灾、因意外事故等导致生活困难的农户，开展常态化动态监测，重点监测其收入支出状况、"两不愁三保障"及饮水安全状况。建立监测对象"风险任务、帮扶措施、帮扶责任、销号时限"四个清单，及时开展帮扶，抓好"发现－核查－公示－帮扶－销号－回访"关键环节，防止发生新的贫困。健全多部门联动的风险预警、研判和处置机制，坚持预防性措施和事后帮扶相结合，聚焦返贫致贫风险点，因户分析研判，明确帮扶主责部门，因户归口制定并落实帮扶措施。成立县级动态监测小分队，针对监测对象"风险任务、帮扶措施、帮扶责任、销号时限"四个清单，开展督查工作。

案例：红河县精准落实资助工作，防止因贫失学

按照《云南省教育厅关于进一步做好精准资助家庭经济困难学生助推脱贫成果巩固拓展和乡村振兴有关工作的通知》的要求，进一步加强家庭经济困难学生认定工作，提升学生资助资金预算分配的精准度。巩固拓展脱贫攻坚成果同乡村振兴有效衔接，严格落实过渡期内"四个不摘"工作要求，按照国家、省、州不同学段的困难学生资助政策，精准落实困难学生资助工作，加强对教育负担过重户的监测，确保国家重点保障的七类学生（脱贫家庭学生、脱贫不稳定家庭学生、边缘易致贫家庭学生、突发严重困难户学生、城乡低保家庭学生、特困供养家庭学生、孤儿学生和残疾家庭经济困难学生）享受资助，防

止因教育负担过重导致返贫。2022 年全面落实学前家庭经济困难学生补助、义务教育"两免一补"及学生营养改善计划、普通高中助学金及免学费政策、中职学校助学金及免学费政策。持续推进中高职学生"雨露计划"项目，预计补助 800 万元，受益学生 2500 人次；加大生源地助学贷款宣传力度，做到应贷尽贷，预计办理生源地助学贷款总额 2000 万元，受益学生 2600 人次。

第四节　社区赋能：建构乡村社区情感共同体

社区情感共同体建设是推进乡村社区集体行动的重要基础，也是推进乡村振兴的关键。新发展阶段的乡村振兴实践需要将分散的居民个体重新整合成为具有集体行动能力的共同体，长期以来围绕血缘、地缘关系而形成的社区情感为这种群体联结提供了天然纽带。但新发展阶段的乡村建设正在从传统的地方实践向新型的超地方实践转变，传统的以血缘、亲缘和地缘关系为纽带的地方性关系网络正在向新型超时空关系网络转变。

一　社区转型：乡村社会关系网络变迁

现代社会流动性的增强直接使城乡之间的人员、要素流动加快。在乡村社区建设过程中，有大量本地居民向外流动，也有大量新的居民进入，人们既面临熟人关系的陌生化，也不断建立新的社会关系网络，既从传统共同体脱离，以个体化的方式开启新的社会生活，也同样渴望共同体的复归。在乡村人员流动、生产生活方式变革背后，红河县乡村社区的关系网络正在发生一系列复杂且深刻的变化，呈现出以下主要趋势。

一是流动性与关系网络的脱域化。[1] 在乡村社区建设的实践中，内外部

---

[1]　叶子、钟涨宝：《社会资本、市民化感知与农户农地转出期限选择》，《江淮论坛》2023 年第 2 期。

成员之间的流动加快，城乡之间的人员流动也日益频繁。项目团队在调研过程中就发现，红河县乡村大量青壮劳动力外出务工，其中一半以上流动至县域外。乡村社区本地居民的流动不仅体现在空间地理意义上的外出就业，还包括"农"与"非农"户口之间的转变、职业的变迁、生活水平以及生活方式的转变等。与此同时，数字信息技术的普及进一步加深流动性趋势，推动关系网络的脱域化。社会关系网络打破了传统意义上的地方时空限制，留守居民与外出居民、本地居民与外来居民之间通过数字平台开展日常性的交往、互动，推动传统的地方性关系网络向新型的超地方关系网络变迁。

二是陌生化与关系形式的多样化。随着流动性的持续增强，地方居民的角色分化不断加剧，客观上空间距离也被拉远。在传统熟人关系日趋陌生化的同时，大量陌生人的涌入也为乡村社区内部关系网络的再建立提供了更多的可能。调研发现，这种关系首先体现在业缘关系的崛起上，特色产业的崛起、商业经营的繁荣，使得各种基于职业而形成的合作关系、劳动关系等正在融入地方性关系网络之中，共同向新型超地方行动者网络演化。

三是个体化与关系互动去规制化。人们日渐从传统社会的"确定性范畴"中获得主体性解放，在流动性和不确定性的情境中开启自己的社会生活。[①] 乡村社区内部的关系互动既挣脱了传统社会地方时空的情境限制，也从诸多结构性要素中获得解放，人们更加自由且更加享受"活力因子"。尤其是随着乡村社区建设程度的提高，大量外出务工谋求生计的离乡人返乡创业、就业，希望能够在个体化的时代重返故土，重返共同体。在个体化社会，人们的社会行为、社会交往都呈现明显的去规制化特征，无法用统一的模式化标准进行衡量。

正如上述所言，红河县乡村社区的传统关系网络正在发生一系列变革，但这种扎根于乡土社会的社区关系网络仍然是在流动社会中维持在地居民

---

① 文军、刘雨婷：《新就业形态的不确定性：平台资本空间中的数字劳动及其反思》，《浙江工商大学学报》2021 年第 6 期。

之间以及在地居民与离乡居民之间联结的重要力量。对此，既需要在流动性背景下洞悉社区关系网络变迁的主要趋势，更要正视社区关系网络在流动时代所具有的特殊价值，并且善于借助各种新型理念、工具、技术等，推动传统社区关系网络向新型社区关系网络演变，并以此重构新时代的乡村社区情感共同体。

二　需求导向：打造社区情感动力机制

红河县乡村社区的关系网络正在发生一系列变迁，同时也深刻影响着多元行动者的生产生活。在现代化转型下，普遍性的情感危机发生在社区内部，但也逐步呈现出具有特殊性的多层次情感需求，亟须根据情感需求打造社区情感动力机制。当前红河县乡村社区发展的总体性需求主要围绕"五大振兴"展开，具体如下。

一是产业振兴需求。乡村振兴，产业兴旺是重点。红河县内拥有得天独厚的自然优势和人文资源，但产业发展动力不足，难以有效实现产业兴旺的目标。具体而言，问题与需求如下：产业发展缺乏包括资金、技术、平台等形式的外部资源支持，需要加强资源链接；经营模式较为落后，本土资源培育和发掘有待加强；产业发展格局存在结构性问题，可持续性差，乡村产业基础设施环境和结构有待改善。

二是人才振兴需求。乡村振兴，人才是基石，突破乡村留守困境并培育出乡村能人，是乡村振兴的关键。红河县中青年男性居民进城务工和离农倾向明显，留守群体庞大且内生动力不足。具体而言，问题与需求如下：村民自治、互助意识不强，缺乏社区精英、骨干带领村民开展相关活动，乡村发展中的"能人"有待挖掘；留守妇女发展机会不足，精神支持不足，对现代科技的掌握度有待提高；留守儿童缺乏良好的教育资源，青少年也面临发展困境，儿童青少年成长需要更多关注。

三是文化振兴需求。乡村振兴，既要塑形，也要铸魂。因此，要推动文化振兴，为乡村振兴提供持续的精神动力。但就当前来看，红河县部分村镇文化涵养不足，村民现代化理念缺失。具体而言，问题与需求如下：尚未建立较为完整、系统的村规民约，村民自我规约意识不强，村规民约有待完善；家风家训建设有待加强，乡村风尚、风俗有待革新，存在高价彩礼、婚丧嫁娶大操大办等不良风俗，需要积极推进"移风易俗"活动；社区文化发展缺乏动力，民族特色文化有待挖掘与整合。

四是生态振兴需求。乡村振兴，生态宜居是关键。红河县"原生"特点突出，需要深度挖掘美丽乡村的生态意蕴，努力走出生态良好的特色发展道路。具体而言，问题与需求如下：民众生态保护意识不强，缺乏相应的生态环保理念，生态道德水平有待提升；生活污染治理基础薄弱，乡村总体布局结构有待优化，村容村貌整洁度有待提高，社区环境状况有待改进，生产方式有待革新。

五是组织振兴需求。乡村振兴，组织振兴是根基。红河县在组织建设层面缺乏有效的群体动力，如何推进组织建设，整合群体动力、形成治理合力，是振兴红河县的重点。具体而言，问题与需求如下：基层党组织成熟度不够，干部服务意识不够、工作能力和协商能力有待提升，基层党建工作有待加强；红河县治理主体单一，自组织发育迟缓，乡村自组织建设有待推进；民主协商议事事务方面缺乏正式制度安排，乡村社区公共性动力不足，乡村治理能力有待提升。

在乡村振兴的政策背景下，新内生发展模式应当追求乡村社区产业、生态、组织、文化、人才"五位一体"协同发展，整体推进乡村社区的"五大振兴"，通过乡村社区的整体发展满足"人民对美好生活的向往"。"社区为本"的整合取向不仅与乡村振兴的整体性要求相契合，其将"乡村社区"作为基本行动单元的实践做法，为乡村振兴战略的推进提供了切实的实践思路和着力点。其中的关键是需要坚持"需求"导向，将社区个体、群体层面的需求与社区整体需求相结合，以此制定整合性的行动策略。

三　情感联结：强化社区内部的关系互动

随着个体化、原子化、流动性趋势不断增加，乡村社区内成员之间的互动趋于利益取向，情感维系的纽带缺失，如何在充分增进社区成员情感体验的基础上通过加强社区内部的关系互动构建"情感联结体"，成为社区共同体建设的重要环节。对此，红河县乡村社区主要采取以下措施。

首先，加强家风家训建设和核心价值体系建设。社区情感的深化有赖于家庭本身情感的进一步"升华"，从社区层面来看建设家风家训是其中重要环节，具体来说包含以下工作：首先，开展家风家训征集活动，通过广泛动员与征集、宣传与评选、颁奖与表彰的系统工作流程传递优秀家风家训，促使社区成员强化情感联结；其次，对优秀家风家训及村规民约进行系统整理、发掘和研究，并建立家风家训馆，发挥传统媒体和新媒体各自的优势，进行家风家训、村规民约文化的正向舆论引导；最后，加强核心价值观体系建设，进一步探索家风家训、村规民约等与社会主义核心价值观的内在联系，丰富社会主义核心价值观及社会主义文化的内涵，积极引导符合时代要求的、有地域特色的新家风家训形成，激活家风家训、乡规民约的生命力。

其次，多层次加强群体沟通与社区居民互动。社区成员之间的关系互动与情感维系有赖于社区日常的群体沟通与社区居民之间的多层次互动。围绕"群体沟通"，红河县乡村社区主要强调了以下几个方面：一是促进社区居民相互沟通交流，经常性开展社区联谊、社区春节联欢晚会等各类丰富的活动；二是通过居民委员会加强居民之间的沟通，完善居民之间的互动协商机制；三是打造居民沟通与交互的空间与平台，如居民活动室、居民广场等。总之，乡村社区成员之间沟通的加强需要以地方社区为基础，通过居委会、物业等主体的介入，以平台打造、机制联结等手段予以辅助。

最后，塑造集体记忆和加强共同情感联结。乡村社区居民之间情感维系有赖于成员之间集体记忆的塑造与"共同情感"①的进一步联结。边界清

---

① "共同情感"指社区成员拥有共同经验或经历，从而产生共同的观念和集体记忆以联结彼此的情感，促进社区成员的心理健康与个人发展，是乡村社区成员之间加强情感联结的重要资源。参见 Gregor, C. "The University as Developmental Space—A Case for Thinking Differently?" *Journal of Social Work Practice* 32 (2018): 293 – 301。

晰的空间场域、归属明确的居民身份、共同享有的社区设置、同时发生的日常生活，这些因素相互交织，共同促成了社区内部居民之间相对稳定和持久的日常交往和活动。红河县围绕"集体记忆"与"共同情感"，主要进行了如下工作设计：一是建立口语化、有记忆特点且结合当地文化的社区公约、村规民约，增强社区成员的规范认同，社区成员在接受约束的同时，也会从中获得身份归属感和社区公民意识；二是开展多层次的志愿服务，组建志愿服务队，营造社区内部良好的互助氛围，共同推进社区内部志愿服务建设；三是不断加强地方文化培育，通过打造地方名片、地方特色以及地方符号等，增强社区成员的文化认同，将党建工作、思政工作、志愿工作和文化工作进行充分结合，在培育社区内部党建文化、思政文化、志愿文化的同时，充分挖掘本土特色文化资源，统筹推进社区文化建设。此外，红河县围绕生活和就业而举办的各类活动同样也丰富了居民之间的互动形式，打造了类型丰富的互动平台。

总之，要加强乡村社区内部居民之间的情感联结，最重要的是通过家庭、社区居民之间的沟通以及集体记忆的塑造凝聚社区居民的心理认同感与身份归属感，重构社区情感共同体。社区居民在长期社会生活中所形成的对于社区的共同心理认同感和身份归属感是构成社区情感共同体的根基。

四　系统嵌合：推进社区化的主体赋能

新内生发展模式将"能力本位"与"社区为本"相结合，强调社区化的赋能策略，本书将其具体为个体、群体、家庭以及社区四个层面。[①] 社区居民赋权关注个人效能感、控制感和主体性的提升。在乡村新内生发展实践中，首先需要关注的便是促进地方居民的意识觉醒和能力提升。更为关键的是，要尽可能地为当地居民提供更多的参与机会和平台，在社区发展实践中推动社区居民新内生发展意识到自我发展能力的转化，以及激发个

---

① 吕洁琼、文军：《从脱贫攻坚到乡村振兴：社区为本的情境实践及其反思——基于甘肃K县的考察》，《西北民族研究》2021年第3期。

体的社区意识，包括责任感、归属感和认同感等。组织赋能是实现乡村社区有机团结和整合行动的关键环节，[1] 强调以组织为媒介增进社区成员间的群体互动，搭建社会关系网络，培养互惠、信任等机制，激活社区社会资本，发挥组织资源的正向功能。当前的乡村社区组织赋能应当以基层党组织为核心、村社自治组织和集体经济组织为两翼，鼓励各种内生性社会组织和村民自组织培育，以此构建复合型乡村组织体系。[2] 就后者而言，可以以乡村社区内部的群体性需求为抓手，鼓励地方精英发挥"带头人"作用。家庭赋能是社区系统发展的基础环节，家庭发展能力提升对于社区整体协调发展具有重要作用，其中尤为需要关注的是家庭成员之间的沟通模式改善。社区整体赋权强调通过改善社区结构和制度环境以达到社区公平，为个人和社区发展构建支持性的社会环境，以此增强社区居民的有机团结和社区整体行动能力。其中最为关键的是需要消除社区发展的结构性障碍因素，补齐社区发展短板。但受制于不同社区之间发展情境的异质性，社区亟须通过协商机制与外部主体甚至是自上而下的行政体制展开对话，[3] 并以此提高社区整体发展能力。这既要加强村民民主协商会议室等基础设施建设，也要推进社区居民民主协商意识和能力培育以及制度层面的民主协商机制建设。

需要进行补充的是，社区化的赋能策略虽然强调"公平"，但绝不意味着无差别的"平均"。个体发展条件以及发展能力的差异客观存在，社区化的赋能策略建立在对个体发展条件的精准识别之上，在把握社区整体性需求的同时，甄别个体需要，挖掘个体优势，提供差异化的赋能策略。红河县新内生发展模式亦立足于此，在准确把握乡村实际发展情况、需求基础之上，进一步构建符合红河实际、具有红河特色、解决红河问题的多重社

---

[1] 吕方：《再造乡土团结：农村社会组织发展与"新公共性"》，《南开学报》（哲学社会科学版）2013 年第 3 期。

[2] 马良灿、哈洪颖：《新型乡村社区组织体系建设何以可能——兼论乡村振兴的组织基础建设》，《福建师范大学学报》（哲学社会科学版）2021 年第 3 期。

[3] Bosworth, G., Annibal, I., Carroll, T. et al., "Empowering Local Action through Neo-Endogenous Development: The Case of LEADER in England," *Sociologia Ruralis* 56 (2016): 427 - 449.

区化赋能手段。总而言之，社区化的赋能策略秉持系统性思路，强调社区居民、社会组织以及社区整体三个层面赋能策略之间的有机契合，既要通过"社区能人"和组织化建设推动社区整体发展能力的提升，也要通过社区的整体发展带动弱势个体以及群体的能力建设，实现个体发展、群体发展以及社区整体发展的统一。此外，"赋能"实践中天然存在赋能者与赋能对象的主客体之分，在初期阶段"由外而内"的外部赋能占据主导，但出于新内生发展的实践目标，需要逐渐推动"赋能者"从外部主体向内部主体转变，最终形成乡村社区的自我赋能以及社区内部赋能，从而推进乡村社会走向更加有序和可持续的发展道路。

第五章　资源层面：推动跨地域的资源流动

发展的过程就是利用资源的过程。资源利用的程度，成为新内生发展能否发挥作用的关键。吉登斯在结构化理论中提道：结构是转换的规则和资源，资源影响规则的测试和确认，规则左右着资源的使用。[①] 乡村生态资源价值实现机制：一是集体行动，以唤醒沉睡的生态资源，实现整体生态空间打造与生态资源要素化；二是共同治理，形成多元主体参与且发挥互补性作用的中国特色治理规则，以多要素集聚、多业态拓展实现生态要素产品化；三是利益共享，多种利益联结模式调节利益分配，实现共同富裕。[②] 受此启发，我们认为：从资源层面来看，资源的评估、整合、再生和共生这四个维度缺一不可，也是乡村发展阶段性过程的体现。本章将从上述四个维度对新内生发展模式中的资源问题加以归纳，在此基础上总结红河县如何实现资源的本土利用和跨地域流动。

第一节　资源评估：立足地方社区的发展策略制定

红河县的农业资源、民俗资源和初级产业是当地最具代表性的产业。这些产业在取得长足发展的同时，也存在制约发展的种种短板。这主要体现在农业资源多样但后劲不足、民俗资源丰富但区域特色不突出、初级产业发达但结构难以升级三个层面。下文将对此进行详细论述。

---

① 〔英〕吉登斯：《社会的构成：结构化理论大纲》，李康、李猛译，生活·读书·新知三联书店，1998，第 79 ~ 80 页。

② 贾晋、刘嘉琪：《唤醒沉睡资源：乡村生态资源价值实现机制——基于川西林盘跨案例研究》，《农业经济问题》2022 年第 5 期。

一 农业资源多样但后劲不足

（一）种植业条件好但技术不发达

红河县位于红河流域中下游，是红河干热河谷的核心部位。红河县按海拔和气候可划分为低山热带气候干热河谷区、中山亚热带气候哈尼梯田区和高山温带气候生态屏障区，立体气候特征明显。气温高，热量好，终年无霜，光热资源丰富，生态环境优良，素有"天然温室"美誉，是种植杧果、香蕉、柑橘等热区水果的绝佳宝地。县域土地肥沃，海拔2000米以下的土壤经耕作熟化，长期淹水种稻，形成各种肥沃的水稻土。森林资源丰富，林木种类繁多，森林覆盖率60.48%，其中阿姆山有森林面积41.27万亩，为省级自然保护区。另外，该县内共有大小河流20多条，水能资源理论蕴藏量39.8万千瓦。

在优势自然资源的加持下，红河县积极发展了红米、水果、中药材、茶叶四项特色产业。这些产业的发展情况如下。第一，红米种植历史悠久。红河县境内的梯田有26.8万亩，生长在哈尼梯田之上的红米是当地农民的主要农作物，已经有1300多年的种植历史，种植面积达20余万亩。红米适应气候变化和自然灾害的能力非常强，且无须施肥，一直是绿色食品的代表。

第二，水果产业稳步发展。红河县种植的水果品种丰富、品质佳，成熟期早、上市时间长。近年来，红河县的杧果、香蕉、柑橘等深受北京、上海等外商喜爱，每年开始进入挂果期就有外商来洽谈交易订单。2020年，全县水果种植面积22.47万亩，其中杧果11.4656万亩、柑橘3.4804万亩、火龙果1万亩、香蕉3.6万亩、荔枝0.527万亩。水果可采收面积为14.96万亩，同比增长23.74%。产值达7.91亿元，同比增长13.26%。

第三，中药材种植产量高。中药材种植面积8.1379万亩，其中花椒25138亩、草果21629亩、南板蓝根16000亩、桑葚7174亩、生姜7500亩、辣木2800亩、黄精358亩、葛根730亩。

第四，茶叶产业巩固发展。2022年，全县有茶园面积10.72万亩，可采摘面积8.5万亩，干毛茶产量4300吨，产值7550万元。现有州级龙头企业茶叶深加工厂 1 个，精制加工厂 3 个（洛恩茶厂在建设中），初制加工厂 7 个。全县茶叶种植品种主要有云南大叶茶、云抗 10 号、雪芽 100 号、长叶白毫。

虽然红河县种植业的产量高，但种植和加工技术不发达。第一，农民缺乏先进的种植技术。大部分农民停留在传统生产模式，管理粗放，缺乏病虫害防控技术，导致种植业单产不高。这就造成种植的新技术、新经验、新品种得不到很好推广和应用，水肥管理、整形修剪、保花保果、病虫害防治等技术环节落实不到位。比如部分农民由于对水果采摘前栽培技术措施不够重视，加上水果果品采收标准不统一，生产中存在没有达到应有的成熟度就提前采收的问题，致使果实运到市场后无法充分后熟，直接影响商品质量和食用品质。茶农对茶叶采摘技术要求掌握或重视不够，造成了树势损伤和加工出来的茶产品质量下降等问题，直接影响了春茶的价格。

第二，农民缺乏深加工农产品的技术。红河县现有的大部分农产品加工企业缺乏先进技术系统培训，规模较小，生产设备老旧，加工工艺落后。创新不足，产品开发不能与市场相适应。同时，这些企业以生产、销售为主，产品附加值较低。产品包装、品牌打造力度不够。再加上红河县专门从事农产品生产技术推广与研究的技术人员不足，难以全面满足快速增长的生产势头对技术指导的需求。这就导致红河县大部分水果未经精深加工，采收后直接装箱销售。对采后水果的商品化处理不重视，或者处理技术落后，处理效果差，严重影响了水果的贮运期，乃至外观和品质。

（二）养殖业产量高但持续发展困难

畜牧业是红河县的传统产业，也是农业产业的主导产业。它对促进农村经济发展，增加农民收入，巩固拓展脱贫攻坚成果发挥了重要作用。虽然红河县的农民积极发展了生猪养殖产业，但产业的发展后劲不足，持续发展面临困难。

生猪产业是红河县传统畜禽产业中的主导产业之一。目前，该县规模化、标准化的畜禽养殖场发展迅速。全县上报云平台畜禽规模养殖场 17 个。2020 年末，红河县生猪存栏 21.9 万头，能繁母猪存栏 1.96 万头，肥猪出栏 22.49 万头，猪肉产量 21601 吨，生猪产业总产值 7.87 亿元，生猪产值占畜牧业总产值的 71.5%。现有年出栏 100~499 头的生猪规模化养殖场 10 个，年出栏 500~999 头的规模化养殖场 3 个，年出栏 1000~4999 头的规模化养殖场 1 个，年出栏 1 万头以上的规模化养殖场 3 个（在建 1 个）。

虽然红河县的生猪产业的产量高，但产业发展的后劲不足，主要表现为：种植养殖结构单一，规模"小、散"现象突出，规模化、可持续发展空间受阻等问题。

第一，缺乏规范化管理，环保治理难度大。红河县的生猪养殖仍以散养为主，规模养殖比重仅为 35%，规模化程度不高。由于基础设施建设薄弱，饲养管理技术滞后，不重视生物安全措施落实，抗市场、疫病风险能力低，化解风险能力差。随着国家对自然生态保护力度的加大，对生猪养殖制定了规范的养殖管理标准和要求，科学处理利用养殖产生粪污加大了生猪养殖压力，养殖成本增大。近年来，红河县虽然对老旧生猪养殖场进行了提升改造，但因管理机构不健全，管理人员无法到位等，目前县域内，特别是乡镇依然存在养殖不规范，粪污对环境造成了一定污染，自然生态遭受破坏，治理难度大等问题。

第二，产业产值提升和发展融资难。受非洲猪瘟疫情等因素影响，疫情防控工作压力加大，猪种价格高，小规模养殖场（户）补栏不足，空舍空栏多。红河县生猪产业链短，产、加、销脱节，缺乏精深屠宰加工企业，分割包装销售等产业链条，附加值提升难度大，产业链效益不高。更重要的是，由于生猪养殖风险较大，金融部门对生猪产业的支持力度不大，社会资本融资困难。

第三，项目选址用地难。红河县是山区农业县，山地多，平地少，基本农田及林地占比大，若利用坡地作为养殖建设用地，基础设施建设成本高、投入大。

二　民俗资源丰富但区域特色不突出

红河县自然资源和旅游资源丰富，民族特色显著，具备农文旅融合发展的资源条件，但与邻近地区较为相似，区域特色不突出。

　　就自然文化特色而言，2020 年，红河县被评为"中国夏季休闲百佳县市""中国天然氧吧"，属于省级生态文明县。该县围绕世界文化遗产哈尼梯田保护，实施哀牢山哈尼梯田山水林田湖草生态修复工程，结合乡村振兴打造生态宜居型美丽村庄样板。依托世界文化遗产，按照 5A 级旅游景区标准打造撒玛坝哈尼梯田旅游核心区、全球重要农业文化遗产的展示区和哈尼文化体验、乡村振兴、健康生活的示范区。以哈尼族多声部民歌、乐作舞、樱花谷、奕车文化等为主题，打造"旅游＋"。积极推广和试点以"稻渔鸭"为代表的农业生产方式，形成展示和示范片区。

　　民族特色文化资源包括：云南三大侨乡之一的马帮侨乡——迤萨古镇，《中国国家地理》杂志评选出的中国最美六大乡村古镇——大羊街，世界独一无二的哈尼支系——奕车人神秘风情，举世瞩目的哈尼长街古宴，被国务院批准的第一批非物质文化遗产阿扎河乡普春的哈尼族多声部民歌，被列为第二批国家级非物质文化遗产的"乐作舞"，广袤葱郁的哈尼族神山——阿姆山原始森林，姑娘节、扎勒特、苦扎扎节、火把节、开秧门等民族节庆。

　　虽然红河县的自然和民族特色文化资源都比较丰富，拥有良好的发展潜力，但也面临与周边县市同质化竞争的困境。比如，红河县与相距不远的元阳、建水、石屏等旅游城市以及云南省其他旅游城市相比，区域性的地方特色并不突出。这不仅是由于文化旅游的积累性不够，还与本土民俗文化自我革新程度不足有关。虽然红河县的民俗旅游业资源已经建立起围绕梯田、民族文化的生态旅游路线，但大部分还是沿袭了传统的精神内核，未能按照人们现代化的需求加以革新和创造。这可能会影响该县地方特色和文化的发展空间，难以打造更具有亮点的旅游产品。

三　初级产业发达但结构难以升级

　　从目前的发展情况来看，红河县产业发展表现为：一产不优，二产不强，三产不活。产业总体规模较小、产业层次较低、传统产业占比大，转型升级面临扩规模、提标准的双重任务。

红河县工业产业基础较为薄弱，各大产业缺乏重大项目的带动，横向产业之间联系薄弱，难以形成产业集聚优势。红河县可以支撑经济发展的产业和企业不多，产业规模有限。2020年规模以上工业企业仅8家，基本处于工业化初期阶段，原因在于如下几方面。

第一，劳动力素质制约产业升级。红河县为经济发展较为滞后地区，产业转型升级所需的资金、人才、技术较为缺乏，传统产业转型升级面临各方面的困难。红河县劳动者受教育水平较低，人均受教育年限仅为10.8年，劳动者整体素质偏低。与经济社会发展的实际需求相比，该县普遍存在产业劳动者特别是高技能人才供不应求甚至严重短缺的现象。这已成为红河县社会经济可持续发展和阻碍产业升级的"瓶颈"。

第二，受山地地形所限，红河县产业用地较为分散，地块面积狭小且多不规则，产业发展空间受限，大规模机械化生产难以进行，农业业态主要为传统农业，农业发展经营规模小。工业发展处于起步阶段，工业化程度较低，集约化效益发挥较为困难，产业规模化发展、标准化生产和产业化经营的难度较大。

由于红河县地处边陲，全县96%的土地属山地，交通物流不畅成了阻碍经济社会发展的一大难题。过去哈尼梯田地处偏远，与世隔绝。如今，虽然连接县外的交通主干道日趋完善，但大部分梯田区道路设施仍然滞后，尚未形成路网，车辆无法到达田间地头，收割谷物大多靠人背马驮，农业生产人工投入成本高，红米物流还是一个大问题，而且现在越来越多的年轻人出山打工，耕种梯田农人越来越少。比如，梯田红米长期以来面临"藏在深山无人识"以及销路窄、组织化程度低的尴尬境遇。稻谷产业链终端产品主要为成品大米及部分酿制的酒品，产业链条短，产品附加值不高，高端稻米品牌难以形成。

第三，由于红河县目前产业发展仍然处于初级阶段，产业发展对资源环境仍具有较强的依赖性。在产业转型升级、特色产业培育、实现绿色低碳发展的要求下，红河县产业发展仍面临较大的资源环境压力，需做好资源集约利用、生态环境保护、基本农田保护、节能减排、污染防治等各方面的工作。

第四，农业产业化程度有待提高，加工企业数量较少，产业链条短，产品附加值不高，品牌效应不足，带动作用不强。除热区水果、蔬菜、稻谷等产品以外，棕榈、竹、中药材、食用菌等的生产规模较小，加工企业数量较少，产业链条短，产品销量不大，销路不广，带动作用不强。高科技产业方面，高新技术、高附加值产业发展缓慢，抗市场风险能力较弱。红河县传统产业为以热区水果、冬早蔬菜、茶叶种植和生猪、肉牛、肉羊养殖为主的传统农业，以初级农产品加工为主的工业和休闲观光为主的旅游业，总体上属于传统产业范畴。在经济新常态背景下，粗放型发展模式不可持续，靠数量扩张和打价格战支撑的低层次竞争模式难以为继。

第二节 资源整合：基于优势资源的特色产业建设

乡村发展方法包括地方赋权、能力建设、克服排斥、增加地方资源价值、加强互联互通和促进创新。[①] 红河县政府因地制宜，努力把资源禀赋变为发展优势。在充分考察政策资源、个人资产、组织资产、部门资产以及自然资源等已有资产的基础上，挖掘本土资源优势并加以整合，发展具有本土特色的农业、旅游业和初级产业。

一 依托政策优势实现资源实践

国家资源输入与乡村治理能力是两个相对独立的过程，国家资源输入并不必然带来乡村治理能力的提升。由此，发挥国家政策的优势，构建乡村资源承接和治理能力提升的机制体系就显得尤为重要。[②]

---

① Bock，Bettina B. "Rural Marginalisation and the Role of Social Innovation：A Turn Towards Nexo-genous Development and Rural Reconnection," *Sociologia Ruralis* 56 (2015)：552 – 573.

② 张嘉凌、董江爱：《国家资源输入提升乡村治理能力的运作逻辑分析——以山西兴县农村发展合作总社为例》，《中国行政管理》2021 年第 9 期。

（一）乡村产业政策规划发展方向

乡村振兴战略实施以来，国家相关部门连续出台相关政策，为红河县的产业发展指明了正确的发展方向。

第一，"一带一路"建设为云南省的经济社会发展带来了重要机遇。云南地处中国经济圈、东南亚经济圈和南亚经济圈的接合处，连接南亚、东南亚国家，拥有面向三亚、肩挑两洋、通江达海的独特区位优势，是"一带一路"的重要节点，是我国打造和谐周边、建设区域经济圈的重要省份。红河县是内连滇中、外通边贸的重要纽带，境内热区、水利、生物、旅游、文化等资源丰富，交通区位条件的改善为其加快优势资源开发，主动融入和服务国家"一带一路"建设奠定了基础，国家坚定实施西部大开发、"一带一路"建设、长江经济带建设等，必将进一步释放更多政策红利，为其跨越式发展提供宝贵的历史机遇。

第二，国家对云南省这一地区制定的发展政策，从不同方面助力当地的发展。从内容上来看，这些政策大体上可以概括为"供、配、帮、扶、送、融、疏"七个方面，构成了乡村振兴政策体系。供，主要指的是资金、物资方面供给；配，主要指的是乡村基层干部队伍配备；帮，主要指的是国家和地方政府对重点地区乡村的重点帮助；扶，主要指的是社会各界对乡村尤其是落后地区的对口扶持；送，主要是指国家和社会对乡村的人才、技术输送；融，主要指的是实现城乡融合发展；疏，主要指的是深化农村改革，消除制约城乡要素自由流动和平等交换的制度性障碍。上述政策配置，意在从土地、资金、人才、物资、技术、城乡关系、制度优化等方面为红河县发展提供制度性保障。

（二）省和县发展政策聚焦特色产业

有研究表明，农业政策对小麦、水稻、玉米播种面积、单位产量及总产量均有显著影响。① 云南省和红河县一系列农业政策聚焦于当地的特色产

① 李明文、王振华、张广胜：《农业政策变化对粮食高质量产出影响的再讨论——基于Ner-love 动态分析模型》，《农业经济与管理》2019 年第 6 期。

业，为其发展定下了明确而可行的发展方向。

云南省政府通过发展的系列政策，为红河县的产业发展资金、生态发展方向等方面给予诸多扶持。《关于推动脱贫地区特色产业可持续发展的指导意见》（农规发〔2021〕3号）、《关于推动脱贫地区特色产业可持续发展的实施意见》（云农规划〔2021〕6号）、《云南省农业农村厅办公室关于做好脱贫县"十四五"特色产业发展规划编制工作的通知》、《红河哈尼族彝族自治州农业农村局关于做好脱贫县"十四五"特色产业发展规划编制工作的通知》等一系列政策措施持续发力，为红河县绿色发展、生态发展提供坚实的保障。云南省"双十重大工程"、"数字云南"、世界一流"三张牌"、"五个万亿、八个千亿"等重大发展战略举措实施，"民族团结进步示范区、生态文明建设排头兵、面向南亚东南亚辐射中心、交通强国试点省份"建设深入推进，为红河县加快产业转型升级、大力发展绿色经济提供了难得的发展机遇。

红河县的发展政策聚焦特色产业，厚积发展动能。《红河哈尼族彝族自治州国民经济和社会发展第十四个五年规划和二〇三五年远景目标纲要》提出打好世界一流"绿色食品牌"，按照省委、省政府"大产业＋新主体＋新平台"发展思路，全力打造"5个基地"（百万亩高端稻谷基地、100万亩干热河谷基地、500万亩高端果蔬基地、30万亩高端云花基地、优质畜禽供给基地），建设现代农业示范区，构建以"稻谷、蔬菜、水果、花卉、中药材、畜禽"等优势品种为主导的产业体系，推动南部山区特色农业加快发展。《红河县国民经济和社会发展第十四个五年规划和二〇三五年远景目标纲要》提出，培育构建以旅游文化产业为龙头、热区水果种植加工"绿色食品牌"产业为支柱的现代产业体系，强化科技支撑推动传统产业转型升级，促进红河县产业高质量发展。在"绿色食品牌"的打造上，以实施"30万亩热区综合保护开发"为契机，以库博公司产业为龙头引领，推进实施热区水果、粮食、畜牧、蔗糖、食用菌、水产养殖、茶产业等的发展，同时做好热区产品、仓储、冷链物流、加工运输、销售一体化的配套设施建设，全力打造绿色食品牌。2020～2022年，红河县人民政府按《红河县三品一标发展农业扶持奖励办法》（红政办规〔2018〕1 号）的规定，对在红河县打造"绿色食品牌"开展"三品一标"认证工作中取得显著成效的企业进行表彰及认证，奖励补助 148 万元。红河县委县政府高度重视红河县热区水果发展，把杧果作为"一县一业"的重点发展内容，2022 年出台了《红河县 2022 年热区水果新植及提质增效扶持方案》（红县巩固振兴组〔2022〕27 号），对新植的热区水果（杧果、柑橘、火龙果等）进行补助（600 元/亩），对老旧果园进行提质增效改造，先建后补（300 元/亩）。

可见，无论是国家的"一带一路"建设、云南省的发展政策，还是云南省和红河县依据地方发展情况制定的特殊发展政策，都分别从不同层面为红河县发展资源的实践提供了制度上的保障。

二　农业发展的规模化与品牌化

农业发展的集体化与品牌化是两大利器。集体化可以扩大农业的产业规模，品牌化则可以提高产品的竞争力。有研究表明，品牌是农产品所拥有的最重要的无形资产之一，有利于提高农业核心竞争力和抵御来自外部市场的风险。[1] 红河县从提升农业经济的规模化水平、打造绿色经济品牌两个维度来提高农业发展的水平。

（一）提升农业经济的规模化水平

由于地域条件和传统的种植模式的限制，红河县农业发展的规模化程度并不高，所以导致总体产量提不上去。红河县政府针对这一情况，以扩大集体经济规模、发展龙头企业、建立专业产业基地等方式提升农业经济的规模化水平。

第一，盘活村集体"三资"，拓宽村集体经济收入渠道。红河县作为全州"三资"提级监督试点县，目前，与中国农业银行股份有限公司红河分行、红河县农村信用合作联社签订了《战略合作协议书》，开发了"三资"管理平台，全县 1184 个集体经济组织已建立账套，迤萨镇"带资"运行，在资金监

---

① 李慧娟：《农业商标品牌战略建设研究》，《农业经济》2022 年第 10 期。

管到位的前提下，推动资产资源产权抵押贷款，发展壮大村集体经济。红河县辖 5 个镇 8 个乡 91 个村民委员会（社区）899 个自然村 1093 个村民小组。全县有集体经济收入的村 90 个，占总村数的 98.9%，通过产业带动、资产租赁、异地发展、抱团取暖、股份合作、农旅融合创收、招商合作等模式对行政村实现了村集体项目帮扶全覆盖，截至目前，农村集体经济总收入为 993.87 万元。2022 年，全县预计村集体经济经营性收入达 1035 万元，其中，5 万~10 万元的集体经济组织 37 个，10 万元以上的集体经济组织 54 个。

第二，营造农业龙头企业发展的良好环境。红河县完善扶持政策，抓好指导服务，推动农业龙头企业充分利用资源。针对该县农业产业"散、小、弱"，农业龙头企业示范带动不明显，农产品附加值不高，农业效益较低等问题，加快培育、扶持、引进经营水平高、带动能力强、市场前景好的农产品加工企业，推进农产品交易中心、农产品精深加工及仓储物流冷链设施等的建设，全面提升农业产业效益。具体措施包括：开拓国内市场，充分发挥龙头企业对农业产业化发展的带动作用；加强与州级政府及组织对接，组织企业参与农产品展销活动；扶持培育龙头企业和小微企业，对建设绿色有机化茶园、引进先进的生产加工设备和生产工艺、打造产品品牌、获取专利等的企业给予补助。截至目前，红河县种植规模在 1000 亩以上的种植大户发展到了 18 户。种植规模在 1 万亩以上的公司有 1 家，即红河县库博农业发展有限公司。在县委、县政府的高度重视下，通过招商引资渠道，积极引入企业，实施标准化种植和水肥一体化建设。

第三，建立热区水果标准化基地建设工程。围绕杧果、柑橘、荔枝等红河县热区果蔬初级产品，生产、加工系列特色产品，采取政府引导、适当扶持、社会主办的方式，鼓励农业产业化经营企业开展特色农产品加工，创建红河县热区高端果蔬品牌。通过对红河县红河谷 1200 米以下的 50 万亩热区资源综合开发，至 2025 年打造成以杧果为重点，柑橘为主，集中连片的、规模化的热区现代农业生产基地。

（二）打造绿色经济品牌

红河县农业资源虽然丰富多样，但品牌化的能力却不够，给增加农产品附加值带来了困难。这主要表现为：农业龙头企业少，种植（养殖）大户不多，农产品生产者和经营者多为散户，现有的农民专业合作组织经济实力弱，种植养殖企业质量认证意识不强，绿色有机食品认证登记的积极性和主动性不足。同时，由于缺乏进一步对此工作指导及培训，县级相关认证人员业务水平目前还不能较好适应今后绿色有机食品认证工作需要。

于是，红河县从区域统筹中建立具有自身特色和优势的产业，逐步建立起现代化产业体系，提档升级传统产业，壮大特色产业，加快农业产业发展绿色化、优质化、特色化、品牌化进程。依托红河县资源禀赋和产业基础，把全县整合为高端果蔬基地、高端稻谷基地、干热河谷基地、优质畜禽供给基地、地方优质传统产业基地。为了进一步提升红河县农产品的附加值，该县还着重打造绿色品牌经济。

第一，打出"绿色食品牌"。以红河谷热区经济开发重要示范区为引领，加快全县绿色农业及农业现代化进程。围绕省委、省政府提出的"大产业、新主体、新平台"工作思路，"强产业、抓有机、创名牌、育龙头、占市场、建平台、解难题"，紧扣全省打造世界一流"绿色食品牌"目标任务，抓住实施"30万亩热区综合保护开发"机遇。按照"绿色食品牌"新方向，实践"山地未来"生物蛋白大循环农业新理念，因地制宜发展特色产业，做大做强水果、梯田红米、中药材、规模养殖"四大产业"，围绕"五大产业片区"，实施"绿色食品牌"的三年行动计划。

积极调整产业结构，发展特色种养殖业。以干热河谷流域为主，重点开发热区水果种植，打造以"杧果"为龙头的"一县一品"，推进生态鸡、生态鸭、生猪标准化规模养殖，重点示范并推进发展黑水虻、田蛙、牛蛙、小耳朵猪、柑橘、食用菌和工业大麻等特色种养殖业，持续推进稻渔综合种养模式，实施冬早蔬菜和正季蔬菜标准化生产。

实施高端果蔬品牌化建设工程。大力推进高端果蔬产业特色化、标准化、品牌化发展，积极培育质量、技术、品牌、服务等优势，增强产业核心竞争力。以红河谷50万亩热区综合保护开发为契机，制定干热河谷水果、蔬菜行业标准，推进"密姹红河谷"区域消费品牌创建。申报获准红河杧果、红河蔬菜入选云南"绿色食品牌"目录。加强绿色有机食品体系建设，推动建立高端果蔬产业联盟，全力开展新"三品一标"申报认证工作。加大宣传推介力度，强化线上线下推广，不断提升红河高端果蔬品牌的影响力。截至 2022 年 12 月，有"三品一标"农产品基地 1086586 亩（其中红河棕榈 100 万亩），产量 379400 吨（其中红河棕榈 30 万吨）；绿色食品有效认证企业 7 家，认证产品 10 个；有机产品有效认证企业 13 家，认证产品 39 个，农产品地理标志登记认定 1 个（"红河棕榈"）。认证工作取得明显成效，为全县绿色有机农业高质量发展奠定了坚实基础。实施农产品质量安全检测体系能力提升建设项目；持续扶持实施"三品一标"发展项目，计划新认证绿色食品 8 个、有机农产品 10 个。全县现有水果类绿色食品认证产品 9 个，其中杧果类 2 个，柑橘类 7 个；有机食品认证产品 9 个（转换期 7 个），其中杧果类 2 个，柑橘类 5 个，火龙果类 1 个，释迦果类 1 个。

第二，保持品牌认证的质量。确保产品质量和强化认证后监管，切实维护品牌公信力。明确工作机构监管职责及任务要求，认真落实各项监管制度，确保不发生重大质量安全事故。坚持"严"字当头，严格执行标准，严格履行程序，严肃落实责任，把好"三品一标"质量审查关口。加强对合作社、家庭农场等申报主体的审查，开展绿色食品企业年检督导检查，切实加强实地检查，加大产品抽检力度。继续开展绿色食品规范用标行动。按照《中国绿色食品商标标志设计使用规范手册》，做好面向用标企业的宣传推广，指导企业主动规范用标，推进绿色食品防伪标签使用方式改革，探索在产品包装上使用粘贴式绿色食品标志，提高绿色食品标志使用率。持续开展绿色食品商标境内注册、续展、监测等工作，依法保护绿色食品商标品牌。配合市场监管部门，打击假冒绿色食品，维护市场秩序。积极推进质量追溯管理。进一步增强服务意识，端正服务态度，继续组织"三品一标"申报主体在国家农产品质量安全追溯管理信息平台开展注册，全面落实前置审批要求。深入开展调研，及时了解"三品一标"申报主体实施质量追溯存在的困难与问题，研究提出相应的对策与措施，促进"三品一标"稳步发展。坚持"标准至上、质量第一"的原则，按照"稳定存量、优化增量"

的要求，推动"三品一标"健康发展，着力增加绿色优质农产品供给。结合农业农村局下达的"三品一标"认证任务数，突出重点地区、重点企业和重点产品，优化产业结构，提升产业水平，积极组织农业企业进行"三品一标"农产品质量认证，进一步调动各类新型农业生产经营主体发展绿色优质农产品的积极性，不断增强"三品一标"发展的内生动力。

第三，培育高端农产品的知名品牌。组织龙头企业、专业合作社开展"地理标志农产品""驰名商标"的申报认定工作。积极开展"一镇（乡）一特""一村一品""一社一标"的品牌创建与保护。着力培育"醉美红河"地方品牌，着力打造红河红米、红河棕榈、红河焖锅酒、红河小耳朵猪、红河食用菌、红河中药材等特色品牌。按照"优势产业创品牌，优势品牌创名牌"的思路，通过壮大高端稻谷产业、挖掘产品特色、提升稻米品质、扶持加工龙头企业、开拓高端稻米市场等建设途径，推进高端稻谷品牌战略，高端稻谷产业链的建设应着重下游产业的延伸，培育和引进一批精深加工企业，研究开发一批婴幼儿米粉、健康养生代餐类产品、胚芽米、发芽米等附加值高的产品，延伸高端稻谷产业链，提高稻米产品的附加值，打造红河高端稻米品牌。积极推进高端稻米新"三品一标"、国家驰名商标、云南省著名商标、云南省"三品一标"、云南省"十大名品"及红河县知名商标申报认证，提升红河县高端稻米的知名度和影响力。

三 民族文化资源为载体的文旅产业协同

农业与农村的分离现实带来了后生产主义的"农村"概念，使农村发展的核心问题从部门生产力提升转向交互性的区域繁荣。通过重建关系性的"地点"、再造区域权力关系、回应区域发展的空间正义价值，新内生发展模式提供了一套区域型发展政策框架下的行动指南。[①] 发展是一个整体性的概念，既与外部力量带动的地方经济、政治变化有关，也与本地社区的

---

① 吴越菲：《从部门生产到区域繁荣：面向农村新内生发展的政策转型及其反思》，《贵州社会科学》2022 年第 5 期。

社会、文化发展密不可分。文化是农村发展的重要资产，不仅能把农村、农民与更加广泛的国家、市场的发展框架联系起来，还能向内转化，促进地方和区域发展。①

红河县以农业产业为基础，旅游休闲为业态，风土文化为灵魂，让游客体验农村生态、感受农民生活、享受民族文化，形成以文促旅、以旅兴农、农文旅互动的一体化深度融合发展格局，打造了红河发展的新优势。

第一，以民族特色的文化、农业资源为载体，发展当地的文旅产业，告别"单打独斗"的乡村文旅产业的发展模式，转向"协同作战"。建立"旅游＋""文化＋"融合营销模式。红河县突出传统音乐、传统技艺等非物质文化遗产在"开秧门""万人歌舞节""长街宴"等民族节庆活动中的地位，有效增加了傣族制陶、竹编工艺、彝族刺绣、民族服饰等文化产品的销量，推动了民族民间文化资源的"创造性转变、创新性发展"，把文旅资源的"优"转换为文旅发展的"势"，社会效益、经济效益、文化效益凸显，成为实施乡村振兴战略中农民增收的突破点和亮点。

第二，把闲置或低效利用的各个家庭的资源，通过规划、提升和改造，串点成线、连线成片，开发了涵盖食、住、游、学、购、娱等的多种体验式项目，大大提高了乡村旅游产品供给能力。此外，保护和发展民族特色村寨。红河县贯彻执行《云南省红河哈尼族彝族自治州历史风貌街区和风貌建筑保护条例》，结合哈尼族、彝族、傣族、瑶族等少数民族民居特点，保持和延续民族传统风格和工艺。结合红河县独具特色的东门楼及迤萨民居、傣家厚重结实的平顶土掌房、哈尼族"蘑菇房"及大羊街红色民居等，安排专项经费，为世居少数民族设计具有民族传统风格和民族建筑元素的现代生活民居图册，使每个世居民族都有一批具有本民族特色、地域特点及时代特征的村寨，促进民族文化的保护和旅游业的发展。选择有代表性的少数民族聚居自然村，进行民族村落建设，复建传统村落时坚持科学论

---

① Jenkins, T. N. "Putting Postmodernity into Practice: Endogenous Development and the Role of Traditional Cultures in the Rural Development of Marginal Regions," *Ecological Economics* 34 (2000): 301 – 313.

证、尊重群众意愿、注重民族文化的传承，顺应自然布局，因地势而建，融自然特色，做到慎砍树、不填湖（库塘）、少拆房，充分彰显依山傍水的生态环境特色。

依托农民家庭，实现民族文化与生态资源一体融合。红河县以建设美丽乡村，打造特色旅游为目标，以环境改善为基础，以村容村貌美化为重点，以乡村休闲、农事体验、农家乐、特色种植养殖等乡村旅游产品为载体，以实施旅游产业扶贫、带动就业和促进群众脱贫增收为方向，加快"撒玛坝 5A 景区""马帮古城 4A 景区"建设步伐，重点打造 5 个旅游特色村，扶持培育 20 个特色乡村精品客栈，培育 10 个农家乐。依托"文化入景"，做好"农特产品入市"的各项事宜，在丰富景区业态的同时，实现文化带动农特产品销售，促进农户增收，在巩固拓展脱贫攻坚成果同乡村振兴有效衔接中发挥文化价值。以此进一步完善乡村公共设施，改善村容村貌，配套农家乐、乡村客栈等旅游要素，开展民族文化及民俗体验、插秧、打谷、抓鱼、摸泥鳅等农事体验活动，加强乡村文化旅游品牌营销，依托民族节庆活动载体，积极引导脱贫户广泛参与文化旅游产业发展，不断拓宽脱贫户增收渠道，实现脱贫巩固与乡村文化旅游振兴相衔接。通过对农耕文化以及梯田生态保护实践，促进红河县形成系列保护成果，完善制度体系建设，形成品牌效应，传承农耕文化，挖掘当地旅游资源，提升红河县特色文化旅游影响力。

第三，通过生态文化进机关、进学校、进社区、进农村、进家庭、进企业"六进"活动，以及生态文化景观保护和美丽宜居乡村创建工作，让各民族传统生态文化焕发新活力、开辟新境界。建立民族文化研究机构，重点对哈尼族、彝族、傣族、瑶族等少数民族的农耕文化、神灵文化、民俗文化以及非物质文化遗产等进行研究，并深入挖掘其生态文化的内涵，推动民族文化与旅游产业相结合，从发展文化生态旅游的层面更好地促进当地历史民俗文化资源的保护。村庄风貌和民居建设突出历史文化地域特征和民族特色。深入挖掘、弘扬茶文化，打造茶文化品牌，促进茶文化与旅游业融合。积极开展茶事、茶艺等活动，通过品茶、艺术表演和培训，传播茶文化，普及茶知识，拉动茶消费，调动茶农的积极性。红河州第一部庭院剧《马帮·女人》已于 2021 年 6 月 26 日正式上演。建党献礼"三部曲"有序推进：全国首部哈尼戏剧《莫批阿波》正式与观众见面；以传承四季生产调为主要内容的哈尼歌曲《哈尼哈巴》正式发行；反映撒玛坝梯田文化、红河马帮文化的影视剧《滇南风云》已经成片报审。围绕国家级非物质文化遗产"乐作舞"和"哈尼族多声部民歌"组建民间文艺团体、协会，在景区定时进行非物质文化展演，引导农民通过参与歌舞文化娱乐表演直接获得收益。

　　红河县的宝华镇以龙玛村为示范点，从探索到稳定发展，庭院经济取得了一定的成效。2015 年，龙玛村获省级旅游特色村荣誉称号，也是红河县打造的第一批旅游扶贫示范村。宝华镇龙玛村采取"合作社 + 农户"的运行模式，探索出一条"房入会、田入股、文化入景、农特产品入市"的发展模式（房入会，即鼓励农民利用空闲房屋、建筑物等可利用空间，开发客栈、农家乐等经营项目。在不断改善农户自身居住环境的同时，着力提升农户财产性收入。田入股，即在保持土地原有使用性质的基础上，采取灵活多样的合作方式，组织农户以土地入股农业产业和特色养殖业，不断扩大特色旅游开发、特色农产品生产规模，并依托"公司 + 农户 + 土地"的模式，让群众参与企业利润分红。文化入景，即在撒玛坝景区，通过政府投入舞台建设和基础设施改造等方式，为群众创造平台，让群众通过参加原生态的歌舞展演和举办独具民族特色的长街宴等民族节庆活动方式，推动文化进入景区，推动体验式旅游发展，以增加农民收入。农特产品入市，即通过发展民俗旅游，带动和延伸梯田红米、梯田鱼、梯田鸭、山地鸡等农特产品的销量）。多年来，龙玛村依托现有的民俗客栈和乡村旅游优势，先后举办"开秧门""村长有请"等活动 67 次，村民参加表演 1024 人次，为群众增加旅游收入 11.5 万元。建成农家客栈 7 家，共 37 个标间、74 张床位，带动农村富余劳动力就业 82 人。2021 年，共接待游客 4.8 万余人次，实现旅游总收入 90 余万元。发展民宿客栈也成为部分群众脱贫致富的增收渠道，同时带动了周边村寨民俗客栈的发展，目前塔龙村也发展了 10 家民俗客栈。这些都给农民带来了不少收入。

第三节 资源再生：城乡融合中的跨地域资源协同

红河县打破资源开发的时空壁垒，根据发展的实际需要链接外部资源，实现本土资源的跨地域流动。考虑资源所处的文化情境，内外部资源的整合不仅是资源的输入与输出，更重要的是资源的需求表达和利用规则的调适。它不仅与资源的行动者相联系，还与更加广泛的市场、国家的发展框架相关联。[1] 同时，外部帮扶力量催生内生发展动力，内外协作激发内部产业发展活力。[2] 红河县借助基层政府、数字技术等的力量，让内外资源联动起来，最终在城乡融合中实现跨地域资源协同，达到资源再生的目的。

一 基层政府搭建资源引入平台

新内生发展注重政府力量、非政府力量与内部力量的结合，使内外资源得以有效聚合。共同富裕强调共建共享，实现城乡等区域差距日益缩小的结果。[3]

（一）党建引领激活内生动力

党建引领始终是形成党组织与企业发展合力的必要条件。红河县立足资源优势，发挥党员干部带动作用，提高企业和农民推动发展的内生动力。

第一，以基地为平台，做好产业发展与党建工作"双融合、双联动"。如何提升产业发展水平，是党组织所要解决的重要问题。把党组织的建设与企业建设相结合，既能够提升党员的实践能力，又能够让企业把握正确的发展思路。比如，迤萨镇党委和政府依托沃柑产业基地，建立了迤萨镇

---

① Jenkins, T. N. "Putting Postmodernity into Practice: Endogenous Development and the Role of Traditional Cultures in the Rural Development of Marginal Regions," *Ecological Economics* 34 (2000): 301–313.

② 张行发、徐虹、张妍：《从脱贫攻坚到乡村振兴：新内生发展理论视角——以贵州省 Y 县为案例》，《当代经济管理》2021 年第 10 期。

③ 薛国琴、鲁大为、项辛怡：《共同富裕下特色农产品优势区新内生发展机制分析》，《农业经济》2022 年第 11 期。

党员干部教育实训基地，坚持至少每月培训 1 期，至今已经培训村干部、党员和建档立卡贫困户 8000 余人次。这让党员干部在实践中不断增加对产业发展的认知，也提高对红河县未来发展道路的规划能力。

第二，打造专家队伍，提升党员干部理论应用实践的能力。红河县以思想政治教育（"脱贫感党恩"）、种植养殖技能为培训主要内容，通过选聘党建专家、科研教授和"明白人、带头人"等组建专家工作站，坚持理论、实训、观摩联动，创新拓展"思想 + 课堂 + 现场教学"模式。以此发挥基层干部"领头雁"作用，为培育壮大农业产业迈出坚实的一步。

（二）建设产业发展多维平台

党组织发挥主导作用，引领建设产业发展平台，从服务、投融资方面，合理利用红河县本土资本，吸引外来资本的注入。

第一，建立产业综合服务平台。根据省、州关于放管服、深化审批改革、提高办事效率等的要求和精神，建立红河县产业综合服务平台，为企业提供一站式服务、企业审批一条龙服务等，真正打通简政放权的"最后一公里"。依托高校和科研机构等，建设一批专业特色鲜明、配套设施齐全、服务条件完善和人才集聚的综合型企业孵化平台，为特色产业集群提供全方位的综合服务。

第二，建立产业投融资平台。创新投融资模式，动员和整合各方面资源，逐步形成政府引导、社会参与、市场运作的多元化投融资机制，切实用好各级各类资金。具体而言，一是以红河县政府投资平台公司为主体推进投融资平台建设，按市场经济的要求逐步建立多元化、多层次的资金筹措新格局，积极开辟 PPP 等新型融资模式，着力解决建设项目发展的瓶颈问题。二是抓住上海市对口帮扶机遇，推动上海市银行，证券、保险、小额贷款公司，融资担保公司，信托公司等各类金融机构为企业提供投融资服务。拓宽中小企业融资渠道，重点支持创业型、创新型和"专精特新"中小企业，缓解中小企业融资难和融资贵难题。三是进一步加强与国家开发银行、中国农业发展银行等政策性银行及商业银行的沟通衔接，动员和支持社会资本进入基础设施、产业发展基金等领域，进一步增强金融支撑。

第三，引导社会资本投向农村，加快形成财政优先保障、金融重点倾斜、集体资产盘活、社会积极参与的乡村振兴投融资格局。充分发挥财政资金的引导作用，撬动金融和社会资本更多投向乡村振兴产业。规范有序盘活农业农村基础设施存量资产，回收资金主要用于补短板项目建设。优化乡村营商环境，落实和完善融资贷款、支持乡村基础设施建设投资、配套设施建设补助、税费减免等扶持政策，吸引和撬动国有资本、金融资本和民营资本参与乡村建设运营。支持通过政府和社会资本合作模式，引导社会资本投向农民参与度高、受益面广的休闲旅游项目、特色小镇项目、农村"一水两污"项目、高效节水项目等。鼓励利用外资推进产业融合、生态修复、人居环境整治和农村基础设施建设等。

二 数字技术对接外部资源注入

绿色农产品数字化标识提升农业品牌战略和价值，农业品牌战略促进绿色农产品数字化标识创新升级。[①] 数字技术在链接乡村外部的资源，拓展农产品的销售渠道，提升销售价值层面具有无可比拟的优势。因此，利用数字技术实现资源再生，达到城乡跨地域资源协同的目标，是乡村新内生发展的重要路径。红河县依托国家物联网及现代农业发展战略，结合物联网、大数据产业技术优势，加快建设数字农业平台，以此引入外部的丰富资源，并向外推广本土资源。

（一）建立"互联网＋"电商平台

红河县引导各类经营主体通过自建电商平台或对接各类电子商务平台，形成渠道多样的电商销售模式，打造与产业发展配套的"互联网＋"电商平台，健全和拓展商贸流通体系。依托农村电商建设，推动特色产业改造升级，支持企业利用电商平台改造供应链流程，支持新型建材、新材料等生产制造企业进行网络直销，支持农业企业和生产合作社利用电商平台拓

---

① 王晶静、孔令博、林巧等：《绿色农产品数字化标识与品牌战略协同研究》，《中国农业资源与区划》2023 年第 2 期。

展市场，支持旅游与电商融合进行宣传推介，推动线上线下互动发展。

第一，推动电子商务公共服务体系建设。改造、升级红河县凹腰山游客接待中心，建成集电商孵化、人员培训、包装设计、营销策划、产品展示、数据采集统计、电子结算等功能于一体的县级电子商务公共服务中心1个，配备可视化数据展示大屏设备，衔接州级大数据中心及可视化系统，与州级电子商务公共服务中心、乡村电子商务服务站点衔接，形成州、县、乡（镇）、村电商公共服务一张网；有效发挥农村电商公共服务体系功能，推动农产品、农村工业品、乡村旅游及服务产品的电商化、品牌化、标准化，提高农村产品商品化率和电子商务交易比例，促进农业发展方式转变，推动农村一、二、三产业互动融合发展。建设乡（镇）、村电商服务站。整合兴边富民三年行动计划项目站点，每个乡（镇）建设1个电子商务服务站，进行"一站多业"的功能性改造升级提升，实现乡镇服务站全覆盖；在全县产业基础较好人口较多的行政村（贫困村）建设44个村级电子商务服务点。乡（镇）、村电子商务服务站有国家电子商务进农村示范县、红河县电子商务公共服务中心等字样，配有可视化大屏，具备为村民提供农产品营销、网上代购、农产品代销、快递代收代发、费用代缴、话费充值、电商知识和政策宣传等功能。乡（镇）服务站还应具备指导就业创业，服务村级站点和开展农产品营销，开发特色农产品、扶贫产品，代理普惠金融业务等能力。

第二，建设农产品的供应链体系。红河县将物联网、大数据、人工智能、通信网络、智慧气象等现代信息技术运用在农业科技领域，提升科技创新与成果转化水平，助推农业全产业链生产向标准化、规模化方向发展，在生产、管理、采收、商品化处理、运输、销售等环节按质量标准与规范进行全程质量控制，更加科学有效地指导企业、农户开展农产品生产、加工、销售等，助力农业特色产业和乡村产业发展。

结合红河县本地优势产业，支持农产品、民俗文化产品生产企业，开展产品开发、品牌策划、工艺提升、包装设计、营销推广；结合红河县现有区域公共品牌"密姹红河谷"，打造优质农产品，实施"红河九红"品牌准入标准，对"密姹红河谷"这一区域公共品牌体系进行重点培育；加快红河县绿色食品、有机食品和地理标志产品认证，提高农产品的产业化、组织化程度。按照全网整合营销的理念，探索"电商＋旅游＋扶贫＋产品"模式；利用抖音、微信等新媒体平台以及广播、电视、报刊等传统媒体渠道，广泛开展农产品（扶贫产品）、文旅产品营销和品牌宣传，推进农产品区域公共品牌营销推广升级；研究制定产品、价格、渠道、促销策略，对接线上第三方电商平台与线下传统销售渠道，构建农产品多渠道、立体化营销模式，实现全县农村网络零售、农产品网络零售同比增长高于全国农村平均水平；重要农产品生产、加工、销售信息采集和溯源主动融入州级农产品质量保障与追溯管理平台，实现产品生产、加工、销售全程可追溯。

第三，积极运营"双遗产"综合文旅项目。红河哈尼梯田拥有独特的灌溉系统和古老的农业生产方式，具有集水系、梯田、村寨、森林于一体的良性原始农业生态系统，是世界文化遗产和全球重要农业文化遗产。中国兵器工业集团有限公司将哈尼梯田独特的农耕文化、自然风光和民族风情等旅游文化资源作为定点帮扶工作的突破口，围绕独特的文化资源、旅游资源和农特产品等特色资源，大力宣传红河县特色文化，在中央电视台推出撒玛坝梯田专题片，增加红河县梯田景区对公众的吸引力，着力提升红河县旅游品牌形象，通过文化振兴和生态振兴，让文化旅游成为当地增收致富的新抓手。启动"哈尼梯田生态保护学校"运营项目，实施梯田守望者计划，发动广大爱心网友认养梯田，在对梯田生态保护的同时，传承农耕文化，带动当地旅游资源发展，实现综合价值最大化。

数字技术不仅体现在本地区的人与物之间的连通，还体现在本土与外地之间的连接。比如，中国扶贫基金会、中国兵器工业集团有限公司、红河县政府共同出资启动"红河哈尼梯田全球重要农业文化遗产传承学校"援建项目，并对梯田进行数字化管理，将16000亩梯田划分成8万块并进行网上认养，认养人认养后可以全程参与梯田稻谷的种、养、收，让认养人切实感受耕作带来的不同体验。

近年来，撒玛坝万亩梯田在黄金时段多次登上中央电视台及地方主流媒体。2021年3月5日央视新闻客户端直播撒玛坝万亩梯田，体验春耕文化，了解农耕文化；3月8日CCTV 2《正点财经》播放了撒玛坝万亩梯田气势磅礴的梯田云海；4月6日，在央视CCTV 1节目《开讲啦》中，撒玛坝景区讲解员现场连线，向观众介绍了撒玛坝万亩梯田风光及梯田伴生的农副产品和哈尼族开秧民俗，并提出了如何实施智慧农业的问题，赵春江院士也提出了通过多种形式发展梯田农业，开发体验式农业旅游来增加农户收益的指导建议；4月17日抖音直播平台对开秧节活动进行全程直播；4月22日《新闻联播》报道开秧节活动新闻；5月15日，红河县国家级非物质文化遗产——"乐作舞"上线湖南卫视《天天向上》，人文特色嘉宾参与录制主题为"我们的祖国是花朵——最美野奢露营"的旅游季特别节目，宣传该县的民族文化和风土人情。

（二）构建电子商务人才培训体系

有研究表明，在传统乡村社会逐渐走向消解的背景下，依托乡镇优质教育，县域内乡镇与村庄之间建立起密切联系，并获得一种连带性发展的经验模式。[①] 可见，教育在新内生发展中发挥着重要作用。红河县以构建电子商务人才培训体系的模式，培养出紧跟时代和乡村发展步伐的人才，为新内生发展模式提供源源不断的内生动力。

第一，构建农村电子商务双创孵化体系。依托县级电子商务公共服务中心和乡（镇）电子商务服务站建设县级创新创业孵化基地，构建开放、互联、众创、共享的区域农村电子商务创新创业孵化体系，为农村电子商务创新创业者提供良好的工作空间、网络空间、社交空间和资源共享空间，推动形成区域农村电子商务产业集群效应。

第二，组织农村电子商务人才培训。支持电商服务企业、各类培训机构、协会等对基层党政干部、合作社社员、返乡农民工、农村创业青年及建档立卡贫困户等免费开展电子商务政策、理论、运营、操作等方面的知识普及培训；针对电商企业、个体网商开展专业技能培训和一对一孵化培

---

① 田毅鹏、金蓝青：《新内生发展视域下乡镇教育的县域发展联动效应——以皖西M镇为例》，《求索》2022年第4期。

训，全县电商人才培训不低于 4133 人次。

除了传统的电子商务人才，该县还大力扶持了"网络主播"，加大对当地特色文化和产业的宣传。在我们调研的过程中，就多次碰到了当地的"网红"以唱歌、跳舞等方式，直播宣传民族特色的文化、饮食和活动，通过这一宣传方式，让全国各地的人们都能够及时、生动地了解到当地的特色。

第三，建设电子商务精准扶贫体系。2020 年以前红河县政府与当地的特产馆合作联动，利用扶贫专区，搭建电商扶贫网销平台，贫困户网商免费入驻；支持和鼓励电商平台企业和消费者采用预售、众筹、订单农业等方式购买农产品；支持和鼓励电商企业采取"电商+基地+贫困户"的模式，以土地流转和劳务输出的形式增加贫困户的收入；支持和鼓励电商企业构建"一企带多村、一店带多户、一人带多人"等扶贫模式，帮助贫困户就业创业；支持和鼓励电商企业带动贫困户发展适合的电商产业，为贫困村网商提供创业孵化服务；主动对接知名电商平台各具特色的扶贫模式，赋能贫困地区的特色产业和贫困主体；精准对接参与消费扶贫的各类消费主体的需求信息，推动贫困村、贫困户的农产品进学校、进机关、进社区、进超市；培育电商扶贫示范企业（网商）5 家以上，培育建档立卡电商扶贫示范户 20 户以上。

第四，打造产销直链，拓渠道开销路。采取"O2O"离线商务模式，通过基地直销和产品订单的方式线下销售柑橘，同时借助电子商务进农村综合示范建设项目，孵化本土电商企业 18 家，以"抖音直播+淘宝+网红节日"等多种网销方式，让甜柑橘坐上网销快车。在中国扶贫基金会的支持下，红河县善品良田产业专业合作社联合社联合蚂蚁集团支付宝芭芭农场等平台，开展多场助农营销活动，2022 年实现红河梯田红米销售收入 196 万元，带动 1518 户社员户均增收 1300 元。

三 以利益共享为核心的资源联动

利益是资源联动的核心，资源协同顺利进行的本质在于利益共享机制的搭建。探索新的利益联结机制始终是助农增收的重要途径。红河县建立多种形式的利益联结机制协调农业企业、工商资本和农民的利益关系。

（一）营造企业联农带农机制

红河县以企业为建设运营主体，推动"政企结合、市场主导"的多元化投入和经营机制。面对多样化、大体量的乡村在地资源，其评估、开发、盘活以及后续的可持续运营，绝非某一类主体或单一机构单打独斗可以应对。在成功实践中，地方政府、金融机构、政策性担保机构、保险机构、社会资本、第三方专业运营机构等均参与其中，各自扮演重要角色。

红河县坚持"公司＋合作社＋村集体＋农户＋市场"五联一体，着力打造利益共同体。组织牛多乐片区256户群众成立柑橘种植农民专业合作社，农户以每亩土地1000元折价投资，与企业合作，共同发展沃柑产业。群众收益主要由土地流转费、利润分红组成。土地流转费前4年60%兑现给农户、40%投入企业。5～30年阶梯固定分红：5～10年按2100元/（亩·年）、11～20年按2600元/（亩·年）、21～30年按3100元/（亩·年）。公司与122户农户（其中脱贫户27户）共合作开发1300亩，农户30年可实现收入9360万元，每户平均每年增收2.55万元。剩余劳动力可参与管理：收益1～4年为900元/（亩·年）、5～30年为1100元/（亩·年），每户平均每年增收1073元。

支持农业企业以合同、订单等模式与农民或农民合作社建立稳定合理的购销关系。支持农业企业以保底价收购、现金或实物返还、土地入股、资金入股、利润分成、保底分红、二次分红、二次返利等方式，让农户分享加工销售环节收益。这能够把市场需求与乡村资源有效对接，不仅盘活乡村闲置土地，更延长农业产业价值链，带动农民持续增收，进而放大这种"乡村产业综合发展模式"的示范效应。对于本县特色的茶产业，政府同样也采取了针对性措施。为改变毛茶销售不畅，原料外流严重的局面，红河县建立茶叶专业批发市场，以拓宽茶叶销售渠道，搞活茶叶流通，提高茶叶行业效益。以此切实保障土地经营权流转、农产品购销、社会化服务、利益兜底、收益分成等环节上的农民利益。

红河县的农民原来几乎都是以个体的形式种植和销售农产品，产量和销量都不高。尤其是近年来，农民纷纷外出务工后，农田和茶田撂荒。自从县政府积极推动专业合作社介入之后，土地被集中利用起来，农产品也能够得到统一售卖。这不仅帮助企业提升了农产品的盈利率，还帮助农民提升了收入。在这一模式的推动下，陆续有一部分农民愿意回归本地。当调研组的成员问到这些农民返乡的理由和感受时，他们说道："在家好啊，现在种茶、种田的收入比以前多了好几千块，在家能有收入的话，也就不用在外面打工了，还能跟家里人在一块。"

（二）发挥农业社会化服务成效

红河县依托农业公益性服务体系建设，不断发挥农业社会化公共服务的积极作用。

第一，支持农民专业合作社与生产性的农业社会化服务组织的发展，鼓励多元化农业服务主体联合。通过这些社会化服务，在农技指导、机耕机收、统防统治、种苗繁育、加工储存、产品营销等方面为农民提供帮助。

第二，通过政策扶持和政府购买服务等措施，支持农民合作社、农业企业等社会化服务组织为农业生产经营提供低成本、便利化、全方位的经营性服务。红河县鼓励各类社会化服务组织按照生产作业标准或服务标准，提高服务质量水平。指导新型农业经营主体带动农户连片种植，并提供专业指导和生产托管等全程化服务，提升农业服务规模水平，提高农业整体效益。同时，该县还支持以农业社会化服务龙头企业为依托，建设"农村综合体"，打造"乡镇CBD"，推进实施"优质粮食工程"，发挥粮食流通对生产和消费的引导作用。

第四节　资源共生："一核多维"的乡村整全建设

以经济建设为核心，同时带动政治、文化、社会等方面的发展，再通过这些方面的发展来反哺经济，形成发展的整全模式。中国农业新内生发展的最优路径是依托农村社会网络实现区域内外联动以及建立利益联结机制，通过乡村治理搭建人才集聚平台，以产业融合促进农业供给侧结构性改革。① 从资源共生的角度出发，以经济带动其他领域发展的模式，不仅是对资源的全方位利用，也是创建"一核多维"模式的有效方式。这就要求我们不仅要通过提升农业经营主体的专业水平来推动经济发展，还要在生态文明、产业发展格局上注重多维度均衡发展。

一　提升农业经营主体的专业水平

城乡文化互动的特定场域空间与主体性身体技术的耦合、身体技术多元主体关系的聚合引力与韧性联结的形构、身体技术的反身性参与表达是乡村文化新内生发展路径的重心，是主客体的统一。②

（一）激励多元主体参与农业经营

当前的农村社区已不再是封闭的地域，而是一个容纳着政府、企业、农民等多元主体的地区。农民合作社、精英农民和企业的加入，能够源源不断地为农业发展提供支持。

第一，组建农民专业合作社，联动发展。农民专业合作社基础上的集体经济实现了农村集体形象由"弱基础"向"强农村"的转变，并在农村产业融合过程中对本土化市场和现代化市场的规则实现兼容和重塑，推动对共同富裕的探索。③ 农民专业合作社的社会资本对其成长性有显著正向作用，其中结构性和认知性社会资本对其成长性产生直接正向影响。④

红河县以农民专业合作社推进"稻渔共作"发展为思路，当地"明白人、带头人"和致富能手为发起人，指导帮助稻田集中连片的村落或村民组建规范化的种植养殖专业合作社，并积极引导脱贫户加入专业合作社，

---

①　公茂刚、张云：《中国农业新内生式发展研究：基于文献视角》，《社会科学动态》2023 年第 1 期。

②　张晓溪：《乡村文化新内生发展路径的实践探索——基于主体性身体技术视角的社会学分析》，《贵州社会科学》2022 年第 5 期。

③　王长征、冉曦、冉光和：《农民合作社推进农村产业融合的机制研究——基于生产传统与现代市场的共生视角》，《农业经济问题》2022 年第 10 期。

④　李旭、李雪：《社会资本对农民专业合作社成长的影响——基于资源获取中介作用的研究》，《农业经济问题》2019 年第 1 期。

通过龙头企业引领、专业合作组织带动和政府扶持、金融贷款扶持、挂包帮推动，统筹解决好种苗供应、技术服务、金融扶持和市场销售等问题。以非遗项目传承地域为核心，以乡镇为基本单位，以建档立卡贫困户为重点对象，以非遗传承人为引领，成立了"沙金傣陶""竹编工艺""彝族刺绣"等合作社。组织实体企业与传统手工艺协会建立"公司＋合作社""公司＋协会"生产营销模式，产业关联度显著提升。

建立完善投资合作模式。针对大多数脱贫户靠自身难以发展产业的情况，鼓励脱贫户将土地以入股的形式交由合作社统一经营，合作社流转脱贫户土地资源进行规模化、集约化经营，脱贫户通过流转土地投资合作、参与发展和就地就业获得更多收益。

第二，精准对接新型主体，让合作社"活起来"。夯实农业发展基础。持续推进基层农技推广体系改革与建设。贯彻落实红河县高新技术企业"三倍增"行动计划，加强创新平台建设和创新主体培育，2022年有农业产业化省级重点龙头企业4家，农业产业化州级重点龙头企业17家，申报并公示省级龙头企业5家，申报州级龙头企业5家。

联农带农机制健全工程。以落实产业到户为抓手，建立合作组织联动机制。坚持"生态产业化、产业生态化"发展理念，以全力打造"三个示范"为目标，推进红河高端果蔬产业发展与巩固拓展脱贫攻坚成果紧密衔接，始终把农民增收放在首要位置，加强新型经营主体与农户在产业链上的密切合作和利益共享，提高产业帮扶组织化程度。加快建立企业、合作社、农户等经营主体之间的流转聘用、土地入股、技术分红等联农带农机制，探索"企业＋村集体组织＋农户""企业＋基地＋农户""合作社＋农户""企业＋农户"等农户利益联结模式，形成"保底＋分红"、入股分红、租金和劳务收益等多样化的农民增收模式。

第三，多元化农村产业融合新型经营主体，加快培育农业"小巨人"。鼓励加工型、流通型农业"小巨人"采取直接投资、参股经营、签订长期合同等方式，建设标准化和规模化的原料生产基地；采取技术培训、融资担保、品牌培育、产品营销、电子商务等方式，为农民提供社会化服务。

支持库博公司和"山地未来"等农业科技引领型先锋企业开展企地合作共建，示范带动农村产业融合发展。鼓励农民合作社开展农产品加工、销售业务，拓展服务内容。鼓励家庭农场开展农产品线上线下直销。引导大中专毕业生、新型职业农民、务工经商返乡人员领办农民合作社，兴办家庭农场，开展电子商务、乡村旅游等经营活动。支持供销合作社流通方式和业态创新，加强与新型农业经营主体有效对接，在农产品加工与流通、农资供应、农村服务等重点领域和环节为农民提供便利实惠、安全优质的服务。支持龙头企业、农民合作社、涉农院校和科研院所成立产业联盟、技术创新联盟，增强产业发展动力。

（二）培育科技型农业经营主体

现代社会已然成为一个"知识社会"，社会发展越发受到"知识"的驱动。[1] 技术成就和专业队伍所组成的专家系统为人们的行动提供保障。[2] 原来的农民受到知识水平限制，很难利用先进的科技手段提升农业发展的水平。但如今，在基层政府、企业和农民等多个主体的共同努力下，可以通过培养科技型农业经营主体，增强农村发展的内生能力。

第一，积极实施科技支撑战略。红河县以乡村振兴科技支撑行动为总抓手，健全科技服务体系，加强科技服务平台建设，积极开展科技试验示范、技术咨询、技术培训等技术服务，充分发挥科技支撑力量，提升产业基础能力和产业链现代化水平，推动农业高质量发展。具体而言，2022 年红河县开展农业科技培训 69 期（共培训 3075 人次）、高素质农民培训 5 期（共培训 270 人次）；组织实施 2022 年基层农技推广体系补助项目，建立农业科技示范基地；强化农业转基因生物安全管理，共检测转基因样品 26 个，其中稻 13 个，玉米 13 个，均未检测出转基因成分；认真宣传农机购机补贴政策，落实农机购置补贴惠农政策，挂牌成立红河州南部六县第一支区域性"全程机械化＋综合农事"机耕服务队，主要农作物综合机械化率达 40.95%。充分发挥

---

① 〔加〕尼科·斯特尔：《知识社会》，殷晓蓉译，上海译文出版社，1998，第 14～17 页。
② 〔英〕安东尼·吉登斯：《现代性的后果》，田禾译，译林出版社，2011，第 24～25 页。

科技特派团"智力"和"技术"优势。从红河县农业生产实际情况出发，结合特派团专家顾问专业特长，对辣木、蛋鸡、香蕉（杧果）、水禽和水稻等红河县农业主导产业开展重点帮扶。已累计到红河县下乡帮扶75人次，服务辣木、蛋鸡、香蕉（杧果）、水禽和水稻等红河县农业重点产业。对接服务（家庭农场、农业合作社、涉农企业等）121个（家）。服务覆盖了8个乡镇44个行政村，线下培训2场50人次，帮带本土科技人员16人，应用新品种新技术4项，累计指导水稻、辣木和香蕉生产面积3.32万亩，指导稻田生态鸭生产2.81万只，制定红河县产业发展规划2个，引进企业3家。

第二，依托科技，提高效益。注重科技转化，抓紧抓好茶园、茶厂的技术改造，积极争取茶叶科技项目，抓好试验、示范推广工作，提高茶叶种植水平；做好新品种引进和试种，将产量高、品质好、抗逆性强的新品种引进种植。引进先进的加工生产设备和成熟优质的加工工艺，提升茶叶包装质量，打造茶叶品牌，促进茶叶产业提质增效，增强市场竞争力。加强对专业人才和茶农的培训。

以科技保障为支撑，强化基层技术指导服务。组建水产（水蛭）产业工作专班，建立博士后科研工作站。依托中国水产科学研究院、云南中海渔业的专家、博士团队力量，在红河县建立博士后科研工作站；抓好试验示范和科技培训。不断总结品种选择、合理密植（鱼苗、雏鸭）投放、田间管理、收获测量等技术指标经验，以田间课堂、流动课堂、观摩课堂、市场课堂等方式，手把手、面对面把技术培训落实到村、户。

二 融合生态文明建设与经济发展

习近平总书记在中央农村工作会议上强调，"加强农村生态文明建设……要保持战略定力，制定更具体、更有操作性的举措，以钉钉子精神推进农业面源污染防治，……加强土壤污染、地下水超采、水土流失等治理和修复"①。这一重要指示，为加强农村生态文明建设、推进乡村振兴提

---

① 习近平：《论"三农"工作》，中央文献出版社，2022，第13页。

供了根本遵循和行动指南。

农村生态文明建设，既是全面推进乡村振兴的重要内容，也是加强生态文明建设的题中应有之义。想要保持现代化农村的可持续发展，就必须首先学会尊重自然和环境，走好生态农业的基本道路，实现低碳生活，延长土地使用寿命，走环境友好型健康现代化农村发展道路。①

2018 年，云南省人民政府紧扣云南实际和特色，提出打造"绿色能源牌""绿色食品牌""健康生活目的地牌"三张牌发展战略，为全省发展绿色产业指明了方向。红河县水能、风能、太阳能等可再生能源资源丰富，打好"绿色能源牌"具有良好的基础条件。红河县正确处理保护与发展的关系，积极探索绿水青山就是金山银山的有效路径，坚定不移走生态优先绿色发展之路。这体现在如下几个方面。一是加强对森林的保护。以退耕还林为契机，抓好宜林荒山人工改造，实施退耕还林 16.9 万亩，纳入国家重点生态公益林 88.34 万亩。二是生态修复梯田周边传统村落。通过修复传统村落，统一了风貌，进一步提升了人居环境。实施梯田生态修复行动计划。三是积极修缮灌溉沟渠。先后修复疏通沟渠 7 条约 20 公里，有效保障了粮食生产。努力构建了"森林·村庄·梯田·水系"农业生态系统。

工业产业方面，红河县坚持绿色环保，强化集约节约。注重集聚集约发展，严守生态红线，合理确定区域开发强度，提高产业环保准入门槛，全面推行清洁生产，发展循环经济，加快发展绿色产业，构建科技含量高、资源消耗低、环境污染少的产业结构，走生态文明的产业发展道路。

农业产业方面，红河县热区水果、冬早蔬菜、茶叶等农产品天然绿色、特色突出，具备打造"绿色食品牌"的优势条件。同时，红河县旅游资源基础良好，大健康产业持续发展，是医养结合的健康生活目的优选区域。由此可见，红河县助力云南省打好三张牌的基础条件优良。

第一，建立了"三带"生态保护片区，以实现经济发展与生态保护之间的协调。红河县根据全县不同区域的土地、气候等资源优势和海拔、生

---

① 郭素玲：《农村可再生资源的可持续发展探讨》，《江苏农业科学》2015 年第 6 期。

态环境情况，把全县分为干热河谷综合保护开发带、中半山区特色产业带、低纬高海拔地区绿色生物产业带。

（1）干热河谷综合保护开发带。将迤萨镇、大羊街乡、浪堤镇、乐育镇、宝华镇、甲寅镇、石头寨乡等乡镇海拔在 1200 米以下地带列为干热河谷综合保护开发带。主要发展杧果、荔枝、冬早蔬菜等高端果蔬产业，推广西柚、凤梨、释迦果等高端水果种植。

（2）中半山区特色产业带。将三村乡、垤玛乡、车古乡、乐育镇、宝华镇、甲寅镇、石头寨乡、阿扎河乡等乡镇海拔在 1200~1800 米的地带列为中半山区特色产业带。主要发展高端稻谷、梯田鸭、梯田鱼、特色水果、冬早蔬菜、水蛭养殖等特色产业。

（3）低纬高海拔地区绿色生物产业带。将架车乡、洛恩乡、乐育镇、宝华镇、阿扎河乡等乡镇海拔在 1800 米以上的区域列为低纬高海拔地区绿色生物产业带。主要发展苏木、厚朴、黄檗、茯苓、黄精、白扁豆、板蓝根、何首乌等中药材种植业，扩大中药材种植规模。

第二，以提高梯田产值为目标，推行塘田结合养殖方式。红河县积极探索创新"塘田结合"养殖方式（在各乡镇成立专业合作社，集中建设鱼苗过渡塘，在塘里过渡并育成规格苗后再放入梯田养殖，最后由合作社统一销售）。同时，延伸发展梯田鸭产业，拓展形成"稻渔鸭"模式。实践证明，"稻渔共作""稻渔鸭"作为一种稻、鱼、鸭互补共生的农业循环系统，建立在不与人争粮、不与粮争地的基础上，具有成本少、收益大、见效快和增粮、节地、节工等优点，实现了"一田多用、一水多用"，由此带来的经济效益、生态效益、社会效益为全县规模化发展打下了良好基础。

（1）经济效益方面。通过实地测产，水稻平均亩产 350 公斤，以市场价 7 元/公斤计算，亩产值为 2450 元；梯田鱼平均亩产 40 公斤，以市场价 50 元/公斤，亩产值为 2000 元；梯田鸭每亩养殖 17 只（其中公鸭 1 只），每只鸭平均年产蛋 150 枚，年均产蛋 2400 枚/亩，以市场价 2 元/枚计算，蛋的亩产值为 4800 元，加上梯田鸭的亩产值 1360 元（梯田鸭以市场价 80 元/只计算），梯田鸭的亩产值为 6160 元，"稻渔鸭"综合种养复合亩产值为 10610 元。

（2）生态效益方面。首先，稻田为鱼和鸭的生长提供了生存环境和丰富的食物，鱼在觅食中为稻田清除了虫害和杂草。其次，泥鳅、鱼的活动不但为水稻根系松土，促进水稻生长，其粪便还是有机肥。再次，由于梯田养鱼、鸭，不宜使用农药，在稻、鱼、鸭共生互补中保证了产出的梯田米和鱼、鸭、蛋的品质。同时，通过实施梯田、沟渠修复改造工程，梯田、沟渠的抗旱排涝能力得到提升。

（3）社会效益方面。首先，探索出山区脱贫农户产业脱贫的新路子，为推进哈尼梯田保护、发展生态农业模式积累实践经验。其次，"稻渔共作""稻渔鸭"种养模式为全县发展绿色、有机食品产业奠定了生态基础。再次，通过提高产值和梯田设施建设，留住了农村劳动力，有效缓解了冬闲田、水改旱、撂荒等现象，为保护哈尼梯田奠定了基础。

三 营造多产联动的链式发展格局

要保证产业转移的长效性，就要把产业转移建立在内生比较优势的基础上。基于产业垂直联动、水平联动和分工联动的产业转移具有显著的波及效应，它能够在增强区际以及区域内部产业关联的同时推动区域技术进步，促进区域比较优势的内生化。[①] 通过前文对红河县资源情况的分析可知，该地的产业发展链条短，产业内容也集中在农业方面。要想让该地发展得更为全面和持久，就需要通过多产联动的链式发展格局来提升资源共生的有效性。

（一）提供多产联动的制度保障

多产联动的发展格局，首先需要基层政府为企业和农民提供相关制度、政策和规定等的保障，以此提升发展模式的规范性。正式制度保障、标准体系建设，都是在为这一发展模式做铺垫。

---

① 刘新争：《区域产业联动与产业转移——基于内生比较优势的视角》，《江汉论坛》2016 年第 12 期。

第一，构建政策扶持、法律保障、用地保障等政策保障机制。红河县构建以放活经营权为指向的现代农业经营体系机制——健全的土地产权制度、完善的农村集体产权关系、运转协调的农业经营服务体系、运行规范的农村产权流转交易市场。同时，红河县将农业在生产过程中的产前、产中、产后等诸多环节连接形成完整的产业系统；将区域内的三大产业进行有效关联形成市场互动，使各产业相互促进并协调发展。落实工商资本租赁农地监管和风险防范制度，建立健全土地流转服务中心，扩大政策性农业保险试点范围等，构建完善的风险保障机制。优化现代农业产业的进入机制，重点处理好进入者和退出者之间的利益关系。

第二，建立主导产业的标准体系。引导生产经营主体应用国家基地标准、技术规程、产品质量标准，对接国际组织及欧盟等国家和地区有关标准，以标准化建设提升主导产业专业化发展水平。整合各涉农部门人员组成检查指导服务组，到水果种植乡镇对历年种植和管护情况进行全面检查，重点检查果园基础设施建设、种植成活率、施肥、修剪、病虫害防治、种植密度等情况，找出存在的共性问题，总结成功经验，为产业的健康发展提供科学依据，并对生产中出现的问题及时提出解决意见。

针对目前红河县产业发展基础设施短板，立足产业现状和基础设施配套实际，围绕完善产业基础设施配套保障，加大基础设施投入力度，不断提升产业发展保障能力，确保全面满足产业发展需求，实现县域经济持续健康发展。

（二）优势产品联动推动产业发展

果蔬产业是红河县的优势产业，果蔬市场销量可观。红河县从优势农产品出发，增大其发展空间，以此提升本地其他农产品的设施保障，为多产联动的发展格局打下基础。

红河县优化联动招商、以商招商、精准招商的工作保障机制，围绕"延链、补链、强链"工作要求，紧盯强农企业，加强招商引资工作，做强水果生产及精深加工重点产业链，为大量商品性不高水果的销售提供新选项，延伸产业链条，提升红河水果产业的风险防御能力，助推特色产业健康持续快速发展，确保农户增收。同时，整合资源推进水果仓储建设，规划建设物流园区，配置仓储设施，加大对大批量水果的分拣、处理、保鲜和储运等方面工作的引导和支持力度，提高水果的商品性和市场空间。

红河县通过发展高端果蔬产业，带动第二产业农产品仓储物流和深加工发展，并延伸到第三产业农业科技服务、农产品销售信息服务和旅游休闲农庄服务等，形成一条良性产业链，实现"抓一接二连三"的三产有机融合。果蔬的产业链主要包括产地种植、收获、加工、储运、销售等，上游产业链包括人工、种子、种苗、耗材（农药、化肥、包装袋等）及土地，中游产业链包括果蔬采收、分拣清洗、收购流通、仓储冷藏及深加工，下游产业链包括果汁、果干、蔬菜干、酱菜、果酱、果盒礼品等。目前，红河县果蔬产业链条基本上止于生鲜果蔬的批发零售阶段，缺少果蔬深加工企业，最终的产品形式主要为水果鲜果及生鲜蔬菜，产业链条短，产品附加值不高，高端的果蔬品牌难以形成。针对红河县目前果蔬产业链条不完善的问题，健全果蔬产业发展的各个环节，重点加快培育和引进一批果蔬精深加工企业，打造一批果蔬品牌产品、名牌企业，打响红河县果蔬高端、绿色、生态品牌，着力将高端果蔬产业打造成为全县特色农业的示范产业、促农增收的支柱产业。

建立优质畜禽养殖产业链。上游产业主要为兽药、疫苗、饲料行业及养殖场地建设，中游产业为畜牧养殖和家禽养殖，下游产业为仓储冷链、餐饮业、农贸批发、商场超市及肉制品加工。按照优质畜禽产业链构建需求，结合红河县畜禽养殖实际，上游产业链不断完善，加强养殖场地建设，加快构建动物疫病防治体系；中游产业链加强养殖的科学化和规范化；下游产业链积极推进畜禽产品加工及仓储冷链设施建设，加强与餐饮店、农贸市场、商场超市及肉制品加工企业的对接，从各个环节推动畜禽产品质量提升，不断壮大红河县优质畜禽产业，培育优质畜禽品牌和产品，建设云南省优质畜禽产业基地。

由此，红河县根据高端稻谷的生产特点，加快推进横向及纵向产业融合。第一产业之间的横向融合以水稻种植为基础，推广梯田"稻渔共作"

综合种养等新模式；第二产业融合在打造高端稻米系列产品的基础上，逐步探索大米粉、米淀粉、米蛋白、活性炭、日化产品等系列产品研发，延伸高端稻谷产业链，增加产品附加值；第三产业以撒玛坝梯田创建5A级旅游景区为契机，强化"哈尼梯田世界稻作文化遗产"和"中国面积最大连片哈尼梯田"名片，积极培育梯田文化旅游新产业，推进哈尼梯田农耕文化与休闲农业、乡村旅游融合发展。

第六章　行动层面：强化多向度的关系实践

"国家－市场－社会"关系始终是理解乡村振兴以及中国区域发展中的重要中轴，也直接影响乡村发展的实践效果。从理论层面而言，新内生发展模式作为一种整合性的区域发展模式，同样也内在地蕴含着对"国家－市场－社会"关系的回答，"上下联动、内外共生"提供了一种"国家－市场－社会"之间的合作模式或者说联结方式。但其问题在于，一方面，新内生发展模式作为西方舶来品，在对中国发展实践具有适用性的同时也亟须修正；另一方面，新内生发展的行动思路本身具有高度概括性和实践性，其具体的实践意涵需要进一步扩充。同时，乡村振兴和新内生发展理论都特别强调地方社区在其中的核心作用，这在一定程度上也将"社会"力量拉回到了"国家－市场"的关系视域之中，"社区"为"国家－市场"关系的协同合作提供了具体的载体，同时也将"社会"的力量纳入其中。因此，本章从新内生发展理论视角出发，在对红河县乡村振兴实践的行动逻辑展开剖析的基础上，重新理解"国家－市场－社会"关系和新内生发展理论的实践观照，捋顺"国家－市场－社会"三者之间的具体关系和合作模式，真正弄清楚乡村振兴的内在基础，推进新发展阶段的乡村振兴实践。

第一节　本土参与：社区居民的协商整合

本地居民始终是地方社区发展的重要行动主体，但传统外生发展模式和传统内生发展模式在此问题上却分别持有两个截然不同的极端态度。外生发展模式强调自上而下进行的行动干预、资源介入、社会改造对于改善农村发展境况的必要性和正义性①，而内生发展模式则转而提出了一种"自下而上"的发展命题，旨在倡导农村发展中主导－支配位置的转换以及农民、农村作为发展主体的回归②。实际上，随着地方社区发展流动性、开放性的持续增强，应当采取辩证的态度，既重视地方社区的本土力量，也要认识到外部力量对于社区居民参与以及社区发展的积极意义。调研发现，红河县乡村发展中，基层政府采取了一系列措施推进地方居民的行动参与，具体如下。

一　由外而内：社区化的赋能策略

新内生发展模式将"能力本位"与"社区为本"相结合。一方面，将社区本地居民以及社区整体发展能力的提升视作重要目标；另一方面，强调以社区为基本单位的系统思路和整合路径，强调社区化的赋能策略，同时涉及社区居民、社区组织和社区整体三个层面。③

（一）培养居民参与意识与参与能力

社区居民赋权关注个人效能感、控制感和主体性的提升，在新内生发展实践中，首先需要通过教育培训、社会工作坊等形式，促进地方居民的意识觉醒和能力提升。更为关键的是，要尽可能地为当地居民提供更多的参与机会和平台，在社区发展实践中推动社区居民新内生发展意识向自我发展能力的转化，以及激发个体的社区意识，包括责任感、归属感和认同感等。红河县的乡村建设过程主要以工作坊的形式进行。一是"意识觉醒"工作坊。通过引入外部力量，以培训、教育等形式促进当地居民的意识觉醒，并传授相关知识性内容。同时，当地政府也将传统"大字报"的宣传

---

① Leick, B., & Lang, T. "Re-Thinking Non-Core Regions: Planning Strategies and Practices Beyond Growth," *European Planning Studies* 26 (2018): 213 – 228.

② Edwards, B., Goodwin, M., Pemberton, S., & Woods, M. "Partnership, Power and Scale in Rural Governance," *Environment and Planning C: Government & Policy* 19 (2001): 289 – 310.

③ 吕洁琼、文军：《从脱贫攻坚到乡村振兴：社区为本的情境实践及其反思——基于甘肃 K 县的考察》，《西北民族研究》2021 年第 3 期。

方式和新型线上宣传方式结合，开展居民动员工作，鼓励居民参与到乡村开发建设之中。二是"社区骨干能力提升"工作坊。开展针对社区骨干的能力培训，通过对村民骨干新内生发展意识和能力的提升，带动社区整体发展。三是针对弱势群体的"赋能工作坊"。针对社区内部普遍存在的弱势群体开展赋能实践，比如建立"妇女赋能工作坊""老人赋能工作坊"等。在此过程中，红河县尽可能地为当地居民提供更多的参与机会和平台，推动他们在行动中实现内生动力和外部介入的联结，以及个人意识向个人能力的转化。整体而言，新内生实践中的社区化赋能策略的实施要从主体层面推进，兼顾普通民众、骨干精英、弱势群体等不同类型主体之间的客观差异和主观差别，有针对性地采取不同的赋能策略，但其核心是一种社会动员，鼓励地方居民参与到红河县的新内生实践当中，并且在参与实践中获得意识上的觉醒和能力上的提升，为社区居民的下一步整合奠定行动基础。红河县乡村振兴局工作人员表示：

> 偏远地区脱贫问题很大程度上是意识问题。在脱贫攻坚中，政府给予了老百姓许多帮助，老百姓顺利脱贫。但是老百姓的生活现状能不能继续维持下去？会不会出现返贫的风险？这是我们担心的。农村很多人没有动力，等着（政府）去帮助，如果全靠政府扶持，责任大资金紧，还是需要他们自己有能力谋生。但是很多人是安于现状，没有想要搞好家庭条件的想法，特别是老年人，年轻人要好一点。

（二）社区化的多维赋能策略

社区为本的新内生发展实践建立在依赖于各类正式和非正式组织联结的基础之上。组织赋能是实现乡村社区有机团结和整合行动的关键环节，[①]强调以组织为媒介增强社区成员之间的群体互动，搭建社会关系网络，培

[①]　吕方：《再造乡土团结：农村社会组织发展与"新公共性"》，《南开学报》（哲学社会科学版）2013 年第 3 期。

养互惠、信任等机制，激活社区社会资本，发挥组织资源的正向功能。红河县社区组织赋能以基层党组织为核心、村社自治组织和集体经济组织为两翼，鼓励各种内生性社会组织和居民自组织培育，以此构建复合型社区组织体系。就后者而言，可以以社区内部的群体性需求为抓手，鼓励地方精英发挥"带头人"作用。具体而言，当前红河县内部的组织建设一方面需要建立健全正式的社区组织，建立社区自治和行业组织助推保护开发机制，健全代表性村民组织、经营者专业协会，发挥居民自治和协会自律作用，鼓励居民和"第三方"机构介入，提升其对村庄保护开发的参与度和认同感。① 另一方面需要将协商民主和自组织融合，鼓励居民以非正式的形式，在日常的公共生活和社区互动中自发推进自组织建设，并将此打造成为居民参与社区公共生活和社区建设的平台与渠道。常见的自组织类型包括互助组织、兴趣组织等。红河县朝阳村村委干部谈道：

> 从文化这一块，我们采取了有效的方式进行文化宣传。一是以抓党建引领，创建一心为民文艺志愿服务党建品牌，以党建引领来做好这一块。组织这些文艺队开展各项文艺活动……

（三）提升社区自主性、发展潜力与权力

居民是社区的主人，是地方社区发展的主体力量。要实现基层社区的内生发展，必须充分尊重居民意愿，在挖掘居民的人力资本、调动居民的积极性和能动性的基础上，赋予地方社区更多的自主性和发展权。社区整体赋权强调通过改善社区结构和制度环境以达到社区公平，以此增强社区居民的有机团结和社区整体行动能力。最为关键的是，需要将更多的发展权交还到基层社区，以增强基层社区在乡村建设中的自主性。其中，发展权主要包括发展选项决定权、发展进程控制权、发展利益共享权。内生发

---

① 马良灿、哈洪颖：《新型乡村社区组织体系建设何以可能——兼论乡村振兴的组织基础建设》，《福建师范大学学报》（哲学社会科学版）2021 年第 3 期。

展的先决条件在于权力下放，合理赋权可以保证地方拥有资源应用的自主性。新内生发展的基础是通过地方行动者的网络，提升本土资源价值的竞争力。要推进红河县各基层社区的内生发展，必须合理地赋权于地方，建立具有实质性权力的社区组织，令其具备制定决策、申请资金、调配资源等事项的自主权，也就是说，把部分农业和农村发展的决策权以及资源配置权从国家层面转移到乡村基层，增强地方自主性，从而推动内生发展。需要注意的是，权力的赋予不是无限制的，将自治权完全下放给内生群体实际上可能会产生反效果。主要原因在于乡村的社会、经济和政治等往往会受到外部政策方案和评估措施等的影响，如果权力全部下放给地方，可能会对既有的制度性权力结构产生冲击，上级无法对地方进行有效监管，形成狭隘的地方主义，导致地方发展偏离正轨。

二　由内而外：基于自主性的社区参与

地方居民的参与是农村实现内生发展的基础。这种基础作用的体现依赖于地方居民的充分有效参与。因而，探究激发地方居民参与的方式成为内生发展研究的一项基本内容。新内生发展实践旨在提升地方居民的行动能力，"由外而内"的社区化赋能实践实际上是为"由内而外"的社区居民参与服务。因此，如何实现"由外而内"的赋能实践向"由内而外"的参与实践转变，是红河县乡村振兴与乡村发展的关键环节。对此，需要通过社区化的赋能策略消除地方行动的障碍性因素，增强地方社区的自主性，同时需要在社区化的赋能实践中将社区居民参与动机和参与能力的提升作为重要内容，并尽可能为社区居民提供制度化、规范化和常态化的参与平台。其中，自主性的培育、参与动机和参与能力的提升、参与平台的建设与参与机会的提供，是实现"由内而外"社区参与的关键，而上述过程实际上也融汇于红河县建设过程之中。

（一）增强自主性推动地方居民参与

从目前红河县乡村发展现状看，农民仍处于边缘化的位置，自主性权力不足。充分尊重农民的主体地位，还权于农民，增强农民的自主性，是推进乡村内生发展的必由之路。在当代，内生权威扮演着村庄当家人和政府代理人的双重角色。[①] 作为村庄当家人，内生权威是村庄利益的代言人；作为政府代理人，内生权威通过各种正式和非正式关系通道，获取村庄之外的资源，向上争取体制内财政资源，对外争取社会和市场资金。在社区化赋能实践中，更为关键的是需要激发地方居民的主体意识，并以此形塑其"主人翁"身份，给予其足够的能动空间。简言之，地方居民应当是乡村振兴发展中具有自主性、能动性的参与者和行动主体，需要在参与实践过程中培育起地方居民的持续参与动机和参与能力，以此为推进乡村振兴提供行动基础。红河县宝华村村民表示：

> 政府叫我们做什么我就做什么。（我们）也没有文化，也不懂他们（社区）的事，只管养活自己就可以。有文化的都在村委会工作了，他们帮我们做决策，我们也相信他们，叫我说我也说不来的，就听他们的。

（二）加强参与平台与参与渠道建设

推动社区居民的本土参与，最为重要的是向居民提供通畅的社区参与平台和通道，使相对零散的社区居民参与行为成为一种例行化、制度化和结构化安排，[②] 这也是实现社区居民参与常态化和可持续化的关键环节。首先，需要从规制层面对居民的参与权利、参与平台、参与方式等内容进行保障。红河县部分村落在当地的管理政策、开发章程中明确规定了本地居民的知情权利、参与权利和监督权利等。同时，通过民主协商议事大厅建设以及民主协商章程的制定，提供社区内部的参与平台。在畅通居民治理参与渠道的基础上，还应当加强宣传动员工作，积极鼓励地方居民参与到乡村发展实践之中。不过，在短时间内很难动员全体社区居民参与其中，

---

① 李广斌、王勇：《乡村自主性空间治理：一个综合分析框架》，《城市规划》2021 年第 7 期。
② Brandy Quinn, "The School as a Democratic Community," *Applied Developmental Science* 15 (2011): 94 – 97.

为此，最为关键的是需要率先发动地方社区的骨干精英、社区能人、党员群体参与其中，并发挥示范和带动作用。还需要开辟常规性的治理参与渠道和项目性的治理参与渠道。前者更加指向红河县乡村建设日常实践中居民依法所享有的知情权、参与权，全体社区居民可以自由地参与到诸项日常事宜之中；而后者则指向当面临重大事项决策时，必须动员社区居民或者居民代表参与其中，保障社区居民所有享有的重大事项决策权。随着信息数字技术的快速普及，推进数字治理建设和居民的数字治理参与也成为乡村建设、乡村发展中的重要内容，应当充分发挥数字技术在居民治理参与实践中的重要作用。红河县人力资源和社会保障局相关工作人员表示：

> 现在我们人社这一块的话，都是请有资质的培训机构来进行组织……像我们对乡里这些本土人才的培训，也是由组织部牵头，它是管到我们基层党组织这一块，像我们人社的话主要是管体制内这块比较多一些……然后像对乡土人才这边有一个叫明白人带头人培养，然后还有一个农村领头羊培养计划，也相当于是在我们农村培养出一个带头人的那种，就是说称呼不一样，然后还有农村实用人才培养计划，然后他们每年还要对这些明白人进行轮训，然后还有一个是通过村级党组织和村民委员会换届，把这些我们村里面有一定的工作能力、有一定学历的这些人，选举到我们村委会工作里面来，然后让他带头带领我们村民进行发展，是这个样子的。

三　内部整合：地方社区的主体间协商

社区化赋能和社区动员策略的实施，旨在提升本土居民的主体行动能力，并通过主体行动能力的提升反哺居民治理参与。但在个体化时代，传统的封闭性共同体被打破，社区居民社会生活的流动性不断增强，在社会关系从严密走向松散的同时，人们的主体性价值也日益从传统社会的确定性范畴中挣脱，在当代社区中不断出现各种社会分化和社会排斥现象。新内生发展的"社区为本"原则所强调的是基于社区整合而采取的集体行动，其最基本的整合是协调居民利益需求，即尽可能寻找到社区居民的共同利益和相似性需求，以使居民在社区发展事项上达成共识，实现从利益共同体到价值共同体、行动共同体的转变。[①]而上述过程的实现，则建立在制度化、常态化和日常化的社区协商机制基础之上，通过行之有效的社区协商实践推进。

（一）基于主体利益的社区需求整合

在乡村振兴实践中，地方居民是直接的利益相关者，在价值理念、利益需求等方面存在分歧难以避免。在红河县许多村落的转型建设过程中，由于项目开发、公路修建、基础设施建设等，常常需要对社区范围内的土地进行征用，部分居民就拆迁金额未达到预期目标而拒绝搬迁，使得部分项目开发进程延缓。在搬迁过程中，不仅政府与居民之间的利益博弈时常上演，拆迁居民与未拆迁居民之间甚至是拆迁居民内部因利益分化而产生的"相对剥夺感"[②]也阻碍居民之间的深入合作。部分居民认为，应该通过商业旅游开发的形式增加当地财政收入，推动社区发展，而另一部分居民则认为，应该加强对社区传统文化和生活秩序的保护，避免商业化的冲击。因此，要推动乡村振兴过程中居民行动的整合，首先需要在日益分化的主体利益中寻找主体间的共识和共同需求，以此奠定群体整合的行动基础。

（二）打造社区协商平台与制度化协商机制

发展作为一个持续过程需要稳定的制度环境，因此参与主体协商机制必须制度化。地方与超地方的平衡问题贯穿于内生发展过程之中，如何协调参与主体之间的关系并将其制度化便成为一个现实问题。身处"数字时代"，无论是出于数字技术本身的高效性、便捷性，还是"脱域"背景下时空分离的治理需要，强化数字技术在居民参与实践和参与平台中的应用十分必要。红河县在乡村治理、乡村建设过程中，不仅加大微信公众号建设

---

① 王小章：《特色小镇的"特色"与"一般"》，《浙江社会科学》2016 年第 3 期。
② 刘欣：《相对剥夺地位与阶层认知》，《社会学研究》2002 年第 1 期。

力度，善用数字技术的宣传功能，还十分重视数字技术在居民参与实践中的应用。为此，红河县将"微信"视作重要的居民参与平台，具体采取了以下措施。一方面，开通专门的微信公众号并定期推送乡村建设、乡村发展过程中的重大决策信息和日常活动安排等内容，开通专门的意见反馈渠道，方便社区居民的治理参与。另一方面，将微信群作为重要的治理平台，建设村级内部的微信群梯队。分别以"行政村"或者"自然村"为单位，组建居民微信群，同时组建"村干部群"等。不仅通过各式各样的微信群，实现政策文件自上而下的传递，同样为地方居民提供了自下而上的参与治理的渠道，地方居民可以随时随地在微信群里反映自身需求、表达自身想法。

（三）基于社区协商实现居民行动整合

将地方居民有效整合起来的程度会影响地方力量在内生发展中的作用，如何整合地方居民参与发展进程也是内生发展研究不可忽视的环节。这种社区整合的实现首先基于社区内部不同群体之间的利益需求，并以此为起点，在社区内部积极开展各种正式和非正式的协商。红河县协商过程的实现更加有赖于协商实践过程中主体间的不断磨合，换言之，只有本地居民都愿意参与其中，共同发现、提出地方社区发展中所面临的问题，并积极寻找解决对策，居民的行动整合才能得以实现。红河县新内生实践中采取了社区化的赋能策略，在减轻自上而下行政压力和减少结构性障碍的基础上，增强地方社区的自主性，同时从群体组织层面和居民个体层面推进一系列的赋能策略。在此过程中，需要避免地方居民对外部力量的过度依赖，应当积极引导外部赋能向自主参与转变，引导外生动力向内生动力转化。[①] 此外，社区化赋能、居民参与以及社区整合之间具有统一性，社区化赋能和社区整合都是在居民的实践参与过程中实现的，是提升居民治理参与能力以及社区整合行动能力的重要保障。

---

① Terluin, I. J. "Differences in Economic Development in Rural Regions of Advanced Countries: An Overview and Critical Analysis of Theories," *Journal of Rural Studies* 19 （2003）: 327 – 344.

第二节 上下联动：不同层级政府的互动

红河县政府在乡村振兴事业中所承担的职责和所扮演的角色日益多元化，具体如下。一是制度监管。从中央政府到地方政府制定了一系列乡村振兴相关的制度文件，并形成了具有系统性的乡村振兴制度体系，为新内生发展提供规制保障。二是政策支持。为了增强红河县建设的内生性和持续性，各层级政府根据辖区情况制定了包括土地政策、税收政策、人才政策、资金政策等在内的一系列支持性和鼓励性政策，为新内生发展提供了良好的政策环境。三是基础设施建设。乡村同时承担着生产生活的复合功能，不仅需要交通、能源等必要的生产设施，也需要科教文卫等公共设施。

一 制度安排：乡村振兴的制度举措

新发展阶段，乡村振兴成为实现全国高质量发展的重要环节，不仅是实现"高精尖"突破的战略举措，也是推进区域发展的动力引擎。在明确乡村振兴在国家发展战略布局中的关键地位的基础上，就红河县而言，要通过制度建设，规范红河县乡村振兴建设的实践过程，为红河县的新内生实践提供必要的规制保障。[1]

（一）强化清单管理制度

一是严格设定清单标准。坚持控制数量、提高质量导向，对标国务院办公厅文件要求，对红河县的制度文件进行全面登记、分步审核、分类处置，实行"一张清单管到底"。二是科学推进红河县规划建设。指导红河县科学规范编制建设方案，对其功能定位、发展形态、产业特色、运作机制、重大项目等进行指导把关，确保红河县形成比较完善的乡村振兴建设方案。三是实行动态调整。通过年度考核对清单内红河县的发展情况进行评估，

---

[1] 郁建兴、张蔚文、高翔等：《浙江省特色小镇建设的基本经验与未来》，《浙江社会科学》2017 年第 6 期。

实现优胜劣汰、有进有退，促进更高质量发展。四是加强清单外管理。在全面梳理清单的基础上进一步深化认识，做到减少存量、不增增量。红河县乡村振兴局领导表示：

> 我们是怎么管怎么统，我是想讲怎么统的问题。第一，统筹整体的四个方面的工作。统筹，首先一个呢，从五级书记抓乡村振兴的统筹到组织行业部门的职责履行和驻村工作队员的职责履行，到最后一级书记，就是我们的村党总支书记的这块的职责落实的问题。第二个统筹，统筹什么呢？政策，所有的政策首先保持稳定。每年我们要花一定的精力，要把脱贫攻坚与乡村振兴期间出台的这些政策梳理一下，有没有和我们现在的乡村振兴这块政策相抵触。第二部分呢，要保持政策的稳定和更新，"两不愁三保障"就允许安全的稳定。第三块，工作上的统筹。什么叫工作上的统筹呢？全县一盘棋，由领导小组说了算，我们的名称叫巩固脱贫攻坚推进乡村振兴领导小组。这个机构是作为我们到目前为止，县委常委会不能比，但是人数最多，人员最齐，所有的副处级以上领导干部，所有的子行业 12 家组织主业，巩固脱贫攻坚的主责主业的部门，13 个乡镇党委书记都在。
>
> 怎么统筹呢？国家有考核，省里面要考核，州里面要考核，我县里面还要组织考核，这个是必须做的。所以说怎么样能统，这四个统，反正是责任统、政策统、工作统、成效统。

（二）完善考核评价制度

评价考核体系是引领脱贫攻坚和乡村振兴实践的"指挥棒"。虽然乡村振兴战略以脱贫攻坚的实践成果为基础，但其政策导向仍然明显。如何既保持层级政府的适度介入，又避免绩效压力过重限制乡村发展自主性，成为实现中国乡村社会内生发展的先决条件。

新内生发展实践基于地方主体性展开，又将地方主体性的培育视作目标。在考核评价体系方面，当前亟须通过制度创设，在考核标准上强调乡

村发展的内生性、整体性和持续性，在考核方式上改变量化评估方式的
"唯绩效"取向，将结果评估与过程评估相结合，将量化评估与质化评估相
结合，尤其是需要建立社区取向的整合评估体系，综合考虑内生与外生因
素在其中的影响作用。此外，还需要以新型考核评价体系为导向。一方面
要从责任落实、组织推动、社会动员、要素保障、考核评价、工作报告、
监督检查等方面推进各项具体管理制度建设，优化政府的介入方式；另一
方面要加强能力建设，以确保基层政府的工作人员有足够的胜任力，能够
在乡村振兴的动态情境中实现政策文件与地方实践的联结。

在巩固拓展脱贫攻坚成果、推进乡村振兴的实践路途中，红河县政府
抓牢防止返贫监测。坚持线上和线下监测相结合，采取群众自主申报、基
层干部走访排查、部门联动筛查预警等方式快速确定监测对象，长远兼顾，
掌握并分析媒体、信访等信息，拓宽风险预警渠道，常态化做好防止返贫
动态监测帮扶工作，进一步明确对象范围、规范方法步骤、分类精准帮扶、
开展帮扶成效评议和风险消除、严格进行过程校验、坚决防止规模性返贫。
常态化开展防止返贫监测帮扶督导，推广运用好"政府救助平台"，高效响
应群众救助诉求，健全农村低收入人口常态化帮扶机制。做好巩固拓展脱
贫成果后的评估工作。

（三）丰富期权式激励举措

各级政府针对红河县乡村振兴出台各种激励措施，以促进红河县的内生
发展。其一，加快建立农业转移人口市民化激励机制。实施财政转移支付同
农业转移人口市民化挂钩政策，城镇建设用地增加规模与吸纳农业转移人口
落户数量挂钩政策。其二，建立城镇低效用地再开发激励机制。允许存量土
地使用权人在不违反法律法规、符合相关规划的前提下，按照有关规定经批
准后对土地进行再开发。其三，鼓励居民"返乡创业"。为有志向和有能力返
乡的创业者提供资金、技术、政策等方面的支持，尤其可以加强对本地外出
成功创业者的招揽工作，鼓励"先富带后富"。其中，红河县建立创新创业激
励机制，加快将现有支持"双创"的相关财政政策措施向返乡下乡人员创新
拓展，把返乡下乡人员开展农业适度规模经营所需贷款按规定纳入全国农业

信贷担保体系支持范围。适度放宽返乡创业园用电用水用地标准，吸引更多返乡人员入园创业。各地年度新增建设用地计划指标，要确定一定比例用于支持农村新产业新业态发展。落实好减税降费政策，支持农村创新创业。

二　政策支持：地方发展政策的环境营造

乡村振兴实践本身带有较强的政策色彩，新内生发展实践的关键是要畅通自上而下的政策实践与自下而上的地方实践，以此保证政府与地方社区之间形成"上下联动"的共生关系，共同推动乡村振兴建设。在红河县，地方政府在深入了解各村实际需求和居民需要的基础上，积极向上级政府和有关部门争取财政、金融、用地、科技、人才等方面的政策支持，为当地新内生实践的推进提供良好的政策环境。①

（一）加大乡村振兴投入

红河县坚持把农业农村作为一般公共预算优先保障领域，增强财政服务保障能力。落实关于调整完善土地出让收入使用范围优先支持乡村振兴政策，严格执行上级土地出让收入用于农业农村的比例要求。提高乡村振兴领域项目储备质量，做好项目前期准备工作，严格项目论证入库。强化预算绩效管理和监督，注重绩效导向，硬化责任约束。红河县发展和改革局相关工作人员表示：

> 目前我们县这一块的投入是这样的，总的来说，资金分配60%是用于产业资金。首先是热区开发，中半山区开发，主导产业的培育等等这些，还有信息产业的培育，村集体经济的壮大。

（二）强化乡村振兴金融服务

红河县充分利用好普惠金融示范县政策，支持和引导金融机构持续创

---

① 王振坡、薛珂、张颖等：《我国特色小镇发展进路探析》，《学习与实践》2017年第4期。

新、完善涉农金融产品和服务，鼓励金融机构发展农业产业链金融，不断拓展农村抵押物范围，积极发展农户小额信贷，加大对新型农业经营主体的支持力度。此外，红河县也积极加快农村信用体系建设，持续推进"党建＋信用"示范创建，力争每个乡镇至少创建 1 个示范村组。试点开展"党建＋普惠金融服务"融合发展示范基地建设，加强农村金融知识普及教育和金融消费权益保护。因地制宜发展优势特色农产品保险，推动农业保险提标、扩面、增品。

（三）落实耕地保护硬措施

红河县落实耕地保护党政同责，按照耕地和永久基本农田、生态保护红线、城镇开发边界的顺序，统筹划定落实三条控制线，按照上级下达红河县耕地保有量和永久基本农田保护目标任务，逐步下达乡、村委会、村民小组，签订目标责任书。坚决遏制耕地"非农化"、基本农田"非粮化"，严格落实耕地利用优先序，严格控制耕地转为其他农用地，耕地主要用于粮食和油、糖、蔬菜等农产品及饲草饲料生产，永久基本农田重点用于粮食生产，高标准农田原则上全部用于粮食生产。引导新发展林果业上山上坡，鼓励利用"四荒"资源，不与粮争地。落实和完善耕地占补平衡政策，严格补充耕地立项、实施、验收、管护全程监管，确保新增补充耕地为长期稳定利用耕地。

（四）加快推进乡村人才振兴

红河县全方位培养乡村振兴所需的各类人才，完善乡村人才培养、引进、管理、使用、激励等机制。开展高素质农民培育，加快培养一批有文化、懂技术、善经营、会管理的高素质农民队伍，推进劳动力技能提升。建立各类人才定期服务乡村制度，健全鼓励人才向艰苦边远地区和基层一线流动机制。强化人才联系服务，大力实施"万名人才兴万村"行动。同时，完善人才保障政策，推动人才定期服务乡村，积极引导县城教师、医生、科技人才等定期服务乡村，符合条件的事业单位科研人员按规定到乡村和涉农企业创业创新期间取得的业绩成果可作为职称申报评审的参考依据，专业技术人才到基层开展服务活动累计超过半年视为基层工作经历并作为职称评审、岗位聘用的重要参考。

（五）促进农民就业创业

红河县落实农民工稳岗就业政策，深入实施农村劳动力转移就业"百日行动"，2022 年农村劳动力转移就业稳定在 12.95 万人以上。深入开展"农村劳动力转移就业稳岗促增收三年行动""上门服务保就业行动"，鼓励发展共享用工，支持农村劳动力多渠道灵活就业，积极培育发展家政服务、物流配送、养老托育等生活性服务业。推进红河县就业服务中心、乡镇就业工作服务站、村级劳务专业合作社建设，构建县、乡、村三级就业服务网络。落实"技能云南"行动，大力开展适合农民工就业的技能培训，精准对接劳务公司需求，提升劳动技能，实现工种转型升级，向高端技术型的务工转变。鼓励引导灵活就业农民工按照规定参加城镇职工基本养老保险，深入开展"康乃馨"行动。

三　基础设施：乡村振兴基础设施的改善

红河县乡村振兴实践离不开必要的基础设施建设支持，无论是最基本的交通设施建设，还是特色产业发展所需要的配套设施，抑或科教文卫等相应的公共设施，都为乡村的基本生活、资源输入、内生发展、项目开发等提供基本便利。红河县在发展乡村内生力量的同时，也注重交通、产业、生活等基础设施的建设，筑牢乡村根基。

（一）以交通设施建设推进社区发展

交通发展是变革空间生产与资源配置的重要方式，是促进空间正义的重要途径。[①] 从交通设施建设角度而言，红河县位于云南省南部、红河州西南部，距州府蒙自市 137 公里，距省会昆明市 262 公里，是红河州对接玉溪市、普洱市的重要门户。元蔓高速公路建成通车，元绿高速公路建设进展顺利，峨石红高速公路启动建设，建成垤玛至曼培等一批骨干公路，完成

---

① 张维烈、翟斌庆：《空间正义视阈下中国交通发展的战略选择》，《人文杂志》2022 年第 6 期。

贫困村交通基础设施进村道路硬化项目 650 公里。红河县的交通道路建设主要是从以下几方面推进。一是加强县内的道路交通设施建设,并且加强路灯、绿化带等相应配套的道路设施建设。二是加强高速公路建设,打通连接各县、市的关口。三是加强省内快速公路和轨道交通建设,尤其是加强红河县和昆明火车站、机场的道路联系。红河县对外打通到周围省市的高速公路,对内打通各村级区域之间的交通,以此连通辐射全县、全省的交通网络。但红河县乡村道路建设仍存在短板,县农科局相关工作人员表示:

> 我认为作为红河县这块来讲的话,农村的硬件设施这块还存在一些短板,我认为还是要持续改善,比如说路……打通最后一米,这一块属于路的这块,包括修到村里面(的路),现在是勉强沟通,达是达标了,但是这都是很低的标准。

(二)以特色产业建设盘活乡村资源

特色产业的发展必然离不开与之相配套的设施建设,红河县建设中主要围绕特色自然资源和文化资源展开。自然资源方面,红河县围绕"一县一业"谋划产业发展项目。一是利用红河县特色作物,将茶叶、人参果、香蕉等销往全国。图 6-1 为红河县人参果种植基地。二是利用丰富的石膏储量优势,进行石膏粉精深加工,拓展石膏装饰材料市场,进行石膏装饰材料的市场精准布局,推动云南红石矿业有限公司年产 2000 万平方米的石膏板。三是新能源产业开发,在原来已经建成的 7.86 万千瓦光伏发电项目的基础上,推进两个 30 万千瓦的光伏片区项目,推动当地经济增收。文化资源方面,红河县围绕所规划的"梯田文化"和"哈尼长街宴"的两条发展脉络而展开。一方面,以"县城-甲寅-宝华-乐育"旅游环线为轴,撒玛坝梯田农文旅融合发展建设项目、旅游环线梯田景区建设项目等有序推进;积极推进梯田周边房屋风貌改造和文化保护,在统一风貌的同时,完整体现哈尼梯田的古种、古法、古貌、古文化,给游客原生态的体验。另一方面,深挖民族文化资源,以哈尼长街宴、仰阿那、开秧门等民族传统节日为载体，广泛开展参与度高、群众受益面广的民俗活动和群众文化活动，融合传统与创新，让非物质文化遗产活跃在群众生活中，为乡村旅游发展注入文化"灵魂"，让游客时时感受到浓浓的民族文化、梯田农耕文化气息。红河县具备大量产业资本，但仍存在后劲不足的问题，尤其是产业同质化、散小化现象较为显著，这一点调研时县农科局工作人员尤为关注。

产业散小弱，同质化，你种什么我种什么跟着风，然后大家一起种的结果就是全部都没价。

图 6-1　红河县人参果种植基地

（三）以公共服务建设提升生活水平

乡村在承担特色产业发展职能的同时，也承载着地方居民的社会生活，红河县着重从以下几个方面开展公共服务。第一，推进城镇基本公共服务常住人口全覆盖。实施义务教育"两免一补"和生均公用经费基准定额资金随学生流动可携带政策，统筹人口流入地与流出地教师编制。允许在农村参加的养老保险和医疗保险规范接入城镇社保体系，加快建立基本医疗保险异地就医医疗费用结算制度。第二，提升城市公共服务水平。吸引企业和社会力量投资建学办学，统筹新老城区公共服务设施以及社区服务综合信息平台规划建设，优化社区便捷生活服务圈，建设多层次养老服务体系，健全城市应急指挥体系。第三，提升基础设施水平。加强各村公共供水、道路交通、燃气供热、信息网络、分布式能源等市政设施和教育、医疗、文化等公共服务设施建设。推进生活污水垃圾处理设施全覆盖，提高垃圾资源化、无害化处理能力，加快重点村落垃圾收集和转运设施建设等。然而，红河县公共服务建设水平还有待提高。红河县宣传部相关工作人员表示：

> 公共设施方面，还需要改造，包括医疗卫生和公共服务。现在厕所革命，我认为操之过急，现在你正常的排污口的沟都没做好，你叫老百姓做一个改造。我认为我们这个是全省，包括全国的一个统计，农村的基础设施这块总的还是比较差。我建议在乡村公共服务设施方面，还是要改。

第三节　外部参与：市场主体的行动介入

乡村的新内生实践离不开外界社会主体和市场力量的行动介入，需要市场化活力和社会活力的充分涌入。① 在此背景下，国家政府深入推进"放管服"改革，在精简政府职能的基础上，将部分职能向社会组织和市场力量转移，使之更加适应社会主义市场经济发展要求，更好地激发市场活力和社会活力。乡村建设的新内生实践也越来越需要加强地方社区与外界行动者之间的协作，在充分挖掘本土资源和分析本土发展条件的基础上，与外界展开对话。

---

① 周晓虹：《产业转型与文化再造：特色小镇的创建路径》，《南京社会科学》2017 年第 4 期。

一　产业集群：聚焦地方特色的业态打造

特色产业是红河县实现乡村振兴的动力引擎。特色产业本质上是一种基于特色定位和发展规划的产业集群，不同于传统工业中的产业集群，这种产业集群更加强调通过优化资源配置实现创新和可持续发展。[①] 在红河县的新内生实践中，最为常见的做法是根据特色产业的发展定位和规划，邀请相关市场主体参与其中，与地方政府以及本地居民共同促进社区产业开发。在红河县乡村发展过程中，其特色产业发展主要定位在"文化旅游业"和"种植养殖产业"，并以此为主要脉络，吸引外部市场主体入驻。

（一）依托文化优势发展县域旅游业

红河县旅游业围绕打好世界一流"健康生活目的地"牌，打造一条环线两个景区，推进"东门马帮古城"创4A和"撒玛坝万亩梯田"创5A工作，秉承"以文促旅、以旅彰文、文旅融合、和合共生"思路，谋求文化旅游事业和产业同步发展。红河县旅游项目建设主要包含两点内容。第一，撒玛坝景区智慧化建设。对撒玛坝景区票务系统进行升级改造，完善网上购票、景区预约功能；完成景区地理基础信息测绘和手绘地图编辑，并改造景区标识标牌；提供智慧旅游软硬件搭建、支付结算服务等，推进"智慧旅游"信息化建设；完成撒玛坝景区大门改造、入口停车场建设、中心景区停车场及景区道路修建工程、给排水系统完善工程；哈尼民俗文化博物馆、长街宴购物街等基础设施建设持续推进和完善。第二，"半山酒店"建设。共谋划"康藤石头寨帐篷营地""苏红传统哈尼村落""红河县诺玛阿美养老中心""云上红河·哈尼文化庄园""尼美自驾车营地""哈尼蘑菇房"6个半山酒店项目。在宣传方面，红河县秉承文化搭台旅游唱戏思路，推进文化和旅游产品的互融互通，多次登上央视舞台，展示万亩梯田、农耕文化、长街宴、乐作舞等民俗文化，吸引各地游客前往。

---

① 盛世豪、张伟明：《特色小镇：一种产业空间组织形式》，《浙江社会科学》2016年第3期。

红河县旅游业升级开发过程中，在邀请相关学者、实务专家和本地居民制定产业发展规划的基础上，根据发展需要主要引入了以下类型的市场主体。一是文旅运营和管理公司。让专业的运营团队和技术人才负责古镇旅游的设计、开发、运营和管理等，相关活动凭借地方居民的力量通常难以完成，因此需要招募专业的运营公司或团队入驻。二是文创产业。随着产业结构的调整和升级，依托旅游业的文化资源而开发的文化产业的重要性也日益凸显。红河县招募了一批专业的文创开发企业和团队入驻其中，打造"竹编""布艺"文创产品。三是各类商户。无论是在景区内部还是在景区周边，数量较为庞大的人流量往往会催生相应的商业市场，需要吸引合适的商户入驻其中，激发当地的商业供给和市场活力。四是物业管理公司。随着社会分工的加剧，需要招募专业的物业管理公司负责景区旅游业中的相关管理事宜。

（二）基于生态优势发展种植养殖产业

种植业方面，红河县属传统的山区农业县，种植业占重要地位。红河县粮食作物以稻谷、玉米为主，经济作物以甘蔗、香蕉、木薯为大宗，根据不同地域的生态情况发展特色产业。一是北部低山干热河谷双季稻、果、蔗、菜区，区域包括迤萨镇10个行政村（社区），海拔259～1471米，年平均气温19.8～22.2℃，气候炎热，终年无霜，年降雨量887.3毫米。农作物一年两熟或三熟，复种指数189%。耕地集中连片，土层深厚，自然肥力较高。随着上游俄垤水库、红星水库的建成，水利化程度提高，灌溉条件改善，成为双季稻、冬早蔬菜和甘蔗、香蕉、木薯、杧果、荔枝、龙眼、木瓜等热带和亚热带经济作物主产区。2005～2022年，区域内17万亩宜农荒山，已开发种植各类粮经作物52384亩，甘蔗、木薯、香蕉等经济作物已基本成为支柱产业，农业发展前景广阔。

二是北部中半山稻谷、大豆、花生、蔬菜区。区域包括甲寅、石头寨、宝华、乐育、大羊街、车古等的27个行政村，海拔1200～1600米，年平均气温15.5～19.8℃，年降雨量873～1300毫米。土壤肥沃，水利条件较好。海拔1300米以下的稻田适宜种植杂交稻、蓄养再生稻，变一年一熟为两熟，

海拔 1300 米以上的稻田多为一年一熟，旱地多为一年两熟，复种指数
167%。此区域田地远离村庄，坡陡路窄，劳动强度大。主要灾害为低温冷
害和春旱，为红河县粮豆主产区，适宜种植粮食、大豆、茶叶、花生、木
薯、芭蕉芋、蔬菜和柑橘、桃、柿、梨等，是红河县木薯和芭蕉芋产业重
点开发区。

三是北部高山粮、棕、茶、果区。区域包括阿扎河、宝华、乐育、浪
堤的 22 个行政村。海拔 1600～2000 米，年平均气温 11.9～15.5℃，年降雨
量 1300～1500 毫米。气温低，湿度大，热量不足，旱地土壤瘠薄，水土流
失严重。稻田一年一熟，部分旱地一年两熟，复种指数 135%。主要灾害为
冬春干旱和秋季低温冷害。为玉米、大豆、陆稻、小麦、棕、茶、梨、马
铃薯、荞主产区。

四是南部中低山水稻、旱粮、茶、果区。区域包括阿扎河、洛恩、垤
玛、三村的 22 个行政村。海拔 1000～1600 米，年平均气温 15.6～18.9℃，年降雨
量 1500～1650 毫米。灾害多为低温冷害和洪涝。土地肥力差，水土流失严
重，稻田多为一年一熟，部分旱地一年两熟，复种指数 147%。芭蕉芋、冬
早蔬菜生产潜力较大。

五是南部中半山水稻、玉米、棕、茶、林果区。区域包括架车、垤玛的
10 个行政村。海拔 1600～2000 米。年均气温 13.4～15.6℃，年降雨量 1550～
2000 毫米。主要灾害为秋季低温和洪涝。森林较多，土壤浅薄，水土流失严
重。耕地多为一年一熟，部分旱地一年两熟，为稻谷、玉米、茶叶、荞子产
区。提高粮食单产和发展用材林、棕、茶、果潜力较大。

养殖业在农村经济中占重要地位，列为红河县扶贫经济开发的八大产
业之一。1978 年以来，红河县贯彻落实国家各项农村经济政策，大牲畜折
价到户，取消生猪派购，纳入市场管理；引进畜禽良种，推广科学养殖；
开发青贮饲料、氨化饲料，推广配合饲料；加强疫病防治。养殖业连续 27
年获得持续快速发展，基本形成"三分天下有其一"的格局，成为增加农
民收入的支柱产业。畜类主要有黄牛、水牛、马、骡、驴、猪、羊、兔、
狗等。禽类主要有鸡、鸭、鹅、鸽、火鸡等，有肉型、蛋型、蛋肉兼用 3

种，多分散饲养。有鱼类 14 种（亚种），分属于 4 目 6 科 5 属 7 种，其他科
1 属 2 种。另外，当地农民有养殖蜜蜂（本地土种）的习惯。

二 多元介入：市场行动者的类型与方式

从行动者类型角度而言，参与到红河县新内生实践中的外部主体主要
包括市场化取向的企业与商家、社会组织以及各种类型的技术人才、劳动
力人口。市场化取向的企业与商家是激发红河县乡村发展中市场化活力和
商业活力的关键，社会组织承担着社会服务和社会福利资源输送的重要职
能，各种类型的技术人才和劳动力人口则是乡村建设所必需的人力资源。
这些类型丰富的外部主体在行动介入的同时，也为乡村建设带来了类型丰
富且体量庞大的发展资源，构成了新发展阶段乡村振兴的实践基础。

（一）企业与商家

各种类型的企业、商家作为市场经济的重要组成部分，也是激发市场
活力的关键。在红河县，外部介入的企业与商家大部分是与"特色定位"
的发展规划息息相关，具体而言，介入红河县乡村建设中的企业与商家主
要包括以下类型。一是开发建设类。此类企业与商家主要负责乡村的开发
建设项目，包括基础设施建设、软硬件设施提供等。二是运营管理类。此
类企业与商家主要负责乡村的平台建设，例如旅游业和种养殖业的运营管
理、日常经营管理、物业管理等。三是市场经营类。此类企业主要依托乡
村的市场平台和营商环境，进入乡村后通常会开展自主性的经营行为。不
同于传统的外生发展模式，乡村发展的新内生实践中尤其需要注意外部市
场主体介入后的利润获取，以保证市场主体介入的可持续性，并且在这种
内外部的合作共生关系中，完成资源输入与资源输出的再生循环。

（二）社会组织

由于乡村振兴更加强调地方社区的整合性发展，因此在传统的企业、
商家之外，社会工作机构等类型的社会组织也成为乡村发展中的重要行动
参与主体。就外部参与而言，其中最为关键的问题是需要加强"内外共

生"关系的建立。这首先需要筑牢内外部主体之间的合作基础，不能盲目引进外部行动主体，而是需要根据各村落的实际需求，有选择性地引入；其次是需要统筹协调本土资源与外部资源，需要在整合内外部资源优势的基础上，使二者共同参与到社区发展实践当中；最后则是要注意外部市场主体在乡村建设中的利益诉求，需要将外生发展模式中单向度的援助关系拓展成为一种互惠性关系，[①] 保证外部行动主体介入的持续性。

（三）技术人才和劳动力人口

乡村振兴离不开各类技术人才的加入，人才水平也要随着乡村发展水平的提高不断提高。对此，红河县委组织部就人才振兴采取一系列措施，制定侨乡英才计划。侨乡英才计划每年都通过特殊人才的招募引进硕士研究生，将其安排到重点岗位、布置重点任务去进行锻炼，然后给予其可以低价租赁的公寓。另外，2022 年有 100 多名返乡大学生、退伍军人进入红河县村两委班子。2022 年末，红河县实行了村级"大岗位制"，使得村级党总支书记的年龄年轻化，村党总支书记平均年龄为 40 岁。同时，每村培育 5 名明白人或带头人，作为产业发展储备人才，定期与高校开展交流合作，学习管理、技术、政策知识，并带回村庄。

三　筑巢引凤：外部市场主体的介入路径

新发展阶段的乡村振兴离不开外部市场主体的行动参与，就外部行动者的介入路径而言，红河县主要通过"筑巢引凤"的方式实现，即先搭建好乡村发展的实践平台和整体架构，再根据各村落的实际选择所需要的外部行动主体。[②] 就外部行动者具体引入方式而言，主要包括以下三类。一是由当地政府出面，直接以招商引资的方式邀请各种类型的企业、商家入驻，或者以项目制发包的方式，直接对外购买服务。二是通过地方社区内

---

①　Ward, N., Atterton, J., Kim, T. Y., Lowe, P., Phillipson, J., & Thompson, N. *Universities, the Knowledge Economy and Neo-Endogenous Rural Development*, University of Newcastle, 2005.

②　熊正贤：《从失序到有序：旅游特色小镇竞合博弈与空间秩序优化》，《改革》2022 年第 10 期。

部企业商家、社区居民等已有的社会关系网络，与外界市场主体建立联系。三是外部行动主体自主入驻。在信息传播高度便捷的数字时代，很多企业、商家以及社会组织也会因为红河县所提供的优惠性政策、良好的区位条件、营商环境以及市场规模而自发地与地方社区建立联系。

在招募外部市场主体，形成内外共生的合作关系的过程中，政府所扮演的角色和所承担的职能同样需要予以重视。一方面，政府是对外招商引资的重要主体，也是红河县向外争取资源的重要窗口和平台。但另一方面，在政府主导的招商引资模式下，红河县乡村发展过程中的外部主体介入难免具有一定的政策导向，不能适配自下而上的社区发展需要。因此，也应当赋予地方社区在招商引资和链接外界资源上的足够自主权，以此保证外部行动主体介入的有效性。但地方社区和本地居民在了解社区发展实际需要的基础上，并未掌握足够的政策资源和沟通渠道，难以凭借自身力量与外部行动主体建立联系，这造成了社区发展实践和国家政策实践之间的脱节，制约乡村的深入发展。

乡村振兴的理想模式是，鼓励地方社区和本地居民根据乡村建设的实际需求，确定所需要链接的特定目标对象或大致范围，然后由国家政府协助地方社区链接外部资源。简言之，需要将地方社区自下而上的主体实践和政府自上而下的政策实践有机结合，将各种支持性政策转化为切实的人才吸引力，共同拓展乡村振兴新内生实践的超地方行动者网络，更好地满足乡村建设的实际需求。其中还需要注意的是，要进一步深化"放管服"改革，打破基层政府与地方社区之间的壁垒，简化相关审批程序。基层政府应当及时响应乡村建设中的社区需求，在引进所需要外部市场化主体时，增强优惠政策的灵活性以及优惠政策与优惠对象之间的适配性，提高乡村建设的吸引力。

第四节　网络联结：多向度的超地方实践

新发展阶段的乡村社区建设在本质上是一种以地方社区为基本单元而

展开的新内生发展实践，并以此实现"国家－市场－社会"力量的互嵌和协同。新内生发展实践反映出一种"上下联动、内外共生"的发展思路，而"国家－市场－社会"的三方互嵌则直观反映出乡村社区建设过程中的关系格局，① 这种关系格局在新内生发展实践中表现为多元行动者网络的建构。这里的多元行动者既包括代表国家力量的层级治理部门，也包括代表市场力量的社区内外部企业、商家以及劳动力人口等，还包括属于社会力量的基层自治组织、社区居民以及各类社会组织等。尤其是社区村居委员会既向下传递国家行政体制的影响力，也向上反映基层群众的利益和诉求，在多元行动者网络中发挥着重要的枢纽作用。乡村社区的新内生实践正在从传统的地方实践向现代的超地方实践转变，而传统的地方性行动者网络也在向新型的超地方行动者网络转变。②

　　所谓新内生实践的超地方行动者网络，是指以地方社区为基本单位，在实现社区内部主体整合的基础上，建立起与层级政府以及外部多元行动者之间的合作关系，并通过协商机制实现各个行动主体之间的联结，以此打造"上下联动、内外共生"的行动者网络。建构超地方行动者网络的前提条件在于社区居民、国家政府以及市场主体的行动参与，其关键则在于通过有效协商将上述多元行动者整合成协同网络，并且实现行动层面的耦合，共同推进乡村社区建设。不同于传统的外生发展模式，新内生实践中的外部行动者介入并非单向度的资源输入，而追求的是内外部主体以及层级政府之间基于利益整合而实现的合作共赢。③ 超地方行动者网络的缔结实际上也是一个由浅入深的过程，需要在乡村社区建设的新内生实践中逐步完成。

---

① 周庆智：《政社互嵌结构与基层社会治理变革》，《南京大学学报》（哲学·人文科学·社会科学）2018 年第 3 期。
② 张文明、章志敏：《资源·参与·认同：乡村振兴的内生发展逻辑与路径选择》，《社会科学》2018 年第 11 期。
③ Gkartzios, M., & Scott, M. "Placing Housing in Rural Development: Exogenous, Endogenous and Neo-Endogenous Approaches," *Sociologia Ruralis* 54 (2014): 241–265.

一 "国家 – 市场 – 社会"的角色分工合作

（一）政府："幕后搭台"

政府在红河县乡村社区建设的实践历程中始终扮演着重要角色，但具体角色和职能分工也发生了一系列的转变，经历了从"政府包办"到"放权市场"再到"政府搭台"的转变。地方政府虽然也会以市场化的方式参与到乡村社区的新内生实践之中，但主要是扮演宏观调控者、政策制定者、平台搭建者以及中间协调者等角色。具体而言，中央、省、市各级政府主要负责乡村社区的布局设计和宏观调控工作，并且根据上级部署安排和乡村社区建设的实际需求，制定相应的优惠政策，联系相关部门和地方政府共同开展相应的基础设施建设。[①] 红河县地方政府作为乡村社区新内生实践中的直接参与者，需要根据乡村社区的实际情况和资源条件，在联系本地居民以及其他市场主体的情况下，组织乡村社区申报工作，并且需要在乡村社区建设过程中，向上反映乡村社区发展的现实需求，帮助乡村社区争取足够的资源和政策支持。同时，红河县地方政府还需要负责协调层级政府之间、政府部门之间以及"国家 – 市场 – 社会"三方主体之间的关系。如果把乡村社区建设的新内生实践比喻成"舞台剧"，那么政府不再直接"登台唱戏"，而是开始从"台前"走向"幕后"，将舞台空间交给市场主体和社会力量。

（二）地方居民："前台唱戏"

红河县地方社区作为乡村社区的主要实践场域和实体空间，作为"集合"的地方居民实际上构成了乡村社区新内生发展实践中最为核心的行动主体和利益主体，但作为"个体"的地方居民在乡村社区建设的不同时期，通常也扮演不同的角色。在乡村社区建设之初，甚至是尚未开始的时候，主要是部分积极性较高的社区骨干精英参与到乡村社区的申报和规划工作

[①] 杨志、魏姝：《政策爆发：非渐进政策扩散模式及其生成逻辑——以乡村社区政策的省际扩散为例》，《江苏社会科学》2018 年第 5 期。

当中，在其中扮演地方社区需求以及发展条件反馈者的角色。红河县在乡村社区申报工作完成之后，围绕"一村一品"建构开展一系列具体项目，这些工作将在很大程度上依赖于地方居民自下而上的策划、动员、组织以及执行，同时也需要当地居民在实践过程中及时反映乡村社区建设中的实际状况、困境与需求，以方便政策调整和更新。同时，随着社会分工的加剧以及地方发展条件限制，乡村社区建设中的发展行动很多时候单凭地方居民的力量无法开展，此时，还需要地方居民主动通过各种正式或者非正式渠道获取政府和外部资源。总体而言，地方居民是红河县乡村社区新内生发展实践这场"舞台剧"的主角，需要在国家政府所搭建的舞台上，推动剧情的展开。

（三）市场主体："共同出演"

市场主体在红河县乡村社区新内生实践中的重要性也日益凸显，是激发乡村社区发展活力的重要力量。[①] 具体而言，市场主体通常会通过政府的招商引资等方式入驻红河县，并在乡村社区的整体规划之下从事产业生产、商业经营等市场活动，在充分利用红河县现有资源的同时，也极大地丰富了红河县的产业结构，促进红河县农业、养殖业、制造业等的发展。图6-2为红河县库博农业热区水果种植基地。总的来说，红河县共有5000万元以上项目数十个。例如农业方面，红河县沣圃园养殖有限责任公司、红河县库博农业发展有限公司、云南红河酷爱哈尼梯田产业发展有限公司等为红河县"一县一业"示范创建有序推进做出了重要贡献。工业、建筑业方面，红河县石膏矿整合重组取得突破，县属国资公司与持有矿权的多个公司签订了股权收购框架协议，建成县物流仓储冷链配送中心。此类产业的发展离不开市场力量的持续介入。

在红河县乡村社区的新内生实践中，外部市场主体不仅是特色产业发展和社区产业升级的重要力量，同样也带来了资金、技术、劳动力等丰富

---

① 李二玲、魏莉霞：《衍生、集群形成与乡村空间重构——以河南省兰考县民族乐器产业集群为例》，《经济地理》2019年第6期。

图 6 - 2　红河县库博农业热区水果种植基地

的发展资源。但客观而言，不同于外生发展所强调的"外部援助"，在新内
生发展实践中，外部市场主体其实是本地居民发展行动的主要补充，是乡
村社区发展实践中的重要协同者。不可否认的是，虽然在很多第二产业主
导的乡村社区中，不乏外来市场力量占据主导地位的情况，但为了避免上
一阶段乡村社区过度商业化问题的出现，新发展阶段的乡村社区建设既要
将市场主体的利益纳入考量范围，以形成其可持续的参与动机，但更重要
的是，通过特色产业发展带动地方社区发展，不仅需要通过带动就业提高
当地居民收入，还需要通过产业发展带动当地基础设施建设、文化发展、
生态保护等。① 因此，市场主体应当在国家政府搭建的"舞台"上，与地方
居民共同推进乡村社区建设，需要避免唱成商业发展的"独角戏"。

简言之，在乡村社区建设的新内生实践过程中，超地方行动者网络将
以地方社区为平台，共同围绕"特色定位"而展开参与实践。新发展阶段
的乡村社区建设是在国家政府的宏观调控和制度监管之下展开的，会根据

---

① 徐虹、王彩彩：《旅游特色小镇建设的取势、明道和优术》，《旅游学刊》2018 年第 6 期。

区域发展的实际情况和优势资源选定特色内容进行申报，并且会围绕"特色"制定一整套相对完备的发展规划。国家政府、市场主体、社会力量等多元行动主体在乡村社区的发展规划中都有着相对明确的角色定位和功能划分。因此，围绕乡村社区建设而展开的社区发展实践本身便为超地方行动者网络之间的主体整合提供了契机与平台，所需要考虑的更多的是如何在社区发展实践中围绕特色定位优化不同主体之间的协作方式，充分调动多元主体的参与积极性、能动性。

二　凸显特色：多元主体行动的"转译"实践

乡村社区的新内生发展在本质上是以社区行动者网络为载体的，新内生发展理论与行动者网络理论蕴含着共同的逻辑。新内生发展理论将农村发展视为不同层次发展要素相互作用所产生的综合结果，它着重理解地方要素与超地方要素在农村社会发展中的衔接和动态关联，既强调自下而上的发展行动，也强调通过整合外部影响来激发地方社会的发展潜力。行动者网络理论（Actor-Network-Theory，ANT）[①] 则主张构建和谐平等的网络，既分析多元主体从分散到协作的动态过程，又讨论其互动合作，主张通过利益相关化和各类正式或非正式规范建构行动者网络。强调多元主体参与、重视利益化解与共同合作、致力于达成异质行动者平等互动的状态，共同构成了新内生发展理论与协同治理理论的契合点，印证了二者不仅可以用来分析科学社会学的网络，也为我们构建和完善地方内部力量和外部资源的多元主体行动网络提供了一个新的思路——地方联结内外部力量，调和多元主体利益使其采取联合行动的过程，正是多元行动者通过"转译"（translation）建立超地方行动者网络的过程。作为"集合"的地方居民实际

[①] 行动者网络理论又称为转译社会学（The Sociology of Translation），在20世纪80年代初由卡龙（Callon）、拉图尔（Latour）及劳（Law）提出。这个理论原本旨在给科学技术提供一个新的思维角度，加深对科学技术的理解，因为在行动者网络理论看来，科学和技术涉及同一个过程。随后，它慢慢演变成一种围绕社会科学的一般社会理论，而不仅仅是技术科学理论。

上构成了乡村社区新内生发展实践中最为核心的行动主体和利益主体，通过各种正式或者非正式渠道获取政府和外部资源，建立超地方行动者网络。

作为行动者网络理论的核心，"转译"是缔结行动者网络的关键，反映行动者与网络相互作用的过程。[①] 从概念来看，"转译"是对行动者网络建构过程的一种描述，指核心行动者将其他行动者的问题和利益表达转换出来。从过程来看，"转译"可分为问题化、利益相关化、征召和动员四个环节，[②] 任何一个环节不畅通都有可能阻碍行动者网络的联结，进而阻碍社区协同治理的达成。将"转译"概念置于地方新内生发展实践中，表现为居民站在治理中心点，掌握上级政府和市场部门等主体参与治理存在的问题，并找到完成地方新内生治理实践需要解决的主要问题。接着，地方居民在满足各主体利益的基础上，通过各种手段将它们吸引到治理网络中参与行动，以编织平等互动的行动者网络，推进地方新内生实践。

（一）问题化：聚焦互动问题

问题化（problematisation）是指明确各类行动者需要解决的关键问题，并使核心行动者的问题成为"必经之点"（OPP）。问题化是"转译"行动的首要步骤，地方居民作为协同治理的中心纽带，必须具备洞察各方问题的能力。尤其是利益多样性造成主体问题各异，居民个体意识提升，居民间的陌生感、疏离感加深，参与社区事务的积极性不高；国家政府摒弃包办逻辑，采取市场化的方式开发建设乡村社区，以此调动社会力量参与，但其所关注和追求的更多的是"招商引资"，即如何吸引外部市场主体参与投资和开发建设，地方社区未能得到足够重视，其最终结果是乡村社区虽然经历了一段"野蛮生长"时期，但在商业资本的逐利取向下，很容易产生房地产开发的泡沫；在内生发展阶段，外部市场力量被忽视，未能充分

---

① Collon, M. "Struggles and Negotiations to Define What Is Problematic and What Is Not: The Sociology of Translation," in Knorr, K. D., Krohn, R., & Whitley, R. (eds.), *The Social Process of Scientific Investigation* (Dordrecht, Holland: Sociology of the Sciences Yearbook), pp. 197 – 221.

② 相关研究可参见 Callon, M. "Some Elements of a Sociology of Translation: Domestication of the Scallops and the Fishermen of St Brieux Bay," *The Sociological Review* 32 (1984): 196 – 223。

发挥资源提供者的作用，地方内部与外部的连接通道阻塞，以此遗留下来的是地方的无力感和市场的低效能感，市场未能进入地方发挥应有作用。作为核心行动者，地方居民必须平衡各方需求，取得让大家都满意的结果，以维持动态关系，否则就会失去上级支持、失去市场的工作配合。纵向来看，居民既要响应上级政策号召，又要争取自身权益；横向来看，居民既要依赖市场的资源支持，又要具备参与能动性。因此，地方居民实际上处于地方新内生实践纵向体制和横向互动的结合点上，也是联结自上而下政策实践和自下而上地方实践的关键，需要在深入地方实践的基础上，洞悉地方问题，协调多方思想，以此作为"转译"出发点，并在"转译"的必经之点搭建超地方的协商平台。

（二）利益相关化：明确主体需求

利益相关化（interessement）是指核心行动者根据其他行动者的问题和目标赋予其相应的利益。利益相关化旨在洞悉问题发生的根本原因，厘清相关利益主体关系。地方居民要想动员各行动主体产生合作，就要以满足它们利益为前提。居民在社区生活更多考虑社区秩序安定，上有政策保障，下有和谐邻里，追求生活稳定和谐。上级政府更多考虑政策合理性，是否能够解决居民问题，居民是否满意，自己的工作是否能够得到认可。市场主体特别是企业以经济收益为工作重心，但自身发展离不开社区居民的认可，同时如果能得到当地政府的大力支持，它们的业务开展会更顺利，于是在政策引导下市场主体为地方项目提供资金、场地、技术各方面支持，以维护形象、稳固根基。但在提供资源支持的同时，市场也希望得到地方的回馈，例如获得政策照顾、行政便利等。明确社区问题的过程也是在厘清相关利益主体关系，实现各主体需求的平衡将对"转译"过程产生直接影响。循此而言，地方居民在明确社区问题的基础上，要进一步推进利益相关化，满足多元治理主体的利益需求，激发其行动参与积极性。

（三）征召：联结行动主体

征召（enrolment）是指其他行动者被核心行动者招募到关系网络中。征召可以理解为将主体吸纳到网络中的手段，为主体参与网络建构提供前

提。地方居民依循地方实际情况、各主体自身定位、可利用资源，采取多
样化的方法吸纳行动者。根据设置的"转译"必经之点，吸纳主体参与地
方协商平台的搭建有以下两条路径。一方面，政府主导搭建。由乡村社
区新内生实践以及超地方行动者网络所具有的复杂性，其中协商平台的建
构也具有层次性和多元性。在红河县乡村社区的建设过程中，基层政府扮
演着重要的中间协商者角色，会在多元主体之间搭建起共同的协商平台，
以供多元主体之间协商使用。这种大范围的协商平台在乡村社区组织申报
与建设初期以及遭遇重大发展决策时使用较多，需要多元行动主体协商后
作出决策。而随着乡村社区新内生实践的推进，这种协商平台会逐渐下沉，
通常是由乡村社区建设中的各类组织群体搭建，以供内部协商或者组织之
间协商。红河县养殖产业公司负责人表示：

> 我们最初入驻的时候是政府招商引资过来的，不过我们都来自四
> 面八方，说实话我们来肯定也是为了能够赚钱盈利和企业发展，不过
> 这个盘子大了，人多了，大家想法难免不一样。很多时候大家都有各
> 自的想法，很难一起把事情干好。早期就是政府部门把我们喊到一起，
> 开门见山地谈想法，然后寻找共同利益，达成共识。开始确实主要是
> 政府部门在推动我们搞，说实话，刚刚开始的时候（乡村社区建设初
> 期）也只有政府担保我们才能放心。不过后面慢慢大家相互之间熟悉
> 了，很多时候不需要政府部门参与我们就能协商了，不过遇到大的问
> 题的时候，还是需要政府部门来主持。

另一方面，推动协商从非正式向正式转变。为了提高协商工作的规范
性和协商效率，乡村社区建设中的协商机制也不断建立健全，从非正式协
商向正式的制度化协商转变，这就需要地方政府、各类组织在协商机制中
承担重要的监督管理职能，为协商工作的顺利推进以及各协商主体的合法
权益提供规制保障。基于此思路，地方需要发展出适合本身的征召对策，
开拓治理思路，善用地方资源，为接下来的动员打下坚实基础。

（四）动员：鼓励地方参与

动员（mobilisation）是指核心行动者调动网络中的各种资源，促使其他行动者积极互动，使网络得以运行。动员阶段产生主体间的真正互动，被吸纳到网络中的主体发挥自身优势，利用各种资源，产生积极的合作，共同建立动态平衡的行动者网络。一方面，超地方协商平台建设。尤其是随着网络化、信息化、数字化趋势的不断加强，数字技术为超地方协商提供了便捷条件。乡村社区建设中的超地方协商需要妥善运用各类新型的数字技术，推动数字协商平台建设，通过"脱域"的协商平台将在场与不在场的行动主体联结起来。另一方面，超地方协商机制建设。协商决策的执行与落实也直接关乎乡村社区建设的新内生实践，需要建立健全相应的行动机制提供保障。更为关键的是，执行协商决策的现实情境具有不确定性，很多意图之外的非预期因素会对发展实践产生影响。此外，各个行动主体的利益诉求也会不断变动，既要把握多元主体之间具有长期性的共同利益，也要兼顾不断变动和调整的具体诉求。超地方行动者网络之间的协商结果能否得到贯彻落实不仅直接关涉乡村社区建设中的实践效果，还直接影响后续协商工作能否如期开展。若协商结果能够得到贯彻落实，多元主体指向行动的信心以及指向彼此的信任将会得到巩固，反之，信心和信任都会受损，协商决策的执行过程实际上本身也是多元主体之间在行动层面加以磨合的过程。

对此需要加强协商机制的灵活性，建立健全乡村社区建设过程中的意见反馈机制，以为多元主体能动性的发挥留出足够的韧性空间。多元主体在实践过程中能够及时了解、反馈最新信息，并据此做出新的安排，进而能够实现在不确定性情境中的动态调节。这意味着，乡村社区建设新内生实践中的协商机制不再是单次的、静态的协商决策，而是持续性的动态协商过程。当然，协商结果的贯彻落实同样离不开政府在其中发挥必要的作用。例如，政府需要对红河县乡村社区建设过程中重大事项协商实践的进度加以调控，当多元主体产生重大分歧时，通常也需要政府力量的介入。各主体在利益得到满足的情况下展开协同行动，行动者网络也就基本建成。

乡村社区的新内生实践离不开超地方行动者网络的参与，但这些内外部行动主体在实践过程中也通常有自己的利益需求，如何整合多边需求和利益，成为构建和维持超地方行动者网络的关键，而这主要基于多边行动者之间的协商沟通实现。尤其是新内生实践较传统的内生发展和外生发展，更加强调"上下联动、内外共生"，这种共生关系虽然需要政府力量从中推动，但其实现可持续的关键则在于党建引领，多元主体共生的关系形态的建立，不同行动主体能够在共同的乡村社区新内生实践中既各取所需又合作共赢。就此而言，实现超地方行动者网络协商和利益整合的关键之处主要包括以下几个方面：一是加强超地方协商平台建设，拓宽协商渠道和协商机会；二是加强超地方协商机制建设，为协商工作的规范化、高效化以及多元主体的合法权益提供规制保障；三是加强协商实践推进工作，并建立健全相应的动态调节机制。

第七章 结构层面：构建高韧性的治理体系

　　我国当前社会的主要矛盾已经转变为人民日益增长的美好生活需要和不平衡不充分的发展之间的矛盾，这同时也为中国特色社会主义确立了新的历史方位。其中，社会治理体系与治理能力更在其中发挥着促成中国式现代化的关键作用，渐趋多样且日渐复杂的基层样态已然超越了简单线性的行政主导管理模式的效用范围。因此，尽管全国各地的治理实践已经在自身的发展过程中形成了特色，但是随着社会治理样态的愈加复杂化、动态化以及治理问题的愈加多样化、叠加化，不仅如今的顶层治理框架需要更新，实践策略需要调整，同时也对多方主体、要素之间的协同联动提出了新的更高水平的要求。鉴于此，建构一种以"高韧性""强韧性"为基础的治理体系自然也就成为应对现实困境的有效路径，以使社会治理机制在面对不确定、不稳定和不可预测社会问题的冲击时仍然能够快速应对，同时能够在短时间内恢复至正常状态。[①] 其中，"韧性"从拉丁语来看意为"回弹"（bouncing back）或反弹，随着词义的演化，在后续的发展过程中或是被理解为"社会系统吸收干扰并迅速恢复至原有功能的弹性"，又或是"根据现实的动态变化对主流发展叙事进行调整的灵活性"，再或是"在现有发展水平基础上向更高层次做出的跃升"。[②] 概括来看，各种不同的思路共同指向系统遭遇阻滞后所面临的多重复原能力，在面对外界"未预期"的因素扰动时，能够通过即时、主动、灵活的应对策略，维持自身的良性运转。正如洪科斯所言：社会结构是否能够在高度未知的环境下创设形成

[①] 周园：《高韧性社会：应对不确定危机的八种能力》，中译出版社，2021，第22页。

[②] Lampel, J., Shamsie, J., & Shapira, Z. "Experiencing the Improbable: Rare Events and Organizational Learning," *Organization Science* 20（2009）.

以韧性为中心的社会模式将成为是否能成功开启"新纪元"的关键要义。①
本章则主要基于云南省红河县的实地做法，系统总结其构建韧性治理体系
的主要模式。

第一节　机制建设：以共治为核心的协同治理

推动形成高韧性的治理体系无疑是为了促使社会系统的运转变得更加
稳固和有序，尤其是进入全新的发展阶段以来，社会治理责任渐趋显著，
这同时也对政府的统领作用提出了新的要求。如何通过组建制度化的协商
渠道与联动平台，进而强化对基层社会主体的支持培育，发挥基层社会主
体在多方治理和服务参与等方面的效用，成为现实所需。所以，相较于传
统的管理逻辑而言，协同治理作为社会治理创新体系的核心环节，主要目
的便是促成国家与社会各方主体要素的良性互动与均衡发展。而且事实已
经证明，这种基于公开平等、互动协作原则的善治策略同时也能够调动治
理对象的积极性、主动性和创造性，从而最终促成共建、共治、共享的治
理新格局，充分实现和谐有序的治理目标。

一　完善制度体系，发挥多元治理能力

没有任何行动主体能够拥有独自解决复合、动态问题所需要的所有行
动知识和信息，也没有任何行动者能够掌握所有主体策略和手段。② 因此，
倘若回顾以往的治理实践样态，其主要问题大体集中于以下两个方面：一
方面，制度体系不完善，大多数制度仅仅只有框架，而未得到相应的填补，
又或者是框架已经搭建，内容也相对齐全，但是始终无法得以完整地落实；
另一方面，制度联结程度不高，不同条线、部门之间的治理制度各自运转

---

① Juncos, A. E. "Resilience as the New EU Foreign Policy Paradigm: A Pragmatist Turn?" *European Security* 26 (2017).
② Peters, B. G. *The Future of Governing: Four Emerging Models*, trans. by Wu Aiming et al., (Beijing: China Renmin University Press, 2001), p. 68.

虽然良好，但彼此之间缺乏相应的关联性，甚至还会出现彼此之间相互矛盾、冲突的情况。唯有创新治理体制机制才能促成治理逻辑与服务逻辑的相互补充，国家资源与社会资源的相互整合以及政府引领与社区自治的相互结合，最终实现国家治理体系与治理能力的良序进步与稳固发展。具体而言，红河县主要是从以下几个方面展开行动。

（一）打造协同规范，保障基层善治

通过对基层主体、情境、资源等多元要素之间相互关系和互动方式的梳理、建构，红河县协调整合相关政策、法律法规及其他规范性文件，经过提炼、总结、磨合和调适最终构建了一个符合基层实际、彼此联动互助、具有本地特色、内容逻辑严密的协同治理制度体系，为推动基层社会治理体系运行规范与功能优化提供了保障。具体而言，红河县根据《红河县机构改革工作实施方案》和县政府优化机构改革的要求，按照"职能到股室、职责到人员，对上强衔接、对下强服务"的思路，及时调整领导班子成员、股室机构设置及人员分工。积极探索创新村级事务管理模式，至此，政府在其中虽然占据主导地位，但不再是唯一的权力核心，多方主体也将凭借自身优势同政府一道履行社会服务权责。[1]

（二）创设联动机制，整合主体力量

如果说协同规范制度的建立回答了各治理主体之间、治理主体与治理客体之间是通过什么样的手段与方式产生联系并开展良性互动的，那么联动机制的确立则保证了具体的实践成效。联动机制涉及的方面主要包括：各治理主体之间参与社区建设合法性的相互认同；动员、介入、资源支配上的相互信任；基于分类社区事务治理的责任划分与行动协调；等等。例如红河县就依托农业公益性服务体系建设，做好农业社会化公共服务，支持农村合作社与农业社会服务组织、多方农务主体联动，在农技指导、机耕机收、统防统治、种苗繁育、加工储存、产品营销等方面提供服务。调研过程中，红河县本地农业社会组织的工作人员就表示：

---

① 郁建兴、任杰：《中国基层社会治理中的自治、法治与德治》，《学术月刊》2018 年第 12 期。

我们最初属于民间自发组织，更多依托周围乡亲、朋友口口相传，介绍承揽一些当地农户的耕种、收割业务，虽然随着组织规模慢慢做大，业务量逐渐上来了，但是由于我们这帮人没什么经营头脑，所以对未来究竟向何处走，如何走并不存在清晰的规划。很幸运的是，在政府的宣传和引介下，尤其是把不同类型的组织、企业、专家号召在一起，献计献策，相互合作。以至于今天我们在国家和政府的支持下逐步形成了一整套完备的组织发展目标，更重要的是能够为当地农业发展，为当地农民做出些微薄的贡献。

可以说，正是在政策扶持和服务购买等措施的支持下，围绕当地农业生产而建立的相关社会组织不仅降低了日常的运营成本，而且还极大地增强了自身的组织生命力和可持续性。在社区层面，红河县政府的角色则由公共服务的直接提供者开始向公共服务的购买者和发包者转变，市场部门、社会部门在社区服务递送中的合法性开始得到确认，政府组织与非政府组织的信任机制开始建立。这些做法都有利于多边对话机制的构建和社区主体协作的进一步推进，也为同类型的社区治理实践提供了有益参考。

（三）健全监督体系，精准服务群众

置身于数字化时代，信息公开已然成了居民参与社会事务、维护个人权利的核心基础。红河县政府在政府门户网站、社区公开栏等地方主动公开社区工作中相关法律法规规定应当公开的治理信息，为居民提供了解政府等治理主体具体社区工作内容及其成效的途径，同时接受基层党组织和居民群众的监督和质询，主动邀请社区居民对基层政府和其他治理主体的工作进行民主测评，检验社区治理工作的质量和成效。让居民推选代表组成社区居民监督委员会，在党委领导下发挥监督职能，从各方面对社区工作进行监督，并依据实际提出意见、建议或批评，规范社区治理主体的工作，有效提升村级事务决策、管理的民主化、科学化水平，推动基层事务管理全程阳光化。在基层村级层面，建立"所有决策村民定、所有讨论可参与、所有决定都签字、所有干部不碰钱、所有财务均公开"的"五个所

有"机制。同时建构法律法规、村规民约、家规家训"三规协同"的有效治理新途径，协同推进社区治理，旨在打造法治、德治、自治"三治一体"的社会治理新模式。此外，充分发挥"熟人社会"集聚效应，借助乡贤所在自然村组威望高、人脉广的优势做实群众工作。红河县积极推进农村新型社区建设，在有条件的集镇加大对村级社区党群服务中心、商贸中心、文体活动场所、停车场、农村养老等公共生活空间的投入，纳入餐饮、休闲、交流互动等功能，不断满足村民休闲、娱乐、消费等多方面需求。在此基础上，还以当地原有建筑修缮扩建及新建筑建造为重点，彰显哈尼族、彝族、傣族和瑶族等少数民族文化特色的外在风貌和内在底蕴，借力集聚优势资源，结合产业优势，联系企业开展"帮扶共建"，为村民增加就业岗位，加速村级经济发展。借才实施精准服务，安排有经验、特长的乡贤跟进项目招投标、土地整理等项目，实施全程监督，精准服务群众。

二 培育社会力量，整合基层服务资源

除了完善制度体系之外，对核心主体力量的培育同等重要。特别是不同的治理主体在来源、层次、结构、内容等方面存在相当程度的差异性，只有提升多方治理主体的聚合效能，促进多元组织间的功能整合，才能更加精准地回应社会诉求，处理好社会分歧与矛盾，维持社会公平正义以及发展的长治久安。正是在此前提下，红河县积极培育众多社会性、公益性、服务性的社会组织，让民间力量释放出来并融入共同治理行列中，同时全面发挥民间社会力量的管理作用，建立起相应的自律性运行体制，调动主体力量的主动性，有效拓宽社会力量参与力度以及参与范围，最终为公共空间的营造提供基础补充。

（一）重视人才培养，夯实专业基础

红河县关注本土化人才培养工作，强化乡村振兴人才支撑，实施乡土人才培养工程，结合当地发展需要开展相应专业化培训和干部培养工作，提高基层干部的人岗适配性，提升人员综合素质和专业能力，为县域发展提供人才保障。在人员培训方面，立足"学"与"实"，注重专业化培训，

利用县内专家工作站和"明白人、带头人"培训基地平台，梯次培养产业种养、电商经济、旅游服务、农业社会化服务等专业人才，打造出一批素质优良、能力突出、群众满意的人才队伍。红河县委组织部工作人员表示：

> 县委、县政府着眼于加强和改进全县人才工作，制定《红河县"十四五"人才发展规划（2021—2025 年)》，出台《关于加快推进乡村人才振兴的实施方案》《红河县"侨乡英才"人才激励方案（试行)》《红河县县管专家管理服务办法》《红河县县级领导干部联系专家人才办法》等，进一步完善人才政策体系，推动人才政策落地。

在源头上，注重教育考察识别，加强后备队伍建设，立足于"传"与"承"推进红河哈尼梯田文化传承学校与红河职业技术学院、云南文化艺术职业学院合作，开发彝族刺绣，傣族土陶制作、竹编工艺等地方民族文化特色课程，开设特色工艺班，健全立体式培养成长体系，培养基层急需的专业技术人才。此外，红河县积极探索职业教育学校毕业生"1＋X"证书制度，提高"双师型"教师比例，以期为人才培养提供坚实的教学资源支撑。

（二）缔结情感纽带，增强行动自觉

近年来，红河县积极探索人才培育与引进方式，重点通过体制机制吸纳、组织动员吸纳、价值理念吸纳等方式，从多个方面和角度积极推动各地方的乡村振兴事业，提高社会力量吸纳广度，增强区域建设的综合实力。首先通过体制机制吸纳，引入多元主体参与专业队伍建设，激发治理主体主动力，壮大社区治理力量。具体而言，以地方共同体为纽带，积极引导和支持农村致富人、基层干部、医务工作者、专家学者、技术人才等入村下乡，在家乡担任各类志愿者、投资建厂、开办学校、捐赠物资等。其次通过组织动员吸纳，建立各类人才定期服务乡村制度，引导、提倡、鼓励和聚集各类具备条件的技术人才在相关政策的引介下，主动进驻到农村相关企事业，同时保障其在职称晋升、薪资福利、劳动保障等方面的权益与权利。最后通过价值理念吸纳，即调动各级宣传部门、各类新闻媒体开展形式多样的宣传活动，积极宣传各地各部门推进乡村振兴的丰富实践，提振基层干部的服务精神，营造全社会关注、关心、关爱的乡村振兴氛围。同时广泛宣传"三农"政策方针以及乡村振兴战略任务。

（三）尊重首创精神，激发基层活动

红河县自始至终秉持尊重群众和基层首创精神的原则，在行动中鼓励先行先试、开拓创新，真正让广大农民群众成为乡村振兴的参与者、建设者和受益者。一方面，将政治标准放在首位，创新干部选拔培养机制。健全对基层乡镇公务人员、村党委书记、在村工作过的选调生等多种"英才"的遴选机制，重点选择干部队伍中组织能力强、公道正义、廉洁公正、积极热心为人民群众提供服务的党员担任基层干部。与此同时，积极推动村委带头人的整体优化提升。另一方面，将联动理念摆在前列，支持企业参与乡村人才培养。引导龙头企业依托原料基地、产业园区等建设实训基地，积极鼓励农村企业依托信息、人力、资金等多元优势帮助农民家庭创办"家庭合作社""集体小作坊""人才孵化基地"等，不断提高乡村产业内生发展动力。例如通过发展旅游，提高梯田红米、梯田鱼、梯田鸭、山地鸡等农特产品的销量和产品附加值，成立稻田养鱼、养鸭合作社，引导农户参与农特产品产供销并从中得到实惠。此外，红河县关注多元人才的培养创新，通过制度化手段支持地方乡村文化宣讲社团、文艺志愿者、非遗传承人和乡村旅游示范产业等，既丰富了乡村发展的基本面向，同时也极大地激发了农村人民的发展活力。

三 推动文化建设，激发社会协同活力

党的十九大报告强调，文化是一个国家、一个民族的灵魂。文化兴国运兴，文化强民族强。没有高度的文化自信，就没有文化的繁荣兴盛，就没有中华民族伟大复兴。[①] 推进社会治理体系和治理能力现代化建设作为一

---

① 习近平：《决胜全面建成小康社会 夺取新时代中国特色社会主义伟大胜利——在中国共产党第十九次全国代表大会上的报告》，人民出版社，2017，第30~31页。

项系统工程，必须不弃微末，其中文化建设作为核心环节，往往能够凝聚长效治理内生力量，为基层赋能，推动构建基层治理自治共治、群建群享新格局。具体而言，主要包含了以下内容。

（一）挖掘文化内涵，深化惠民工程

红河县关注社会文化活力的激发，以实际行动推动文化资源向基层倾斜，以此加快文化惠民工程建设，为偏远农村区域提供越发多元、优质的公共文化产品与服务。同时以此为基础适时建立基层文化需求反馈机制，推动公共文化服务向全社会开放，增加服务提供者的资格范围，持续提供"一站式""点单式"服务，将优质文化服务与居民文化需求精准对接，不断提高公共文化服务精准化水平。更重要的是，在此基础上充分提炼基层文化服务的品牌价值，提升品牌培育的精品意识，立足现实细节寻找品牌线索，通过个性发挥实现品牌创造，鼓励形成具备自身特色并且受到群众广泛认同的基层文化项目，以达到为民服务的文化目标。此外，强化"三农"主题的文艺品创作规划，引导、支持、鼓励文化工作者都能够推出真正反映出农业、农村、农民切实生产生活实践的优秀作品，在全县范围推广实施村级事务准入制，对村（社区）标识标牌、组织机构等事务实行准入制度，按照"全面规范、彻底清理、高效运作"的原则，实现村级综合服务站全覆盖，建立红河县涉村事项清单，切实减轻基层组织工作台账和考评创建工作任务压力，着力提升城乡社区管理服务水平。

（二）提升文化涵养，优化发展路径

发动社会各界力量在发掘文化优良基因的基础上引入新观念、新元素和新手段，合理配置文化资源、调适文化权力、规范文化走向，通过发展路径创新来带动城乡社区文化的推陈出新，继而实现本土社区文化在感染力、感召力等多方面的提升。在此过程中，红河县积极深度开展"三下乡"主题活动，根据农村自身的实际情况组织开展相应的文娱活动，充实农民精神生活；其次，以文化自信为基本宗旨，大力开展"明礼知耻·崇德向善"主题实践活动，广泛组织道德实践、文明讲堂、善行义举榜等活动，持续加大公益广告的宣传力度，引导群众讲道德、明是非、识美丑、辨善

恶，向真、向善、向美。在调研中每当提及当地文化建设，民众也都会流露出由衷的自豪感。洛恩乡村民就自豪地表示：

> 我们当地政府尤其注重挖掘传统的文化资源，例如远近闻名的《马帮·女人》便是长期以来打造的一部少数民族歌舞剧，这部剧的内容在真实地展示了我们红河县丰富多样的民族歌舞同时，也对传统的马帮文化、侨乡文化进行了歌颂，不仅引得外地游客驻足观赏，更是受到我们当地人民的喜爱。

可以说推动传统民间文化建设已成为红河县当地政府多年以来的工作方针，以民族文化"双百"工程为抓手，挖掘、传承和弘扬民族传统文化、革命文化、农耕文化，打造知名民族文化精品，推出知名的民族文化传承创新带头人。从国家意识形态、居民生活方式、文化产品生产三方面入手，一系列的行为举措都指向构建协调统一的城乡社区文化治理体系。

（三）强化民族特色，助力民族团结

在少数民族聚居区域形成团结友爱的氛围，推动民族文化创造性转化和创新性发展也是红河县地方工作的重点。在这方面，红河县政府则是通过打造一批体现时代特征、富有红河县特色、深受群众喜爱的精品力作，搭建群众文化展示舞台，组织少数民族文艺汇演、少数民族传统运动会、民族民间歌舞乐展演，以此为契机推动各类文化资源的流动，进而提升民族文化的凝聚力、影响力。在价值观层面，红河县则是始终坚持以中国特色社会主义核心价值体系为思想引领，以发扬光大中华民族优秀文化为核心，坚持价值先行、实践塑造、制度保证，采取真正契合于我国当前农村发展形态与发展特点的方式方法，以乡村公共文化服务体系建设为载体把社会主义核心价值观融入农村经济社会发展各个方面，培育和谐乡风、和谐家风、质朴民风，建设守望相助、勤劳质朴的文明乡村，并以此引导农民自我服务、自我监督、自我教育、自我提升。具体而言，红河县以先进家户为单元、先进村落为基础、先进乡镇为重点，不断深化基层文明社会

的自我创建工作，率先开展以新时代星级"文明家庭""先进个人"等为主题的活动，同时广泛开展"家风家训"宣讲活动，特别注重挖掘形式各异、各具特色的优秀文化资源，推动形成敬国爱家、相扶相助、和谐向善、共建共享的新时代家庭"新风尚"。根据本次乡村调查的结果来看，近90%的村民认为村寨中目前已经形成了互帮互助的集体氛围。

第二节　技术创新：以需求为导向的技术治理

党的十九届四中全会曾提出"建立健全运用互联网、大数据、人工智能等技术手段进行行政管理的制度规则"，并在完善社会治理体系方面增加了"科技支撑"的目标要求。[1] 二十大报告中更是指出，"加快转变超大特大城市发展方式，实施城市更新行动，加强城市基础设施建设，打造宜居、韧性、智慧城市"[2]。可以说，"技术的泛在化"（technical universalism）已将社会带入了一个崭新的形态中，这同时也预示着社会生活逐渐进入了一个由人类亲身设计并嵌入其中的一整套组织环境，这种全新的境遇也被形象地定义为信息技术环境。智慧政府治理以大数据、云计算、物联网、移动互联网等信息技术为支撑，通过对规模性、快速性、高价值性以及多样性的大数据资源进行实时感知，及时发现社会问题，并通过数据挖掘预测未来发展趋势，提高决策的科学性与准确性。因此与传统的公共决策模式相比，智慧政府治理决策模式和决策过程越来越趋向民主化、自主化、智能化、透明化和精准化。通过有序的信息数据流动，安全的数据治理以及共享，最终构建"以数据为准、用数据服务、靠数据说话"的完整运行机制。唯有如此，方能突破传统体制机制束缚，从而更好地适应当前人民群众对于高效精准政务服务和公共服务等的迫切需要。

---

[1] 中共中央党史和文献研究院编《十九大以来重要文献选编（中）》，中央文献出版社，2021，第280页。

[2] 习近平：《高举中国特色社会主义伟大旗帜 为全面建设社会主义现代化国家而团结奋斗——在中国共产党第二十次全国代表大会上的报告》，人民出版社，2022，第32页。

一　推动整体智治，优化政务办事效能

置身于信息通信时代，数据往往被视为潜藏着巨大价值的"石油"，而数字治理往往强调的是"用数据思考、用数据管理、用数据决策、用数据创新"。紧随时代潮流，积极推动数字赋能基层工作，搭建"一体化"多元应用场景，织密"微网格"治理体系，打造一网统管治理模式，推动政务互联、落实精准服务，实现基层治理更加智能化、科学化、民主化、精细化、高效化。

（一）以立体化数字建设完善业务体系

红河县积极推动治理业务与数字技术的深度整体融合，从数字技术空间反溯部门办事情境，同时按照整体式治理、跨界式服务等多元要求，对各个业务板块进行组织重塑与流程再造，[1] 形成以主体需求为导向、"一件事"视角为谋划、数字技术为保障、平台应用为依托、业务融合为内容的智能化、高效、跨场景应用系统，推动党务互联互通，提升组团式治理效能。一方面推动一体化应用场景建设，尝试将数字赋能的顶层设计与业务流程进行深度融合，以全局观念、系统思维构建贴近办事企业和群众需要的"一件事"式多跨协同应用场景，提高服务的及时性、精准性。另一方面探索创新型服务场景搭建，通过将线上线下资源整合、多项业务板块聚合，尝试将在场快速发现处置、在线高效协同、风险前置预警相结合，打造主动式、多层次、可复制的创新服务场景，以满足不同应用情境的多样化需求，促成公共服务需求与供给之间的精准匹配，优化治理模式、重塑治理流程。具体而言，红河县的智慧政务数字服务平台主要是以门户网站、政务视频号、政务公众平台和服务 App 等为表现形态，无论是何种工具，都将"人民中心、便捷高效、多元包容"作为核心理念，进而通过价值引领与组织重构，职能变革与形象再造，在数据驱动、治理结构、精准服务、

---

① 刘祺、罗浩明：《数字治理视野下机关内部"最多跑一次"改革的深化策略》，《领导科学》2021 年第 22 期。

在线监督等机制的保证之下，取得了良好的治理效能。

（二）以大数据力量疏通条块区隔

从本质上来看，在数字化治理建设进程中，现实因素也在阻碍着当地数字化治理进程，尤其是基层部门在资源统筹、信息共享等方面仍然存在部门利益、行业利益、本位思想等问题，各个部门擅长建立自身的信息化系统，却忽视了将信息化数据和成果整合到一起，未能充分发挥"统一行动、资源共享、高效协作"的整体性优势。虽然随着数字治理发展进程的深入，不少问题逐渐暴露，但是红河县仍然聚力整合实现数字治理系统性、模式化创新所需的人力、物力、财力，改变以往的条块分割和职能分立等问题，促进政务综合事项的统一协调与管理，从而避免使自身陷入功能重叠、多头治理等的政务怪圈的陷阱之中。具体而言，红河县将"云"计算、大数据等新颖的技术功能作为组织之间进行联系与沟通的基础工具，适时推动基层政务服务部门之间的共享、共担、共建，明确各职能部门信息共享与数据使用的边界及其权限，明确其对于相关数据所需要承担的权利和义务。

（三）以整体智治打通治理信息孤岛

公开建立社会治理信息资源的长效供给机制，在保证基础数据安全性和隐私性的前提下，探索构建政府机关和企事业单位的"信息资源清单"，最终建立"虚实结合"的整体性治理网络和"职能整合"的系统性治理机制。以系统为中心的数字政府通常能够凭借自身的组织资源优势有效消除政府内部存在的"数据孤岛"问题，持续促进整体的信息整合与资源共享，在稳固、安全、可控的基础上提升数据治理能力。红河县通过整体智治的方式，使得各层级部门在彼此信任、相互融合的基础上，通过电子信息技术进一步展开相应的交流协调、整合融合、协作互动等，从而帮助基层政务服务部门顺利实现治理形态转变。

二 强化智慧赋能，促进技术深度开发

"数字赋能"既是一个全新的主题，同时也是一个需要长期、持续贯彻

与坚持的议题。科技产业的持续更迭，数据驱动、人机协同、跨界融合、共创共享等理念接连涌现，更对数字治理提出了崭新的要求。

（一）以硬件技术联通多主体力量

为了积极落实国家政策，全国各个地区积极开发数字化应用场景以及App程序。很多"不成熟"问题也随之涌现，如功能不完备、流畅运行能力不足等。尤其是数字政务平台并非"一次投入"可"使用终身"，而是一旦运转起来，每季度的运营费用、技术维护费用、功能研发费用等都需消耗大量的资金，因为其需要不断更新迭代，否则平台相关应用可能会由于滞后而面临淘汰风险。红河县抓住新型基础设施建设站在同一起跑线的机遇，大力推动新型基础设施建设转化形成红河县后发优势，以更好地发挥数字技术功效。以数字乡村建设和政府基层治理为抓手，加快数字红河建设，着力推进5G、物联网、产业互联网、广电宽带网络等信息网络基础设施建设，深化大数据和云计算的应用，打造一批"数字生产线""数字车间""数字工厂"，构建更高水平、更加精准的服务机制，为公民提供智能化、便捷化的服务，满足公共服务供给差异化、标准化和高效化的现实要求，不断促进"互联网＋"技术向基层村落扩展与延伸，特别是增强偏远地区的综合服务水平和服务能力，使之始终保持系统性与联结性。

（二）以云端化平台发挥数据治理效用

鉴于数字治理实践中多出现的软硬件对接难问题，新技术软件只有和相关政务部门的前端程序进行对接，才能够顺利实现对所需信息的识别和查看，但由于不同部门所属的营运企业不同，技术标准设定不一，彼此存在差异，极其容易导致系统不兼容、不协调。由此，难以对不同层级、不同类别的数据进行整合。因此，在数字技术硬件运用过程中出现的标准差异，也逐渐成了基层社会治理发展数智化的一大障碍。针对上述问题，红河县按照"全系统、全数据、全要素"的标准进行调整，同时通过云端化治理将分散的数据与组织资源联结与整合起来，促成多样化信息资源的系统聚集，最终形成一整套不受地域限制、时空约束的全天候服务系统，实时感知并预测社会治理的综合运行态势。同时以"共建、共用、共享"的信息资源为基础，全面推进以城市监管、基础服务、安全督查、效能控制等功能为核心的数字化协同工程。

（三）以双向匹配推进场景开发与社会需求对接

从实际功效维度来看，电子信息技术的应用在为社会生活提供诸多便利的同时，也由于相关主体对老年人、残疾人等"社会弱势群体"的综合状况研判不充分，基础信息情况了解不充分等，导致数字鸿沟问题的出现。鉴于这种情况，基层政府通过侧面识别哪些问题群众的反映程度较激烈，哪些问题的发生频率较高，然后集中优势资源或人员予以调节。这种操作办法仅限于浅层次的问题应对策略，距离智能社会的组织目标仍然相当远。① 这就需要在现有基础之上进一步扩展，在已有数据支持的基础之上进行智能化的分析与判断，信息生成知识，再由知识辅助判断决策，甚而自觉做到将数字技术与社会价值理念整合。红河县数字技术运用过程中，坚持以满足人们的合理需求为中心，注重发挥以人为本治理的优势，以数字化聚合为中心，横向上涉及教育、医疗、就业等一系列民众关注的现实问题。纵向上则是贯彻政府引领、社会践行、各方联动的深度协同模式，实现数字治理在全过程、全方位、全领域融合，超越地理空间、技术条件、体制机制的阻隔和束缚，最终形成服务精细、行动高效的"共建、共治、共享"的乡村数字化治理格局。

三 树立人本理念，有效回应群众需求

随着社会转型步伐的加快，人民群众个性化的需求日益增多。但是当前数字治理主要以"核心效率"为中心而展开相应的工作，以数字治理标准替代民生服务指标，"政绩第一、效率第二、服务第三"的逻辑仍然存在。数字技术工具理性至上，不仅会造成基层治理人民本位价值理性的缺失，影响社会系统的活力和动力，甚至还会遮蔽多方主体自身的利益诉求及情感需要。

---

① 梁宇、郑易平：《大数据时代信息伦理的困境与应对研究》，《科学技术哲学研究》2021 年第 3 期。

（一）以联通思路变通治理举措

红河县转变治理思路，通过公共服务资源移动化、云端化、数字化促进各项公共服务事项的线上实时办理，科学对接和匹配民众的基本需求，让民众能够迅速了解和掌握一系列的治理信息，同时也缓解工作人员的压力。例如，持续完善"一部手机办事通""一部手机办税费""一部手机办低保""一部手机云企贷"网上政务服务大厅，积极探索"互联网＋安全服务""互联网＋纠纷处置""互联网＋社会治理""互联网＋法律咨询"等多种服务方式，显著提高乡村治理的数智化水平。

（二）以人本化理念促进数字融合

红河县将推进民众的切身利益需求的均等化视为数字治理创新的评判标准，加快"智慧社区"建设，积极运用信息化手段加强对易地搬迁安置点特殊困难群体异常情况的发现、预警，更有针对性地做好日常探访帮扶工作。探索将"人脸识别"等信息手段用于对独居老年人一天未出门、摔倒等情况的自动预警，提醒社区干部第一时间上门查看、提供帮助等，努力提高搬迁群众的获得感、满意度。加快信息化工作步伐，做实做细对特殊困难群体的帮扶、照护等工作，排查出重点人群，把照护措施落实到确保日常安全、生活保障上，千方百计避免意外事件发生。加强人口治理与服务的建设，适时调整外部迁移、流动人口的常态化管理与服务，完善立体化防控体系。总之，既强调数字治理的科学性又强调柔性治理的人本性，强调政府部门、社会组织、人民群众的沟通合作，追求利益最大化和道德最优化。

（三）以突破性思维拓展决策思路

红河县以信息公开透明为前提，从信息收集、信息加工、信息发布三方面入手，充分利用互联网信息技术收集、分析多方主体的建议诉求，充分运用集体的智慧。同时大范围收集多方知识与信息，快速精准地对信息进行处理，从而显著有效地保证决策的全面性和科学性。本次乡村调查的结论显示，有近95%的民众对村居委会的工作表示满意，有近80%的民众提出当前的就业和教育条件较为便捷。

第三节　集体应对：以互惠为方式的风险治理

习近平总书记在党的二十大报告中指出，"我国发展进入战略机遇和风险挑战并存、不确定难预料因素增多的时期"，"当前，世界之变、时代之变、历史之变正以前所未有的方式展开"。[①] 如何应对形态各异的社会风险，成为社区治理的重要任务，也是提升社区治理效能的关键。以人民为中心，回望历史是实现民族独立人民自由，立足当下是满足人民对美好生活的需要。坚持以人民为中心的发展理念，植根人民、服务人民，俯下身子，密切联系群众，厚植执政的群众基础，必须提升风险治理能力，形成共建、共治、共享的社会治理格局。更准确地把握群众需求及其变化，解决人民群众最关切最现实的利益问题，更好地了解可能存在的风险点，在风险源头预防破解风险，有助于社会安定有序、国家长治久安。

一　推动重心前移，提升风险防控能力

在推进体制创新的基础上，红河县致力于从具体的机制入手，通过机制革新推动传统的"补救性"应急管理模式向"预见性"风险治理模式转变。对此而言，需要在建立健全应急设施常态管理机制的基础上，打造网络响应机制和分析预测体系。

（一）建立健全应急设施常态管理体系

建构事前防范机制的有利之处便是在于得以有机会从源头出发对风险予以防范，进而减少紧急、危机事件所造成的危害。在此前提下，应急体制机制也应当趋向于普遍化、常态化发展。循此而言，应急准备机制构建的责任主体是政府，但又不能仅仅依靠政府，即制定应急准备机制需要政府主导，但也需要微观个体的落实与支持。因此，红河县从社区风险治理

---

① 习近平：《高举中国特色社会主义伟大旗帜 为全面建设社会主义现代化国家而团结奋斗——在中国共产党第二十次全国代表大会上的报告》，人民出版社，2022，第26、60页。

的实际需求出发，增加乡村社区尤其是发展落后的乡村社区的应急设施建设力度，尤其关注村民主体力量的调动，政社合力推进。同时建立健全社区应急管理设施的常态化检查和管理制度，将应急设施管理责任落实到具体单位和具体人员，明确相关职责。此外，红河县优化了基层风险治理和应急管理的监督考核方式，改变以往静态的例行检查和材料审查方式，通过开展应急管理演练等形式，动态检查应急管理设施建设。

（二）打造社区风险响应的数字网络

基层社区风险作为现代社会的基本要素，如何高效应对并有效化解是现代治理必须关注的问题。在部门治理方面，加强综合治理中心的数字化、信息化建设，及时发现、排查社区风险事件，并通过专业团队的有效研判，识别社区风险级别和需求，链接相应的部门资源，增强部门之间的协调、调配能力。在人员配备方面，加强网格员的"触手"功能，明确网格员的安全管理职责，加大网格员的安全技能培训，及时发现、排查社区潜在风险并向上报送，同时需要密切网格员与社区居民的联系，以网格员为媒介，畅通社区居民自下而上的意见反馈渠道，增强社区动员能力。在民众服务方面，加强社区数字化建设，将社区数字化网络向外嵌入大的社会治理网络体系之中，同时向下延伸到居民终端，尤其注意"数字鸿沟"问题，对于数字胜任力较低的居民，结合他们的实际需求，简化数字工具。总之，红河县通过多方位布局不断完善基层风险响应系统，并达到了预期成效。

（三）构建社区风险的分析预测机制

风险是一种不确定性，狭义上的风险表现为损失的可能性。风险管理是指如何在风险情境中将危机降低至可接受范围的完整过程，其中既包括主体对于风险与不确定性的测量、评价，也包括行之有效的应对办法。因此可以说正确识别社会风险和有效化解社会矛盾是新时期社会治理的应有之义。一方面，红河县加强社区居民的信息收集和录入工作，识别社区内的高风险人员建立专门的动态数据监测库，并有针对性地采取治理措施，尽可能地提高社区风险治理效能。另一方面，充分利用"大数据"的平台优势和技术优势，通过数字算法预测可能发生的风险事件和风险源。红河县立足于韧性治理逻辑，致力于通过"抵挡总体风险，激发社会潜力"的实践取向，在适应性调整以及相应功能补充的过程中，主动提升整体的预防和发展能力，从而实现不但能够对突发性风险进行处置，同样也能够对可能出现的潜在问题进行把控。

二 强化主体赋能，增强主体能力

"人"仍始终是承受和应对社会风险的行动主体，实现社区风险治理转型的关键在于行动主体风险治理能力的提升。因此红河县在风险治理体系建设过程中尤其注重促成个体层面治理理念的转变和治理能力的提升以及对组织群体层面集体行动能力的形塑。

（一）推动思维转变，树立新型的社区风险治理理念

在社会转型与发展的关键阶段，基层治理的传统安全风险依然存在，公共安全风险也变得更为复杂和不确定。而作为行动的主体，个体层面的思想理念状态直接关系到风险的应对成效。因此，红河县主动转变思维，加强对于制度的确定性认知、理解以及应用，在不确定性发展中重新认识制度的确定性，通过对制度的自主变通和灵活运用，在动态变化的不确定性情境中实现社会整体的功能整合与模式进步。总体来看，即重视人在社会治理中的主体性地位，通过增强治理韧性化解发展主体的内在风险，以改变传统静态的风险治理模式、打造动态的不确定性思维的方式提升社区在动态社会发展现实中对不确定性的防控和应对能力，同时充分释放"人"自身的潜力，从而推动社会服务过程回归本真，实现"人"的发展与社会发展相统一。

（二）加强主体赋能，提升多元主体的风险治理能力

要想实现社区风险治理结构的平衡稳定，风险治理过程中不仅要关注个体理念的转变，还要对主体进行赋能，通过能力提升平衡社区风险治理体系内部各个系统、各方要素之间的关系，在"常态"与"非常态"两个方面增强风险治理体系的弹性。在心理赋能方面，红河县对个体心理情

感层面进行了关注，具体通过主体心理支持的方式，提高行动者的抗逆力，以此提升多元治理主体对不确定性的应对能力和社会参与能力。在专业赋能方面，红河县相关部门通过总结提炼并及时更新常见的社区风险事件、案例及其应对经验，形成具体的风险处置程序、方法和技巧，打造社区风险应对指南，并向社区工作者和社区居民宣讲，提高社区治理主体的应对能力。

在多元主体方面，红河县借助治理行动提高多元治理主体的实践水平，明确界定各方治理主体的职能范围，驱动原有单纯政府"大包大揽"模式向"人人有责、人人负责、人人尽责"的模式转化，促成有限的"一核多元"主体形态向更具凝聚力、整合性、包容性的"小政府、强政府、大社会"的治理共同体形态转变。

（三）推进群体联结，加强社区组织化和共同体建设

共同体建设是风险应对的良策，其与多元主体互动、共同感理念等相关，同时依托数字化平台实现更为畅通的联结。红河县关注共同体的不同内涵，积极参与构建外在取向的"社区共同体""职业共同体""社群共同体"以及内在取向的"关系共同体""价值共同体""想象共同体"，并将其作为主体赋能的重要策略。在技术操作方面，红河县将注意力重点放在发挥智能技术与基层社区的创设上，不但致力于推动各层级关系社群、数字社群的建设，同时还将社区基层网络作为基础平台，充分利用各个方面的智能技术和数字平台推进组织机制建设，将"现实在场"和"非现实不在场"的公众都充分动员起来，从而实现数字化公共生活新型组织的联结。此外，红河县关注关键枢纽功能，以村落社区为基本单位，充分发挥能人的作用，以能人带动村民主体的联结，奠定社区集体行动的现实基础。

三　加强治理韧性，防范系统风险

当前社区风险治理的痛点、难点便在于刚性风险治理模式所导致的次生风险，因此需要通过加强社区风险治理的韧性，减少次生风险的连锁反应。从当前呈现出来的主要次生风险来看，社区风险治理最主要的是需要

调和制度刚性和主体能动性之间的张力，对居民的心理情感因素、社区内部的弱势群体以及社区公共信任风险等问题予以关注和解决。

（一）关注社区居民的心理情感因素，加强社会心理建设

所谓"健康"主要指的是生理功能与社会功能完整良好的状态。党的十九大报告中就曾明确提出实施健康中国战略。尽管如今的生理健康在我国已经得到了广泛的重视，但是极易令人忽略的是，人们对于精神层面的关心与照顾。① 反观现实，红河县在社区心理健康工作建设方面还有很长的一段路要走。基层社区应当整合心理治疗、精卫中心资源，提供"心理咨询－心理治疗－精神疾病治疗"分级诊疗服务。加强社会工作服务，在对个人、家庭提供个案服务的同时，以群体和社区为抓手，推进小组工作和社区工作开展，向社区居民提供公益性服务。但值得关注的是，红河县也在不断探索，其通过增加心理咨询热线和平台的供给量，向市民提供线上心理服务，并重点注意线上平台与线下服务的转介、信息反馈的即时性和匿名性问题。

（二）加大弱势群体和困难群体帮扶，保障常态生活秩序

红河县重点向弱势群体、困难人群提供必要的生活补助和社会服务，同时拓展意见反馈渠道和求助平台，借助线上线下相结合的宣传优势加强政策推广和讲解，对有特殊需要的弱势群体和困难群体进行具有针对性的帮扶。同时，为暂时困难商户、企业提供优惠性和帮扶性的补贴政策、贷款政策以及税收政策等，并加强互助平台建设，鼓励居民之间、商户之间、企业之间的资源整合和互帮互助，尤其是发挥业主委员会、行业协会、商会等组织的作用，政府在其中则主要扮演第三方角色，在提供配套帮扶政策、帮扶资源的同时，进行必要的监管。

（三）推进社区的公共信任机制建设，助力风险治理实践

"社会风险"与"公共信任"作为相伴相生的关键要素，是当前社会治理

---

① 钟玉英：《"健康中国战略"下社区精神健康服务协同供给的实现框架及路径》，《中国卫生政策研究》2020 年第 8 期。

实践中的"一体两翼"。其中，前者形构后者，而后者则又会化解前者在社会建设过程中所辐射出的负面因素。因此，只有积极构建信任体系才能促使社会走向良性发展的循环，而只有基于对社会风险的理解和分析才可以准确地识别到目前信任体系中存在的缺陷。① 红河县各级部门通过加强工作总结，充分反思自身存在的治理短板和工作不足，在征求民众意见的基础上制定相应的解决措施和优化方案，并向民众公开工作进度，邀请社会民众尤其是辖区居民参与监督，如在进行重大决策时，充分利用数字化线上平台向市民广泛征求意见，并对决策过程、决策结果等信息进行公开，增加社会治理的透明度。此外，红河县不断加强网络舆情治理和网络谣言的查处力度，引导民众进行合理的言论表达，营造健康有序的网络空间。

第四节　情境互动：以共生为基础的情感治理

千百年来，中华民族通过情感连接、情感归属、情感融入形成了一个又一个的生活共同体、交往共同体和文化共同体，同时也创建了专属于中国人的"家国文化"，在"创新治理""协商调解""结对子"等情感治理方式的支持下，适时、适度地将以德治国、依法治国与以情治国进行有机整合，不但塑造了专属于我国实际形态的情感治理模式，而且为我国的发展与进步奠定了坚实的根基。红河县在乡村振兴的伟大征程中，将情感元素投入治理体系和方法中，运用情感化解刚性治理下的顽疾，在实践情境中坚持"共生"的情感理念，使整个社会的人情民风得到教化熏陶、社会结构得以稳固、发展绩效得到有效提升。情感治理作为程序理性和内容感性的结合，其核心意涵是指运用具有程序合法性和合理性的制度手段对治理对象情感和治理场域中的情感空间进行治理。② 除此之外，在制度建构和制度实践过程中为"人性"保留适当空间，也属于情感治理的范畴。从上

---

① 罗婧：《信任与风险：走出社区治理的多元主体困境》，《江西社会科学》2020 年第 9 期。
② 史臣、邢朝国：《风险控制与情感治理：本土社区矫正的实践逻辑与行动策略》，《社会学评论》2023 年第 3 期。

述逻辑中我们不难判断出情感治理实践既可以是间接的也可以是直接的，前者是从制度本身入手，在制度设置层面适当考虑人的现实需求，在制度实践环节适当保留主动性空间；而后者则直接指向情感层面，运用制度手段对情感展开治理。红河县在具体的服务实践过程中，不仅特别注重社区文化的培育、自身行政程序与配套设置的优化，而且直接对社区居民情感以及社区共同体内部的情感空间展开治理。

一 确立服务理念，发挥柔性治理效能

情感治理内在要求相关主体能够自觉地将"以人民为中心"的行动理念落到实处，将其贯穿于社会治理的全领域和各方面。政府工作人员在工作实践中应尊重群众的核心地位，坚持问需于民，服务为民，想民之所想，解民之所忧，持续更新社情民意收集机制与方式方法；坚持"从群众中来到群众中去"的方针，与群众同甘苦、共患难，从根本上培植对于人民群众的厚重情感；创设基层联动平台，甘愿充当人民群众的"勤务兵"和"遮阳伞"，向群众学习，为群众服务，保持初心。红河县坚持以"居民"为本，通过情感技术和情感策略促成社区情感的再生产，促成稳健长效的情感聚合，持续巩固社区治理进程中形成的多元关系。具体而言，红河县的情感治理实践主要体现在行为方式、工作机制和思想观念上。

（一）探寻基层社区的情感治理策略

对于群众是否真正用心和用情，究竟是居高临下、不可一世，还是同心同德、友好相待，能极大地反映出服务者自身的价值理念和目标诉求。从这个层面来讲，可以说情感治理实际上属于一种"情理化"的组织方式，它需要服务者像对待家人一般关照服务对象，同时在充分尊重秩序与规则的前提下，无论亲疏好恶，都能够自觉做到有话好好说，有事好好办。在具体的行政事务处置过程中，各级工作人员对待行政相对人的行为和态度，往往可以反映政府服务民众的态度、水平和境界的综合状况。红河县各级政府机关持续简化事务章程，细致耐心地提供各种服务细则，从而使人民群众熟悉各种规章制度、流程方法，把事办得顺心。

（二）增强治理主体的感知能力

政务服务人员在处理日常行政事务进程中所表现出的人情通达状况，很大程度上表现为能够忧服务对象所忧，急服务对象所急。从这个方面来看，情感治理的过程同时也是一个"将心比心"的过程。例如全国各地如今开始协调各级政府干部下沉到基层进行政策的宣讲，"住农家帮农活""促生产谋发展"都属于这种工作方式。可以说，情感治理所反映的是柔性治理策略，与刚性治理逻辑相对应。这种柔性的情感联系方式，内嵌于刚性科层体制，但同时又对其实现超越。红河县在工作与服务过程中谨记该行动原则，在处理人情事务时秉持"真心换真心"理念，提升换位思考能力，感知民众情绪，推动服务精准化，建设人民满意的人民政府。

（三）发挥空间环境的情感功能

"人"总是置于社会空间之中，"社区"作为生活空间同时也是公共空间，民众平时生活处境的微观映射，也呈现与展示着人们的情感理念。因此从本质上来说，情感治理作为一种和理性管制模式相互补充的柔性模式，通常体现在社会治理过程之中，并以环境为基础串联起主体关系、群体关联以及不同组织、区域甚至民族之间的交往关系，最终实现情感治理逻辑的建构。例如红河县实施"习语环道"91工程建设，融入"习语、绿色、便民"三项元素，用3年时间在全县所有行政村建设至少一条"习语环道"，让其成为基层党员、群众身边的学习阵地。由此可见，"空间"要素通常是情感要素的聚合、补充，既是主体施加影响的对象，同时也是引发情感因子的积极因素，这种空间营造与空间赋能也是情感治理的一种模式。在此导向下，不同类型的关系共同体在空间领域内共同建构，最终为建构善治形态积蓄坚实的情感力量。

二　搭建互动平台，加强情感联结

在情感治理实践中，红河县各级政府高度重视"民意""心态""舆情"，运用情感技术、推进情感工作、创新情感治理方式等，这也恰恰体现了"从群众中来，到群众中去，一切为了群众，一切依靠群众"的群众工作路线。

（一）推进政府与公众的情感联结

推动政府与公众之间的有效联结已然成为国家治理体系的核心构成环节。尤其是对于基层来说，是否能够整合广泛的群众力量将直接影响到政策执行的质量和效果，同时还将深刻影响到政府和公众之间的关系。[①] 当前，红河县以创新情感工作方法为抓手，以增强党群部门的情感体验为根本目标，一方面通过探索情感体验方式方法，例如搭建共建共述平台、重塑集体情感记忆等手段，力图做到"以情动人、以理服人"，增强情感目标的感染力与渗透力；另一方面不断创新工作方法，如通过"结对支持""结对帮助""一对一服务"等方式推进基层政府与群众建立个体化联结。

（二）增强国家与地方的情感联动

党的十八大以来，国家从顶层设计层面出发，密切关注"共同体""价值引领"及相关意涵的语词，稳步推进中华民族的共同体建设，并以此为基础，将之视为新时期民族工作的重点方向。[②] 作为少数民族聚居地区，红河县十分关注民族团结建设，以党的引领为主线引导地方发展方向。不断发挥宪法宣誓等仪式的价值引领效用，持续加强民众对于国家制度、制度权威、价值体系等的情感认同。与此同时，持续加强国家制度仪式的规范建设，凸显制度仪式的核心价值要义，进而将抽象的理念、信念、感情等具象化，转化为可感知、可触碰的鲜活载体。总之，通过在各民族群众间形成深度的情感勾连，突出强化互助的实体联结。与此同时，各个民族间的团结互助理念也为铸牢中华民族共同体意识注入了更多的内生动力。

（三）提高社区群体的情感互动

社区由若干个体和家庭所构成，而作为个体的社区成员又在社区互动

[①] 文军、高艺多：《社区情感治理：何以可能，何以可为?》，《华东师范大学学报》（哲学社会科学版）2017 年第 6 期。

[②] 马伟华、李修远：《认知、情感与互信：铸牢中华民族共同体意识的三维视角思考》，《西南民族大学学报》（人文社会科学版）2022 年第 5 期。

过程中形成了不同的群体，与此同时，现代社区具有开放性特征，以社会工作机构为代表的社会组织也常常驻扎在社区之中。他们共同推动形成了社区内部多元群体互动的格局，群体间的协作和情感联结也是推动社区发展的重要动力。红河县在社区情感治理过程中，将群体作为重要的治理单元，在建构群体认同为社区个体提供群体归属的同时，加强社区各群体之间的情感联结与协作，以形成合力共同推动社区发展。首先，加强社区内部群体的身份认同与群体归属，打造正式群体与非正式群体，通过共同活动塑造群体认同，具体措施包括拓展群体活动空间，以"领头羊"力量推动全体参与，并在行动中提供适当的资源支持。其次，通过定期举办社区性的集体活动加强社区内部各群体之间的协作，并加强趣缘群体与社会组织之间的资源互换。最后，加强社区居委会与社区群体之间的情感联结，即在沟通与协商过程中加强相互理解与情感互动。

三　深化党建引领，营造良善社会风尚

社区文化氛围不仅关乎社区成员的个人生活和社区整体的文化生活，同样也关乎社会整体良好社会主义文化氛围的形成。红河县在社区文化的培育过程中，将社会主义先进文化作为重要的文化资源，以丰富多样的活动形式对社会主义先进文化进行集中展示，营造社区良好的文化氛围。在社会主义先进文化的宣传方面，红河县非常注重社会主义先进文化的群众性，坚持"面向群众，走进群众，服务群众"的基本方针，采取灵活多样的文化活动形式，吸引社区居民参与其中，使其在活动参与过程中接受社会主义先进文化熏陶。[①] 在具体的社区文化氛围营造上，主要涉及以下几个方面。

（一）以物质为起点，打造文化环境

文化是乡村发展的根本，失落的文化将会导致失落的乡村。因此，为

---

① 张和清：《社区文化资产建设与乡村减贫行动研究——以湖南少数民族 D 村社会工作项目为例》，《思想战线》2021 年第 2 期。

了满足乡村文化发展需求，促进乡村文化繁荣，精心规划村民的日常生活空间显得尤为重要。社区文化氛围实际上也是社区文化环境的集中展现，而社区文化环境既存在于社区居民的主观世界之中，又离不开客观物质环境的支持。红河县首先从物质层面入手，加强文化设施建设，除了建设社区文化广场外，红河县还通过张贴标识、标语等形式在社区中进行广泛宣传，将集中展示与细节宣传相结合，使人们在社区生活中潜移默化地受到社会主义先进文化的熏陶与感染，进而提高自身文化修养。其次，红河县结合自然村民宅不同墙体的高度和形状，将"乡村振兴政策、社会主义核心价值理念、美好乡村构思"等在墙壁上呈现。最后，在社区治理实践的过程中，红河县致力于将传统文化与景区资源的保护摆在重要位置，投入大量资源打造文化街区与文化景点，同时以民族文化活动为载体，推动居民参与。文化不仅是维持社区认同与秩序的重要精神力量，同样也是推动社区发展的重要现实资源，红河县在文化景点的打造上不仅强调打破社区文化空间与社区生活空间的区隔，还注重将文化建设与社区经济增长有机结合。

（二）以宣传为抓手，弘扬优秀传统道德文化

优秀传统道德文化作为传统文化中的精髓，在现代社会仍然发挥着重要作用，这不但是人民群众宝贵的精神财富，更是全面建成小康社会的重要精神动力。[①] 红河县在治理实践过程中非常重视对传统文化的解释和运用，致力于通过现代化的方式对传统文化进行宣传和弘扬，进而让传统道德文化走进社区居民生活，赋予传统思想道德文化以新形式、新意义、新活力，使其获得时代新生，服务于新时代的新发展。正如红河县政府工作人员所讲的：

> 为进一步丰富广大群众的精神生活，促进各族群众的交流，我们的工作尤其注重切实发挥好"五进"活动主阵地、主渠道的作用，从

---

① 高兆明：《民族道德文化：从传统到现代》，《哲学研究》2010 年第 4 期。

而扎实推进民族团结进步宣传教育，推动各民族关系进一步融洽。

红河县的文化宣传工作不仅停留在口头上，更是切实落实到了具体的实践工作之中。例如当地大力推动哈尼梯田和马帮侨乡多元文化乡村旅游开发，先后打造了诸如"云上撒玛坝·醇情哈尼人""马帮侨乡·山巅城堡"的旅游品牌。围绕世界文化遗产撒玛坝梯田和国家级文物保护单位所在地迤萨古镇两个重点旅游文化集聚区，"乐作舞""哈尼族多声部民歌""长街宴""奕车文化"等文化遗产和"万人长街歌舞节""仰阿那节"等传统节日活动，充分展示地方民族艺术。整体而言，在传统道德文化的弘扬和社区风尚的树立上，红河县主要采取了"三步走"的策略：第一步，加强宣传，让优秀传统道德文化走进社区群众生活；第二步，加强引导，塑造居民道德行为；第三步，建立长效化机制，塑造个体道德行为，营造社区道德风尚。在具体行动中，主要采取了建设文化展馆进行集中展示的宣传形式，在文化展馆内部设置了不同的分区，并且免费向社区居民开放。社区居民进入文化展馆游览参观的过程，实质上也是向民众弘扬优秀传统道德文化，使民众接受优秀传统道德文化熏陶的"传递与接收"的双向过程。

（三）以空间为平台，提供活动保障

社会空间及其承载的情感因素往往被视为有机的统一整体，因此空间建设的好坏、适宜与否将在很大程度上影响到民众自身的情感体验。良好的空间既可以达到激活心理能量、释放心理压力，进而实现情感的再生产。反之，倘若失去了情感的表达机会或是宣泄渠道，情感压力便会持续积累，从而丧失应有的情感势能。在这种情况下，如何对空间进行合理的调整与布局，规避可能出现的社区失范行为，是新时期的社区治理需关注的问题。关系共同体的本质内核是"情感"，深厚的社区情感通常能够让其中的成员感受到独有的心理归属，强化主体价值与意义。因此，社区的发展与建设需要以"情"为纽带，让情感作为联结辖区内部多方主体的有力补充。因此，红河县积极利用情感因素提升治理的效能，按照"推动品质发展、推动均衡发展、推动开放发展、推动融合发展"的工作思路，以人民为中心，以社会主义核心价值观为引领，以高质量发展为主题，以深化公共文化服务供给侧结构性改革为主线，加强公共文化服务品牌建设，全力推进新型公共文化空间场景打造，提升城市空间品质、增强公共文化服务效能。此外，在凝聚社区文化爱好者组建趣缘群体的基础上善用社区资源，稳步推进"习语步道""习语主题公园"等建设，搭建学习平台，通过组织党群活动让党群力量聚起来，增强基层党组织的凝聚力，助力乡村振兴。引领党员及群众边走边学、边走边思、边走边悟，在潜移默化中接受教育、陶冶情操、重温党史。

第八章　探索中国特色乡村振兴新内生发展模式

党的二十大报告明确提出，要"全面推进乡村振兴"，"坚持农业农村优先发展"，"巩固拓展脱贫攻坚成果"，"加快建设农业强国，扎实推动乡村产业、人才、文化、生态、组织振兴"。[①] 近年来，红河县聚焦"守底线、抓发展、促振兴"，以"一切围绕农民增收、一切为了农民增收"为鲜明工作导向，不断夯实脱贫人口增收基础，有力有效衔接乡村振兴。在统一部署下，红河县开展乡村振兴的新内生实践，乡村振兴效果明显，取得了阶段性成效。本章将在深入剖析红河县乡村内生发展所面临的多重张力基础上，梳理其乡村振兴的新内生实践经验，归纳其乡村振兴的内在特点，并对中国特色的乡村新内生发展模式进行初步的探索和构建。同时针对当前我国乡村振兴过程所存在的现实问题提出未来发展方向的建议，对新时代乡村振兴的理论研究进行反思和讨论，以期推动乡村振兴实践与理论研究的进一步发展，为其他区域乡村振兴工作的开展提供参考与启示。

第一节　多重张力并存：红河县内生发展的现实情境

推进内生发展实践，是乡村振兴时期红河县乡村社会发展的重要目标和实践方向。但与此同时，乡村发展离不开国家的适时介入与有效引领。在乡村新内生发展的现实背景下，国家适时介入并有效引领乡村社会的良性变革，是乡村建设的一条重要路径。

[①] 习近平：《高举中国特色社会主义伟大旗帜 为全面建设社会主义现代化国家而团结奋斗——在中国共产党第二十次全国代表大会上的报告》，人民出版社，2022，第30~31页。

一 顶层设计与地方探索的政策张力

在红河县的乡村振兴实践中，政策任务是关系村民基本利益的"村务"①，在乡村治理中具有基础性的作用。乡村是中国社会最基本的构成单元，它既受到国家权力和政策实施的影响，也对基层行政行为和政策效果负有责任。因此，乡村政策的实施还与地方行动相关联。在新时代，中央宏观指导下的地方政策试验在政策落地中发挥了主导作用②，国家负责顶层设计的"统"，地方负责政策探索的"分"③。从国家本位的政策定位来看，有效的政策供给是国家治理体系现代化的内在要求。从地方本位的政策定位来看，地方政策是国家政策的延伸，能够更近距离地贴近地方利益。不论是国家本位还是地方本位的政策定位，都有自身难以替代的优势，在红河县乡村振兴的实践中展现出巨大张力。

首先，在政策制定的价值取向方面，存在国家宏观发展政策与地方行动策略之间的张力。对国家而言，政策制定更多地考虑国家宏观发展；对地方而言，政策更多从地方自身发展需要的角度来制定。其次，在政策制定的社会环境方面，存在国家总体环境与地方社会结构之间的张力。在国家层面社会政策是为了保障公民的基本权益和福利而制定的一系列政策和规定，而地方则更多基于自身的经济发展水平与人口密度等结构性因素制定政策。最后，在政策制定的责任主体方面，存在国家运作能力与地方执行能力之间的张力。在对红河县部分乡村走访的过程中，发现了部分工作人员对于政策的理解"只知其一不知其二"的现象，且地方执行能力偏弱也会造成地方政策被选择性执行、政策执行标准下降等。

由于国家和地方在政策制定上的价值取向、发展环境、责任主体方面存

---

① 金江峰：《乡村政策动员中的"权力——技术"及其影响》，《中国农村观察》2020 年第 2 期。
② 杨正喜：《中国乡村治理政策创新扩散：地方试验与中央指导》，《广东社会科学》2019 年第 2 期。
③ 杨志军：《"统—总—分"政策结构下中国自上而下政策变化及其规律探寻》，《中国行政管理》2022 年第 5 期。

在张力，地方在政策转换的过程中会出于政策便利或"避责"动机，出现政策走样执行或不执行等行为。有效的政策既要顺应国家整体发展规划，又要切实尊重地方发展策略，实现国家本位与地方本位的协调发展，是宏观政策目标与地方政策执行创造性整合的过程。

二　"他治"与"自治"的治理张力

对现代国家而言，国家力量进入乡村社会，往往以行政化手段，通过正式制度、科层化组织、标准化程序等将政治形态嵌入乡村，以改变传统乡村原有的治理形态进而实现高质量发展。近年来，随着乡村新内生发展理念的提出，红河县乡村内部自组织越来越多地在乡村治理中发挥积极作用，结合地方性特征，通过"自治"的方式实现乡村治理。红河县在乡村治理过程中的内生力量主要包括长者、知识分子、农业大户等能人，他们基于地方性规则和约定俗成的文化，依靠内部的调解机制化解乡村矛盾纠纷，实现乡村"自治"。

乡村的行政化治理形态长期存在，得益于在治理效率和治理质量方面的显著优势，其不仅能使政策快速落实，还能进一步彰显政权的合法性，利于社会发展宏大目标的实现。同时，信息技术的发展也对国家治理效率起到促进作用。不过在追求效率的同时，国家向农村输入普遍主义公共规则替代因地而异的地方性规则，[①] 会挤压既有的乡村治理的灵活空间，最终的结果就是"照章办不了事"。由此可见，公共规则的强化极大地促进了社会整合，有效回应了新时期农民的各方面要求，但也带来了乡村社会自治弱化及基层政权合法性的认同失衡等隐忧。目前，在红河县的部分乡村地区，以兴趣、特长、需求为基础的各种兴趣团体、志愿服务队、专业合作社逐渐建立起来，农民在这些组织中有效发挥力量并得到地方认同，这增强了其自身效能感以及对村集体的认同感，村庄凝聚力也不断加强，在一定程度上推动了乡村的整合，提供了地方治理的动能。但是，这些组织的

---

① 张静：《现代公共规则与乡村社会》，上海书店出版社，2006。

作用还远没有充分发挥出来。各种类型的组织只是小范围地开展活动，并未深入参与到乡村事务运行和决策之中，在乡村治理中的作用有限。更为重要的是，在制定和实施治理规则方面，农民的参与程度很低，这不利于从根本上提升其政治效能感。

中国乡村治理"国家－社会"二元合一的治理形态不仅使国家可以低成本、简约有效地维持乡村治理秩序，还最大化地发挥了乡村社会内生秩序的治理作用，其得以运行的关键在于国家与村社之间保持治理边界与治理权力的均衡互动。良性的乡村治理形态蕴含着"他治"与"自治"的平衡，要求政府与村社之间在职能上保持一定的弹性空间，尤其在规范化、技术化治理的背景下，这一弹性空间尤为重要。可是在现有的制度性要求下，乡村基层组织要想顺利完成行政指标和绩效考核，只能先满足程序合理性再考虑实质合理性，出现"文牍主义"及各类形式主义的做法，乡村内生实践空间受到挤压。

三　重点帮扶与均等投放的资源张力

随着财政能力的不断增强，国家投入农村地区大量资金，从而推动"资源下乡"进程。国家通过财政拨款，对农村生产生活中各个方面的基础设施建设、公共服务等进行重新规划和全面改造，改善农村的整体面貌和发展状况。在保证乡村基础设施、公共服务等基础条件得到改善的情况下，国家辅以人才、技术等资源供给，对乡村种植业、养殖业、现代化产业等不同领域进行优化升级，以实现乡村全方位的发展。当国家作为财政的供给方向乡村社会输入资源的时候，乡村为获取资源需要按照下发的建设标准和规范程序进行整改，在这一过程中，乡村社会逐渐彰显出国家化特征，资源下乡随即带来国家规范和国家权力的下乡。

整体来看，国家财政资源多以均等投放和重点帮扶两种方式进行配置。均等投放通过普惠式的分配方式形成对村社资源的均等化供给，将教育、医疗、就业、产业发展等各种类型的资源普惠式地下放到乡村。重点帮扶则指政府进行相对自主的实践探索，结合乡村实践创新的一些亮点经验，集中资源供给，打造"示范村"，通过需求识别来明确需要政策资源倾斜的村庄，然后由财政资金进行专项扶持。在乡村振兴全面推进阶段，国家在资源分配时偏好典型示范与先行试点等做法。从组织行动策略来看，亮点打造体现出基层政府在项目落地过程中所具备的政策调适能力，是确保政策执行能够适应基层情境、契合民意需求、产出政策绩效的关键因素。尽管相对集中的资源供给能够有较为明显的成效产出，起到积极的示范、参考作用，但仍不乏负面效应产生，例如在红河县实地走访的过程中也能够看到村庄之间的发展差距，示范村往往规划整洁、设施齐全，而部分非示范村的基础设施则较为滞后。

总的来说，重点帮扶有利于打造亮点，但某些以"一俊遮百丑"为目的打造的示范点并不反映农民真正的切身诉求，这样的"示范"会变成另一种形式主义。均等投放能够在一定限度内避免这些问题，但在资源总量有限的情况下，这一方式容易造成更大程度的资源浪费。理想的资源分配原则应坚持"分类发展，因地制宜"，将重点帮扶和均等投放两者有机结合，但实际上难以达成。由此，重点帮扶与均等投放的资源配置张力，成为红河县乡村新内生发展面临的现实情境之一。

四　行政主导与农民自主的行动张力

乡村发展究竟是由行政力量驱动，还是农民自主驱动，抑或二者相互补充，是乡村发展面临的重要问题。实际上，国家和农民都是乡村治理的重要主体。现阶段，有效的乡村内生发展是农民充分发挥自己的力量开展治理行动，国家在政策设置、治理方式、资源配置等方面提供支持。行动深层动力的两重性就形成国家主导发展和农民自主行动的张力，即乡村内生发展中行动主体的张力。

一直以来，国家权力始终存在于乡村治理之中，尤其是乡村社区在从"熟人社区"向"半熟人社区"的转化过程中，国家常扮演组织者、行动者和服务者的角色。[①] 而乡村治理既受到国家治理逻辑的制约，也受到乡村社

---

① 吴业苗：《乡村共同体：国家权力主导下再建》，《人文杂志》2020 年第 8 期。

会运行逻辑的影响。例如，红河县的各个乡村中，都蕴含着一套完整的，由习俗、规则和信仰构成的文化系统，形塑着乡村的内在秩序，是激发乡村自主性的重要力量。行政主导对乡村共同体建设的积极作用是毋庸置疑的。与之相对应的，农民自主行动有利于充分激发内生动力。特别是农民的经济自主性和社会参与自主性可以促进农民主体意识的觉醒，从而推动乡村的内生发展。[①]

客观来讲，乡村治理行动不是由国家或者农民一方主导，不同领域需要不同的治理主体，需要合理界定并充分尊重乡村内部不同治理层次的事务特征，发挥行政力量引导乡村分类治理的作用，推动实现国家力量与村庄治理的精准化与精细化对接。在诸多情况下，农民的治理行为表现为无意识治理，他们在权力实践过程中所发挥的自主性，并不能与其治理能力画等号。同时我们也应看到，农民作为乡村社会的主体，其主体性表达有时仍为"被遮蔽"状态，难以发挥内生力量。由此，行政主导与农民自主的行动主体张力，成为红河县乡村内生发展面临的又一现实情境。

第二节　五向度发力：红河县乡村振兴的新内生实践

"新内生发展"作为一种整合性视域的发展思路，主张推动地方性的主体行动与更广泛的进程、规划进行有效联结与整合，从而消解外生与内生的对立或互斥。其发展思路有效弥补了乡村振兴过程中外生力量衔接困境与内生力量激发不足的问题，为乡村发展提供了一整套重要的行动选择框架，并带动了社区主导、网络化取向以及协商取向的农村社会创新。[②] 红河县作为国家级乡村振兴重点帮扶县，以强化"新时代新阶段'三农'工作就是抓乡村振兴"的工作思路，坚持和加强党对"三农"工作的全面领导，深入践行"三个工作法"，守住不发生规模性返贫的底线，持续巩固拓展脱贫攻坚成果，坚

[①] 张文明：《内生发展：自主性对农村家庭收入的影响——基于上海市郊 9 个村的实证研究》，《人民论坛·学术前沿》2019 年第 10 期。

[②] 吴越菲：《内生还是外生：农村社会的"发展二元论"及其破解》，《求索》2022 年第 4 期。

持问题导向，着力补齐短板，推进乡村全面振兴。红河县将新内生发展理念同县域乡村振兴的本土实践相结合，从理念、主体、资源、行动、结构五个向度共同发力，创新乡村振兴的新内生发展路径。

一　树立新内生的乡村发展价值理念

红河县基于新内生发展的理念，在乡村振兴过程中，更加强调从外生发展到内生发展的历时性转变，以"地方社区"为基本单元，营造乡村新内生发展的文化氛围。

首先，树立新内生的发展理念，明确价值导向。红河县将"能力本位"和"社区为本"两种价值理念作为乡村发展的实践指引和行动方向，并注重在具体的实践中将二者相结合，遵循"社区为本"的整合取向推进能力建设，通过"能力本位"的实践行动推进社区整体发展，进而形成一种整合性的乡村治理思维。与此同时，红河县建构身份归属和社区认同，强调社区居民之间基于"地域文化"而形成的认同，通过文化认同增强社区成员之间的心理认同，凝聚群体共识和公共价值，发挥组织资源的正向功能，推动居民参与乡村社区行动。

其次，通过党建全面引领乡村振兴，打造文化内核。红河县强化理论武装，以"新时代文明实践中心"和浪堤镇安品村史馆等爱国主义教育基地为主阵地，开展各类常态化宣讲活动，营造宣传氛围。同时，注重抓好民族教育，以"五进"为主阵地，着力构建中华民族共同体意识宣传教育常态化机制，一方面注重在青少年群体中的宣传教育工作，另一方面把移风易俗教育与公民思想道德教育结合起来，使道德规范转化为人们的自觉行为。此外，红河县强化基层党组织作用，发挥基层党建对乡村治理现代化发展的引领作用，激发民众参与乡村治理的热情。

再次，开展移风易俗与乡风文明建设，进行文化更新。红河县将农村精神文明建设作为乡村振兴的重要抓手，从群众良好行为生活习惯养成着手，把"移风易俗、弘扬时代新风"作为农村精神文明建设重要途径。红河县推行厚养薄葬，提倡文明婚姻；积极引导群众在生产生活中勇于自我革新，破除老旧观念，打造文明新风；同时注重"家"文化建设，助推民族交融与团结。

最后，通过传承发扬本土特色文化，构建地域认同。红河县有着极为丰富的民族文化与文化遗产。其通过挖掘乡村社区特色文化符号，打造乡村品牌形象；通过建立健全组织机构、传承扶持机制，科学制定发展规划，激发民间文化传承热情，并培育新一代文化传承人，保护与传承非物质文化遗产；通过成立非遗项目合作社、搭建民间文化活动平台、举办文化节庆活动，推动文旅融合发展。

二 推动多层次的乡村社区主体赋能

红河县在主体层面推进社区化的主体赋能，从社区居民个体、家庭、群体和社区整体多个维度出发，关注个人效能感、控制感和主体性的提升，以组织为基础激活社区社会资本，同时从社区整体赋权层面推动乡村社区发展。

首先，培育村民自主性，赋能个体。红河县围绕村民个体赋能，开展了大量村民自主性培育工作，通过教育培训、公共学习等形式，促进地方居民的意识觉醒和能力提升；为村民提供更多的参与机会和平台，开展骨干培育与民主协商，强化自主性能力；通过技术赋能，支持新型农民培育，促进自主性知识再生。

其次，提升家庭发展力，赋能家庭。红河县在家庭赋能的具体实践工作中从家庭关系赋能、生产技术赋能和风险化解赋能三方面着手。红河县通过推动家庭沟通模式调整、提供家庭互动空间、构建家庭支持网络，为家庭关系赋能；通过具体技术培训、就业帮扶和乡村人才振兴，提升家庭生产竞争能力；通过支持普惠金融的发展，坚持市场化和政策扶持相结合的原则，全方位激发村民的内生动力和提高其应对不确定性风险的能力。

再次，通过组织化建设，赋能群体。红河县以基层党组织为核心，通过构建社区党组织领导的组织各类体系，健全党组织领导的社区治理格局，夯实基层治理根基。红河县以村社自治组织和集体经济组织为两翼，立足当地实际需求，鼓励社区成员开展自组织建设，激发内部鲜活力，同时通过完善农村集体经济组织，发展壮大新型农村集体经济，激发市场活力。此外，通过搭建社会关系网络，培养互惠信任机制，鼓励各种内生性社会组织和村民自组织培育，以此构建复合型乡村社区组织体系。

最后，建构社区共同体，赋能社区。就社区整体而言，红河县立足于乡村社区的社会关系网络变迁的现实情况，围绕乡村社区产业振兴、人才振兴、组织振兴、文化振兴、生态振兴的总体性需求，培育社区情感动力机制。同时，红河县通过加强群体沟通与社区内部居民关系互动，塑造集体记忆并加强共同情感联结，推进乡村社区集体行动。此外，红河县通过改善社区结构和制度环境，为居民个体和社区发展构建支持性的社会环境，增强个体的责任感、归属感和认同感等，以此提升社区整体的行动能力。

三　促进乡村发展资源的跨地域流动

红河县在资源层面推动了跨地域的资源流动，挖掘社区的本土资源，同时积极链接社区外部资源，从资源的评估、利用到再生，实现乡村社区本土资源与外部资源的有效整合。

首先，立足乡村社区资源，在全面评估基础上制定发展策略。红河县立足于县域最有代表性的产业类型，对其农业资源、民俗资源和初级产业进行全面评估。结合多样的农业资源、丰富的民俗资源，红河县快速发展种养殖业，推动农文旅融合发展。然而，这些产业在取得长足发展的同时，也面临发展瓶颈，主要体现在多样农业后劲不足、区域特色不突出、产业结构难以升级三个层面，红河县种植加工技术与养殖结构制约了农业发展，特色文化产业被周边资源所挤压，同时受制于劳动力素质、地域地理位置等条件，产业结构升级困难。

其次，基于地方优势资源，整合县域资源建设乡村特色产业。红河县在国家级、省级和县级的政策规划下，具有政策发展的先天优势。借势于乡村发展政策，红河县积极开展资源实践，进行乡村发展规划，并聚焦特色产业发展。一方面，推动农业发展的集体化与品牌化。红河县通过盘活村集体"三资"，拓宽村集体经济收入渠道，提升经济的规模化水平；同时在区域统筹中建立具有自身特色和优势的产业，提档升级传统产业，壮大特色产业，打造绿色品牌经济。另一方面，构建以家庭为载体的文旅产业协同机制。红河县将闲置或低效利用的各个家庭的资源，通过规划、提升和改造，串点成线、连线成片，开发了涵盖食、住、游、学、购、娱等内容的多种体验式项目，增强乡村旅游产品的供给能力，同时推动民族民间文化资源的"创造性转变、创新性发展"，把文旅资源的"优"转化为文旅发展的"势"。

再次，协同跨地域城乡资源，促进乡村地方资源的融合再生。红河县打破资源开发的时空壁垒，根据发展的实际需要链接外部资源。一是通过基层政府搭建资源引入平台。通过党建联动激活内生动力，以基地为平台，做好产业发展与党建工作"双融合、双联动"；同时建设产业发展平台，打造产业综合服务平台和产业投融资平台，全面撬动社会资本。二是通过数字技术对接外部资源。红河县依托国家物联网及现代农业发展战略，结合物联网、大数据产业技术优势，加快建设数字农业平台，以此引入外部的丰富资源，并将本土资源向外推广。三是构建利益共享的资源联动机制。红河县建立多形式利益联结机制，正确处理农业企业、工商资本和农民的利益关系，构建企业联农带农机制及新型农业社会化服务体系，推动资源协同联动。

最后，推动地域资源的共生，构建"一核多维"的乡村整全模式。红河县以经济建设为核心，同时带动政治、文化、社会等方面的发展，再通过其他方面的发展，反哺经济发展，形成了乡村发展的整全模式。一是提升农业经营主体的专业水平。通过精准对接新型主体、组建农民专业合作社，激励多元主体参与农业经营，同时以科技为保障，积极实施科技支撑战略，强化基层技术指导服务，培育科技型农业经营主体。二是融合生态文明建设与经济发展。红河县注重集约发展，严守生态红线，走生态文明的产业发展道路。三是营造多产联动的链式发展格局。红河县针对产业发展基础设施短板，立足产业现状和基础设施配套实际，开展三产融合化建设工程，建立全产业链的主导产业标准体系，构建现代农业经营体系机制，不断提升产业发展保障能力，实现县域经济持续健康发展。

四 构建超地方乡村行动者关系网络

红河县在行动层面强化了多向度的关系实践，从"内生 – 外生""行动 – 结构"等多重关系出发，有效联结乡村的内生与外生力量，通过构建行之有效的乡村发展行动者网络，实现内外部资源的整合利用。

首先，聚焦本土参与，推动社区居民的协商整合。红河县乡村发展中，基层政府采取了一系列措施推进地方居民的行动参与。一是推动由外而内的社区化赋能，通过教育培训与社区各类正式和非正式组织的联结建设，提升社区自主发展能力、挖掘发展潜力。二是推动由内而外的自主性的社区参与，通过为社区居民提供制度化、规范化和常态化的参与平台和参与机会，还权于农民，增强农民的自主性。三是推动地方社区的主体协商与内部整合，基于社区居民利益需求，尽可能寻找到社区居民的共同利益和相似性，打造社区协商平台与制度化协商机制，整合采取集体行动。

其次，着眼上下联动，争取层级政府的多元支持。红河县通过强化清单管理制度、完善考核评价制度、加强期权式激励机制建设，规范自身乡村振兴建设的实践过程，为红河县的新内生实践提供必要的规制保障，从制度、政策、资源、人力等方面激活红河县建设中的创新活力。同时，在深入了解各村级实际需求和居民需要的基础上，红河县积极向上级政府和有关部门争取财政、金融、用地、科技、人才等方面的政策支持，为当地乡村振兴实践营造良好的政策环境。在培育乡村内生力量的同时，注重基础设施的打造，以交通设施建设推进社区发展、以特色产业建设盘活乡村资源、以公共服务建设提升生活水平，筑牢乡村根基，焕新乡村风貌。

再次，积极促进外部参与，吸引市场主体入驻。红河县在充分挖掘本土资源和分析本土发展条件的基础上，也越来越重视加强地方社区与外界行动者之间的协作。红河县聚焦特色的产业链打造产业集群，依托文化优势发展县域旅游业，基于生态优势发展种植养殖产业，同时通过政府招商引资、乡村内部社会关系网络以及外部行动主体自主入驻等形式，吸引各种类型的企业与商家、社会组织与技术人才的加入，激发红河县乡村发展中市场化活力和商业活力。

最后，着眼网络联结，开展多向度的超地方实践。红河县打破资源开发的时空壁垒，在乡村社区的建设过程中，基层政府扮演重要的中间协商者角色，在多元主体之间搭建起协商平台，借助网络信息技术提供的"脱域"平台，根据乡村社区发展的实际需要链接外部资源，真正实现从"地方性"视野到"超地方"视域的转变。在此过程中，红河县摒弃单方面的援助，依据地方实际情况、各主体自身定位、可利用资源，采取多样化的方法吸纳行动者，将外部行动者的利益加以考量，推进"互惠性"合作的开展，从而推进乡村发展的"超地方"实践模式的形成。

五　建设高韧性的乡村振兴治理体系

红河县在结构层面构建了高韧性的治理体系，韧性治理的建构能够减轻乡村治理体系中的行政压力，给予乡村社区更大的自主发展空间，从而激发乡村社区发展的活力。

首先，通过机制建设，推进以共治为核心的协同治理。红河县通过打造协同规范制度、创设主体联动机制与民众监督体系，促进乡村治理体系的良序发展。与此同时，红河县积极引导和支持各类人才通过下乡、返乡，培育众多社会性、公益性、服务性的社会组织，调动民间力量的积极性，有效拓展社会力量参与的广度和深度，为公民精神的成长提供组织化的空间。在此基础上，红河县深入推进文化惠民工程，发动社会各界力量在发掘文化优良基因的基础上引入新观念、新元素和新手段，推动民族文化创造性转化和创新性发展，搭建群众文化展示舞台，构建基层治理自治共治、群建群享新格局。

其次，通过技术创新，推进以需求为导向的技术治理。红河县通过"整体智治"的方式，借助数字技术开展沟通交流、整合协调、互动协作等活动，提高政务办事效能。同时，红河县按照"大系统、大数据、大平台"

架构，建构起一个不受时空限制、高效标准的全天候系统，强化智慧赋能，促进技术深度开发。秉承"以人为本"的价值理念，红河县致力于提供"以人为中心"的数字化服务，科学对接和匹配民众的基本需求，兼顾数字治理的科学性与柔性治理的人本性。

再次，通过集体应对，推进以互惠为方式的风险治理。红河县从社区风险治理的实际需求出发，建立健全应急设施常态管理体系；加强综合治理中心的数字化、信息化建设，打造社区风险响应的数字网络；通过数字算法预测可能发生的风险事件和风险源，构建社区风险的分析预测机制。同时，红河县着眼于承受和应对社会风险的行动主体，推动个体思维的转变，提升组织群体的治理能力，并且重点关注刚性风险治理模式所导致的次生风险，关注社区居民的心理情感因素，加大对弱势群体和困难群体帮扶力度并推进社区公共信任机制的建设。

最后，通过情境互动，推进以共生为基础的情感治理。红河县坚持以"居民"为本，发挥柔性治理效能，运用情感策略和情感方式干预社区情感的再生产，促进社区治理主客体关系的重塑与社区秩序的再调整。红河县政府高度重视人民群众的情感诉求，搭建互动平台，通过运用情感技术、推进情感工作、创新情感治理等方式，加强基层情感联结。与此同时，红河县将社会主义先进文化作为重要的文化资源，深化价值引领，使其以丰富多样的活动形式走进群众生活，营造乡村社区整体良善的文化氛围与社会风尚。

第三节 模式初探：乡村振兴新内生实践特征与导向

"内生－外生"的张力充斥于中国乡村发展以及乡村振兴实践之中，不仅体现在资源利用、主体合作、地方行动、价值理念等层面，还直接影响中国乡村发展的道路和模式选择。新内生发展模式致力于打破传统内生发展模式的"地方理想"和外生发展模式的"外部主导"，试图以一种"上下联动、内外共生"的行动路径弥合中国乡村社会发展中的"内生－外生"

不足，推动乡村发展向"超地方实践"转变。立足新内生发展的本土经验，结合红河县的新内生实践经验，我们对乡村振兴的新内生发展模式进行了进一步的理论提炼，试图建构一个具有一般意义的乡村新内生发展行动框架，提升新内生发展模式在中国乡村振兴实践中的适用性、可行性和可操作性。以下将对新内生发展模式形式特征和行动导向进行论述。

一　乡村振兴新内生实践的形式特征

具体而言，新内生发展模式作为强调"上下联动、内外共生"的整合性发展模式，不仅强调内外行动者之间以及上下层级之间的互动，在形式上还具有以下特征。

（一）内生动力和外生动力的联结

新内生发展模式以社区居民的本土参与作为基本条件，旨在积极动员地方居民参与社区发展实践，促进乡村社区共同体成员之间以及社区和社会资本各个要素之间的交流、协作，从而在一系列社区发展行动中激发社区居民的内生发展动力。但同时，新内生发展模式也承认乡村社区以及社区居民在本土发展上所面临的诸多挑战与困境，因此非常重视外部资源的注入。简言之，新内生发展模式并未一味强调依赖单方面的内生力量或者外生力量，而是同时承认并接纳两股力量对于乡村社区发展的重要性，通过外生力量的介入激发内生动力，并以内生动力的提升为基础，吸引更多外生力量的注入，试图在两股力量之间打造正向的循环通道。

（二）社区发展和个人发展的统一

新内生发展模式是将作为行动主体的居民与作为基本空间场域的社区单元相结合的系统性发展实践，并实现需求、目标、行动等层面的结合统一。就需求层面而言，新内生发展模式在明确社区发展整体需求的同时，深入剖析社区居民的个体化、差异性需求，并且寻找个人需求与社区需求之间的结合点。就目标层面而言，新内生发展模式从乡村社区以及个体、群体等实际发展需求出发，并结合乡村社区发展的现实条件，建构多层次、多维度的发展目标，实现个体目标与社区目标的结合。就行动层面而言，新内生发展模式在强调社区居民本土参与的基础上，还通过群体或组织等形式，建构起个人发展与社区发展之间的参与通道，实现个人发展与社区发展的行动统一。

（三）本土资源和外部资源的联动

新内生发展模式强调在整合社区本土资源的基础之上，根据乡村发展的实际需要整合外部资源，实现资源的内外联动。这首先要求乡村社区在积极发现、挖掘和识别本土资源优势的基础上，邀请社区居民、骨干精英、地方政府以及相关专家共同研判乡村社区发展资源的优劣势。在熟悉掌握乡村社区资源发展条件的基础上，还需要通过社区关系、市场平台以及政府帮扶等形式，根据社区发展的实际需求有针对性地引入外部资源。但最为关键的是，需要在本土资源与外部资源之间架构起合作的桥梁，将单向度的外生式资源注入并使其转化为双向度的共生式资源，与此同时，需要在本土资源与外部资源的有机联动中，逐步减少乡村社区对于外部资源的依赖，从而培育本土资源优势。其中的关键环节则是，进一步找寻到内外部资源的结合点，也即内外部合作的特色定位，在差异化道路中实现乡村振兴。

二　乡村振兴新内生实践的行动导向

新内生发展理论提供了一种弥合二元论空间极化的混合模式（hybrid-model），[①] 以整体视角进行地方赋权和能力建设，强化社会联系并促进创新，对于乡村发展具有重要的行动启示。乡村振兴的新内生发展模式需要以社区整体发展为导向，聚焦本地居民的行动参与，关注乡村社区内外部的多元主体以及政治、经济、文化等多维度要素，考虑如何将多层面的内生发展策略相互嵌套以形成合力。对此，推进乡村振兴的新内生发展实践可以参考以下导向。

---

① Georgios, C., Nikolaos, N., & Michalis, P. "Neo-Endogenous Rural Development: A Path Toward Reviving Rural Europe," *Rural Sociology* 86 (2021): 911–937.

（一）"社区为本" 的单元导向

"新内生发展" 视角下的乡村发展实践强调能力为本和社区为本，与脱贫攻坚时期所强调的 "造血式扶贫" 在价值理念上极为相似，但更为强调社区整体层面的实践发展。乡村社区作为乡村生活的空间场域，无论是在脱贫攻坚时期还是乡村振兴战略中都是重要的行动平台与着力点。而社区作为重要的社会单元，其本身便构成一个系统，具有整体性。"社区为本"（community-centered）的实践视角将乡村社区视作基本行动单元，强调从 "社区" 的整体性视角出发，注重运用整合的专业方法，通过整合社区原有的资源，包括价值、方法、个体、社会组织、人才队伍、工作机制等，来激发社区的内在潜力，促进社区整体及其内部成员的发展。在新内生发展理论的指导下，"社区为本" 的单元导向，期待通过一种整合的思路动员地方社区来实现包容性增长和可持续发展。① 具体而言，其一，是对社区发展需求的整合回应。居民是乡村发展的直接利益相关者，随着乡村居民主体之间的利益分化日益多元，其个体化的需求表达也日益强烈。因此，寻找利益分歧的消弭方式，整合社区发展的多样需求对于乡村的新内生发展是十分必要的。红河县在检视乡村发展的主要困境的基础上，将社区需求整合至社区整体发展、组织建设和个体增能三个层面，并在此基础上发力，着力突破存在的关键问题和主要矛盾。其二，是对社区发展问题的整合解决。寻求多元化主体的沟通、协商与合作是实现乡村社区有效治理的重要路径，② 在对社区发展需求整合的基础上，针对社区发展问题，整合地方多元主体，吸引社区内居民的参与至关重要。红河县从文化建设、情感联动和制度创设等方面行动，动员地方居民参与到社区发展实践中，推动个体行动向共同体行动转变，从而促进乡村社区共同体成员之间以及社区社会资本各个要素之间的交流、协作，以此挖掘、培育和整合各类社区资本。其三，是对社区发展成果的整

---

① Marango, S., Bosworth, G., & Curry, N. "Applying Neo-Endogenous Development Theory to Delivering Sustainable Local Nature Conservation," *Sociologia Ruralis* 61（2021）：116 – 140.

② 王春婷：《社会共治：一个突破多元主体治理合法性窘境的新模式》，《中国行政管理》2017 年第 6 期。

合共享。共享既是乡村发展的目标，让广大居民享受到发展的社会成果也是乡村振兴的最终归属所在，使人民生活更具获得感、幸福感、安全感。红河县在激发乡村村民参与公共事务的过程中，不仅让村民共享乡村发展的物质成果，同时也推动社区公共精神的形成，推动乡村治理"红利"的整合共享。

（二）"五位一体"的目标导向

乡村振兴的新内生发展模式主张采取更具整体性的视角看待乡村社区发展。在"产业兴旺、生态宜居、乡风文明、治理有效、生活富裕"的乡村振兴战略背景下，进一步加强本土资源与外部资源的联动，致力于乡村社区产业、生态、组织、文化、人才"五位一体"协同发展。[①] 具体而言，"五位一体"的目标导向强调推进乡村社区的"五大振兴"的融合发展。其一，以产业开发带动乡村发展。产业是乡村振兴中的关键环节，是乡村持续发展的重要支撑，对乡村其他方面的振兴具有带动作用。红河县通过本地资源的挖掘和外部资源的整合，对地区经济产业进行了开发，不仅为农村居民增收创造了实践空间，同时为村民创造了就业机会，吸引了部分人口回流，促进了人才振兴，而本土产业也让村民提升了环保意识，促进了生态振兴。另外，对于特色竹编等产业资源的发掘，进一步发扬了当地的民族文化，提升了村民的文化归属感，促进了文化振兴。其二，以人才培养支撑乡村发展。人才是乡村振兴的根本所在，也是乡村发展的根本。红河县着重关注、调动社区居民的潜能和力量，挖掘乡村弱势群体的"优势"、"能力"和"资产"，而对于乡村能人的挖掘，进一步为乡村产业振兴、组织振兴、文化振兴以及生态保护提供了人力资本支撑。其三，以生态保护支持乡村发展。生态是乡村振兴的重要一环，良好的生态环境关系到村民的民生福祉。红河县通过与乡村外部的社会力量密切合作，就地方生态旅游等项目开展规划调研，并对乡村人居环境、村容村貌进行了改善。而村民生态意识的提升和生态振兴的推动又维系了乡村发展的宝贵资源，

[①] 雷明、于莎莎：《乡村振兴的多重路径选择——基于产业、人才、文化、生态、组织的分析》，《广西社会科学》2022 年第 9 期。

为乡村产业振兴提供了重要的支持。其四，以组织建设保障乡村发展。组织是乡村振兴的重要保障，伙伴关系治理被认为是促进农村内生发展的一种制度手段，[①] 而地方居民的内生行动也需要一个组织结构，红河县通过党组织的交流活动，夯实党在乡村的执政基础，同时挖掘当地社会组织，激励村民参与到各项乡村建设活动和实践行动中。组织在将外部资源转换为乡村发展要素的过程中发挥关键作用，能够将来自外部的"输血"资源转换为乡村发展的内生要素，从而形成乡村振兴内生发展的重要力量。其五，以文化扬弃引领乡村发展。文化是乡村振兴的价值引领，良好的乡村文化能够提升村民的归属感，并显著改善乡村的文化面貌。红河县基于地区少数民族的优秀传统历史文化，带领村民共同制定新版村规民约，开展"新婚俗"、家风家训等活动，不断优化乡村风尚，以文化为纽带进一步促进乡村的产业融合，文化和生态保护意识、社区建设意识的提升。

（三）"居民主导" 的需求导向

乡村振兴的新内生发展模式主张依据社区居民的真实需求，制定并实施相应的发展策略。同时，建立起居民参与的服务评价机制，使得民众的需求表达成为服务供给中的关键环节。具体而言，即在实践过程中将"供给导向"调整为"需求导向"。其一，建立满足乡村居民需求的动态供给系统。乡村振兴的新内生发展模式需要注重服务供给的有效性，帮扶行动与服务是否得到认可和接受，是否满足群众多元化、个性化及其前瞻性的需求，是否为民众带来更多的获得感、幸福感、安全感，是帮扶乡村振兴行动需要关注的重点问题。红河县一方面从供给总量发力，加强村庄基础设施建设，打通公共产品供给的"最后一公里"；另一方面从供给质量发力，在地区需求评估基础上，从乡村整体层面出发，全面优化乡村社区人居环境和产业结构，提升乡村社区公共服务水平，丰富居民精神文化生活。其二，推动形成多元主体合作供给服务机制。在乡村服务供给结构中，基层政府承

[①] Furmankiewicz, M., Thompson, N., & Zielińska, M. "Area-Based Partnerships in Rural Poland: The Post-Accession Experience," *Journal of Rural Studies* 26 (2010): 52 – 62.

担了乡村公共产品和服务供给的最主要的主体责任，而随着农村经济发展和农村居民生活水平提高，农村居民对公共产品的需求日益多元化，农村公共产品供给的社会化和市场化也是满足农村居民多元化需求的重要途径。红河县一方面通过党建联结共建的方式，提升基层组织的公共服务基础和能力；另一方面在乡村发展各类自组织，同时联动社会组织、企业等主体对接乡村居民的多样需求形成多元主体合作供给机制，推动形成基层政府主导、社会力量广泛参与的乡村公共服务供给格局。其三，促进乡村居民的自我服务与过程评估。新公共行政学派认为，群众参与公共事务治理可以使其利益表达得以体现。乡村居民参与公共服务的深度与其需求表达的程度呈正相关关系，其参与程度愈强需求表达愈加充分和有效。[①] 而对于服务过程的考评有助于充分满足居民需求，强化服务的精准供给。红河县积极鼓励各个乡村建立村民协商议事平台和志愿服务组织，与村民协商制定了参与服务的积分机制，完善了村民参与乡村治理与自我服务、自我激励的渠道和流程。

（四）"乡村建设" 的情境导向

乡村振兴的新内生发展模式尊重地方社区的差异性，保持对地方社区情境的敏感性，在地区多样化资源评估的基础上采取适合当地发展的、多元化的社区行动，以推动乡村的自主性发展。乡村发展中的情境性既包括场域空间的静态情境，也包括有时间变化的动态情境，即情境也表现出不同时间序列上的动态变化。[②] 因此，"乡村建设"情境导向下帮扶乡村振兴力量的介入，需要深入乡村建设的具体情境之中，并在此基础上展开相关行动。具体而言，其一，是对乡村发展动态历史脉络的把握。乡村问题在不同的时期有着不同的表现，深入乡村的地方情境开展帮扶行动，需要关注不同地方的社会基础和地方性知识的差异及其流变，以回应乡村情境中历史延续的发展问题。红河县在全面推进乡村振兴过程中，首先需要面对

---

① 郑方辉、梁伟湖：《需求导向与推动高质量发展政绩考评：一种理论诠释》，《行政论坛》2021 年第 6 期。

② 吕洁琼、文军：《从脱贫攻坚到乡村振兴：社区为本的情境实践及其反思——基于甘肃 K 县的考察》，《西北民族研究》2021 年第 3 期。

的是乡村扶贫与乡村振兴工作的接续问题，因此，工作重点由原来的消除贫困转向推动村庄"人"的发展与"乡村社会"的振兴。其二，是对乡村静态场域资源的全面认知。推进乡村振兴需要充分察觉乡村社区的社会生产关系、社会关系网络、组织力量、文化传统、生态环境等多样化资源，以回应乡村振兴的多样化问题。红河县不仅关注乡村场域中空间形态的物质资源，也对场域中隐形的社会资本等非物质资源进行了深入分析，在对村庄中相关资源全面认知的基础上，进行资源的整合。其三，是因地制宜的乡村发展规划与行动。在对乡村发展历史与资源的认知和把握基础上，结合村庄特色进行规划，分层分类推进乡村发展。红河县针对乡村突出的"三留"问题、组织的治理能力欠缺与治理主体单一化以及社区整体的发展动力不足的现实情况，通过意识觉醒和主体形塑赋能个体，通过情感共同体和制度创设培育组织，通过社区产业、文化与环境的建设营造，因地制宜地开展行动。

第四节　未来展望：推进中国乡村振兴实践的再深化

近年来，全国各地区乡村坚持以习近平新时代中国特色社会主义思想为指导，聚焦短板弱项，坚守底线任务，全力推进巩固拓展脱贫攻坚成果同乡村振兴有效衔接工作。在巩固拓展脱贫攻坚成果工作中，持续抓好教育、医疗、住房、社会保障等政策的落实，在有效衔接和推进乡村振兴过程中，因地制宜做好建设规划，培育"一村一品"示范村，深入实施农村人居环境整治提升行动，打造生活环境整洁优美、生态系统稳定健康、人与自然和谐共生的特色美丽乡村。通过一系列有效措施，我国乡村发展取得了明显成效。

各地区在巩固脱贫攻坚推进乡村振兴工作中做出了积极探索，积累了丰富的实践经验，但在乡村发展的同时也遭遇了一些困境和不足，主要体现在价值、主体、功能三个方面的困境。一是"社区为本"的整合取向不足的价值困境。一方面发展主体的整合性尚存不足，贫困人口与非贫困人口之间缺乏有效协作，社区发展与个体发展存在不少脱节问题，发展成效未在社区层面实现彻底的整合；另一方面发展内容的整合性不足，社会文明程度较低、社会发育滞后、产业质量较低、乡村治理体制不健全等短板存在。二是乡村人口流失与组织化薄弱的主体困境。一方面，人口流失问题并未得到有效解决，乡村"空心化"现象仍然显著；另一方面，乡村建设中的行业协会组织、志愿服务组织、公益慈善组织、社会服务组织等在内的社会组织缺乏。三是深层次发展动能二元分化的功能困境。乡村发展自主性缺乏和后劲不足的问题，由此产生的"依赖心理"不仅存在于个体行动之中，甚至在乡村时空情境的例行化实践中也成为深嵌在特定乡村地区社会结构之中的文化－认知性制度，红河县的情况也不例外。基于此，针对上述问题，可以在总结、推广已有成功实践经验的基础上，从多方面着手深化乡村发展。

一　激发村民主体能力，夯实基层自治基础

村民是乡村振兴的主力军，其自主发展能力的高低对于乡村的发展具有重要影响。在乡村振兴背景下，乡村发展需要激活村民的自主性。首先，需要提升村民的自觉认知能力。当前，科学文化知识、基础文化知识既是实现人的全面发展的一项重要内容，也是提高人的自觉认知能力的一个重要指标。为此，基层党委和政府要努力发展乡村各项教育事业，注重农民职业技能的提升，提高农民的文化水平和思想道德素质，加强法治素质教育，进而不断提升其自觉认知能力。其次，增强村民的政治参与意识和能力。提升村民政治参与能力是实施乡村振兴战略的主要目标之一。自治是村民直接参与乡村治理的重要方法，也是提升乡村振兴的内生动力的关键所在。这就要求，一方面，基层政府必须充分发挥村民在村级事务治理中的作用，始终坚持"人民群众是历史的创造者"的历史唯物主义观点，为农民参与村级日常事务提供机会和平台，引导和鼓励他们积极主动参与到村级事务管理中来。例如，可以通过鼓励开展村民说事、乡贤参事、民情恳谈等各类自治活动，提高其参与公共事务的能力。另一方面，基层政府

要培育治理主体，提升其能力，通过有效的政策积极引导外出务工农民返乡，以不断优化、扩充农民自治主体队伍，开展经常性的教育培训，逐步增强农民的主人翁意识与参与乡村公共事务治理的能力和水平，引导普通农民向精英农民转变。最后，推动基层自治组织建设完善。基层自治组织的建设能够为村民参与乡村治理提供更加多元化的渠道。要建立以基层党组织为领导、村民自治组织和村务监督组织为基础、集体经济组织和农民合作组织为纽带、其他经济社会组织为补充的村级组织体系。健全基层党组织领导的村民自治机制，完善村民（代表）会议制度，拓展村民参与村级公共事务平台，推进民主选举、民主协商、民主决策、民主管理、民主监督。

二　补齐基础设施短板，提升智慧乡村水平

改革开放以来，乡村的文化教育、医疗卫生、社会保障、交通电力、互联网等基础设施建设快速推进，农村居民文化娱乐消费快速增长，但乡村依然存在基础设施的短板。对此，需要加强乡村规划，建立完善通达的基础设施，提升乡村的智慧发展水平。首先，分类分区推进基础设施建设。一方面，精准识别不同类型乡村基础设施的差别，依据各个村基础设施建设的实际情况，明确不同类型基础设施建设的优先供给顺序，有序推进。另一方面，分区域解决好生产性基础设施、生活性基础设施薄弱问题，围绕水、电、路、气、网络等"硬件"设施，以点带面推动农村人居环境改善。重点供给制约农业规模化经营的灌溉设施等，完善农村水利基础设施网络，为农业高质量发展和实现产业兴旺夯实基础；推动城市公共交通线路向农村延伸；加快新一轮农村电网升级改造，完善农村能源基础设施网络，满足农村能源消费升级需要。其次，做好流通性的人文基础设施建设，要把基础设施建设重点放到向农民提供优质公共服务上来，聚焦教育、养老、文化、体育、环保等重点领域，加快推进民生工程建设，因地制宜建设学校、医院、养老院、快递便民服务网点、连锁便民店等生活设施，大幅提高农村公共产品的数量和质量，更好满足农民美好生活需要。同时，

完善城乡要素流动机制，引导城市的资金、知识、技术、信息、人才和管理等要素顺畅进入农村，优化城乡融合发展机制，促进农村和城镇资源共享、设施配套、功能互补。最后，推动乡村基础设施的数字化改造。对乡村信息网络基础及传统基础设施进行持续性建设和数字化升级改造，包括对宽带网络、数字电视网络、电信网络、交通水利、电力能源、仓储物流等的智慧化升级改造。将数字乡村作为实施乡村振兴战略的重要抓手。同时，以乡村空间作为载体，搭建数字乡村综合服务平台，加快全产业链数字化转型，通过数据流动驱动产业发展升级；健全乡村数字信息服务体系，提升乡村政务的效率、乡村生活的便捷性、乡村治理的有效性。

三　发展壮大集体经济，发挥产业辐射功能

村级集体经济组织作为提升村民福利水平和农村自我保障能力的重要途径，高效面对挑战、解决问题，意义重大。当前，基层乡村集体力量还较为薄弱，无法有效衔接外来资源并内化为乡村自我发展的动能，进而造成乡村产业支撑的后劲不足。对此，首先，要走出乡村集体经济的认知误区。走出发展壮大乡村集体经济是"旧瓶装新酒"、乡村集体经济与家庭联产承包经营制无法共存，以及乡村集体经济倡导的集体主义价值观与市场经济形成的个人主义思想背道而驰的认知误区。可以组织村民到集体经济发展较好的示范村庄实地参观学习，通过典型示范和教育引导，增强农民的集体观念、集体责任感和集体经济认同感，打破农民对乡村集体经济发展的认知误区和疑虑，形成发展新型农村集体经济的强大合力。其次，不断深化乡村集体产权改革。一是要明晰乡村集体产权。基于乡村集体经济发展存在的现实问题，需要重点解决集体经济组织成员认定与集体资产所有权明晰的问题。不同地区应根据经济发展程度、人口流动量、历史文化等现实情况，合理制定成员资格认定实施细则。如在经济发达的乡村地区，应严格以户籍为认定标准；在农民净流出量较大的西部偏远乡村地区，应以土地是否作为成员的基本生活保障形式而存在来确定资格认定标准；等等。二是要解决集体资产所有权的归属及实现问题。要用法律制度规范乡

村集体经济组织行使所有权的行为，合理划定乡村集体经济组织的责任财产范围，以便其以特别法人的独立身份行使所有权，依法、公平地参与市场经营活动。[1] 同时，探索乡村集体的承包地、宅基地、经营性建设用地所有权实现的地方实践模式，盘活乡村存量建设用地以增加乡村集体所有权人合法收益。最后，加强对乡村集体资产的经营与监管。经营与管理集体资产是集体经济持续发展的重要保障。一要重点解决乡村集体经济持续经营难问题，要推行"政经分开"，完善乡村集体经济组织经营管理结构，保证乡村集体经济经营的市场化、公开化，聘请专人从事集体经济经营工作，促进乡村集体资产保值增值。二要健全乡村集体资产管理制度。全面落实集体资产的登记、保管、经营使用、处置、年度清查制度等，加快集体资产监管平台建设。同时，要强化乡村集体资产财务管理，规范村集体经济财务公开与审计的具体程序。三要发挥村两委与农民对集体资产的服务监管作用。村两委要主动为乡村集体经济发展承接乡村振兴的惠农政策与城市资源，在政策信息、市场资源、培训经营等方面为村集体经济发展做好服务保障工作，同时对乡村集体经济组织经营活动进行监督，避免因集体资产流失而损害农民集体利益。

四 吸引乡村能人回流，完善人才支撑体系

乡村外出务工人口仍然占据很大比重，乡村人才外流的现象依旧严重，留守老年人与儿童群体数量大，乡村内生发展所需的人才不足。2021 年 2 月中共中央印发的《关于加快推进乡村人才振兴的意见》指出，"乡村振兴，关键在人"。人才驱动是发展的动力所在，也是实施乡村振兴战略的根本。而在城镇化、工业化的快速推进的背景下，乡村资源相对不足，乡村发展基础薄弱的"推力"造成了乡村人才"外溢"严重。一方面，乡村面临人才"难引进"和"留不住"的问题；另一方面，乡村人才的培育机制

---

[1] 林广会：《农村集体产权制度改革背景下集体所有权主体制度的机遇与展望》，《求是学刊》2020 年第 3 期。

尚不完善，乡村人才匮乏问题成为乡村振兴的巨大瓶颈。基于此，一是要畅通人才入口，加大人才引进力度。打破各种不利于人才引进的条条框框，推动乡村振兴，既需要培养科技人才、管理人才，也需要挖掘能工巧匠、乡土艺术家；既需要有号召力的带头人、有行动力的追梦人，也需要有懂技术的"田秀才"、善经营的"农创客"。凡是发展所需的人才，都应该敞开大门予以接纳。同时要创新引进人才的方式，打好"乡情牌"，把人才引进放在发展首位，实时关注、及时掌握、动态收集乡土人才的基本情况、发展走向，用乡音动人、用乡情引人，让曾经"走出去"的乡土人才"走回来"；充分吸收和培养有知识有文化的本土人才，鼓励外出能人返乡发展等多种方式，拓宽引进渠道，真正做到多渠道、多方式引进人才，建立健全一支专门实用的人才队伍，为乡村产业发展提供人才支撑。二是要完善人才机制，激发人才干事活力。人才引进只是起到"输血"的作用，更重要的是完善具有"造血"功能的人才的培养与储备机制。要把能力、工作业绩和专业知识作为考核评价一个人的主要标准，不仅仅是看学历、资历、职称。同时，要建立完善相关考评激励机制，特别是对于年轻干部，要在工作上多给予支持，生活上多关心照顾，为他们解决工作生活中的实际问题，多办实事、好事，着力营造安心、舒心的工作环境。另外，要持续改善农村基础条件，虽然乡村道路交通、水利设施等基础条件，卫生医疗、文化教育等配套项目已得到明显改善，但相较于城市生活的"互联网＋""共享生活"等快捷便利的生活方式还有一定差距，对此需要进一步提高农村生活居住质量，吸引人才返乡回村，为人才储备工作提供保障。三是要加大人才培养力度，提升人才综合素质。人才既要靠引进，更要靠培养。党的十九大报告明确提出"实施乡村振兴战略"，强调要培养造就一支懂农业、爱农村、爱农民的"三农"工作队伍。实施乡村振兴战略，推动农村发展，最主要的因素是人，培养一批懂农业、爱农村、爱农民的"三农"工作队伍，是解决"三农"问题的关键所在。在实际工作中，青年干部在广大农村发挥着积极的作用，培养一批有文化、懂技术、会经营、善管理的乡村实用人才队伍，帮助农民群众厘清思路、加快发展，引导农民群众崇尚科学、弘扬新风。

五 关注乡村组织力量，培育社区服务能力

社会组织可以通过组织动员、资源内生和市场对接的方式，实现乡村的内源性发展。[①] 基于此，需要对乡村组织力量予以进一步关注，培育并提升乡村社区的服务能力。首先，加强基层组织之间的合作。村两委作为乡村行政组织，在公共活动与私人活动中都同乡村村民有着较为密切的联系。而社会组织作为服务特定对象的非营利性单位，通常目标单一，活动内容与范围有限，它的权威主要来自服务对象的支持和认同。村两委与乡村社会组织合作开展基层社会服务活动，能够相互补足，在相互理解的基础上形成合作共生关系。其次，提升对社会组织的认同度。由于乡村社会公共组织发育程度相对较低等原因，村民在公私事务的处理上更加信任国家层面的行政力量，而对源起于社会力量的社会组织缺乏基本的认知和了解，认同和接受度不高，这也使得乡村社会组织的社会合法性不足，难以发展壮大。对此，一方面需要加大对社会组织的宣传力度，利用权威媒体向村民宣传介绍社会组织的性质、功能、目的，以及在农村社区发展社会组织的重要性、必要性，让村民对于社会组织能有一个更为客观的认识；另一方面是提升社会组织的服务专业性，通过为乡村村民提供便利化的优质服务，获取村民的认可。最后，培育乡村内生性社会组织。内生性社会组织是在满足社区居民自我需求过程中通过居民的参与产生的，嵌入在社区居民需求之中，不仅易为社区居民接受，也更易与村两委构建政社互动的治理关系。因此，内生性社会组织的培育，更贴近社区自我服务与治理需求。乡村基层可以通过发展乡村内生性社会组织的方式，积极鼓励和培育各类社会组织的发展，为村民的自我管理、自我服务、自我教育、自我监督创造条件。由此，激活乡村自身的活力，推动乡村公共服务的社会化，借助

---

① 彭小兵、谭志恒：《组织动员、资源内生和市场对接：贫困社区内源发展路径——基于云南省 L 中心的考察》，《中国行政管理》2018 年第 6 期。

社会组织的自身优势为乡村提供更为多元化的服务。

第五节　研究讨论：拓展新时代乡村振兴的知识图景

乡村凋敝是各个国家城市化发展过程中难以回避的演进结果，尤其是在城镇化加剧与城乡二元割裂的双重干扰下，乡村空心化、人才精英流失、乡土文化瓦解、传统产业走向没落，从而产生乡村发展乏力、脱贫人口主体性缺位、乡村治理难见成效等现实困境。针对乡村发展的现实问题，乡村振兴是当代中国经济社会发展面临的重大理论与实践问题，作为治国理政的重要理论成果之一，其引发了广泛的讨论。而作为乡村建设的重要指引思想，乡村振兴的全面实施也需通过一定的学术探索对其中涉及的重点、难点现实问题予以疏解。从乡村发展实践看，新时代乡村振兴在多个向度系统实施且取得了显著的阶段性成果，为未来发展打下了坚实基础并呈现良好的发展态势，具体来说，在以下几个方面仍然具有进一步深化和拓展的研究空间。

一　创设更具本土特色的理论分析框架

在党中央精神指导下，学界对实施乡村振兴战略的实践意义进行了广泛研究。普遍认为，乡村振兴战略的实施对于解决新时代社会主要矛盾、完善社会治理格局、实现全体人民共同富裕具有重要意义，是满足人民美好生活需要的必然选择。[①] 乡村振兴体现了现代化建设逻辑，是基于城镇化减速发展，经济发展进入新常态阶段，农民工收入增速放缓，农民工回潮趋势明显的要求等城乡发展新情况而做出的战略选择。[②] 从实施乡村振兴战略总要求中概括新时代乡村振兴的内涵，即新时代乡村振兴是产业兴旺、生态宜居、乡风文明、治理有效、生活富裕的集中概括，总体体现为乡村

---

① 韩俊：《实施乡村振兴战略五十题》，人民出版社，2018。
② 张阳丽、王国敏：《我国实施乡村振兴战略的理论阐释、矛盾剖析及突破路径》，《天津师范大学学报》（社会科学版）2020 年第 3 期。

产业、人才、文化、生态、社会、组织等方面的振兴状态。有学者基于治理理论、赋权理论的视角对乡村振兴中社会治理共同体的建设进行了讨论，指出恰当的授权机制是其达成有效治理的关键，服务权利的优化配置有助于乡村治理主体之间共治合力的形成。[①] 也有学者基于交叉学科的分析视角，系统探索乡村振兴战略下生态农业产业化的生产模式、利益联结机制及三产融合的实现方式。[②] 还有学者基于行动者网络视角讨论县级融媒体中心赋能乡村振兴、基于情境互动理论探讨乡村振兴与乡村养老服务、基于共享发展理论视角讨论三产融合的乡村振兴模式、基于协调发展视角讨论乡村振兴中营商环境的复合联动、基于工具性价值视角探讨数字赋能乡村振兴等。可以发现，当前新时代乡村振兴研究多在相关理论视角的指导下展开，多数研究是借用这些理论进行阐述和分析，从本质上挖掘理论来指导现实的力度和深度还不够，缺乏更具全面性、针对性和系统性的理论来指导新时代乡村振兴的现实困境破解和未来发展。因此，需要具有时代特色的新的理论分析框架，使乡村振兴研究更加科学全面地与新时代中国经验相契合。

二　面向乡村振兴遭遇的现实实践困境

乡村是人类社会不可或缺的组成部分。自近代工业文明以来，城市工业文明已经取代了传统的农耕文明而获得了主导世界文明的地位。乡村内部所发生的巨大变化为乡村振兴战略提供了现实基础。而从实践层面看，乡村常住人口的外流、乡村建设长效机制的缺失给乡村振兴战略在现实中的运用造成了巨大的挑战，实施乡村振兴战略面临多重现实矛盾。一是乡村人口流失严重、组织建设薄弱与乡村组织人才振兴的矛盾；二是乡村基础设施与公共服务的不完善与农民对美好生活诉求的矛盾；三是产业增收

[①] 赵晓峰：《乡村振兴中的社会治理共同体建设——基于理论资源、隐形陷阱与现实路径的思考》，《社会科学辑刊》2023 年第 2 期。

[②] 向红玲、张宜红、陈昭玖：《乡村振兴战略下生态农业产业化：理论阐释与实践探索》，《中国农业资源与区划》2023 年第 11 期。

动力不足与内外部资源持续输入的矛盾；四是农业生产效率低下与市场大量需要农产品的矛盾；五是乡村复杂的治理环境、体制机制的不足与乡村治理滞后的矛盾。① 由此，如何因地制宜地推动乡村发展，实现乡村振兴也成为乡村建设者与研究者共同关注的问题。当前，乡村振兴遭遇的现实实践困境，突出表现在乡村的产业、生态和教育领域，例如乡村产业是乡村经济发展的基础和关键，但依然存在基础较弱、效益不高、劳动力流失和产业利益分配不均等问题；乡村发展需要走绿色发展之路，但乡村生态环境依然严峻；乡村教育是乡村发展的重要支柱，承担着为乡村发展提供人才、文化支持等重要功能。乡村振兴是多维度多面向的，就此而言，学术研究需要创新思路，面向这些乡村振兴中的现实问题，为乡村产业持续发展、人口素质的提升等关键问题提供解决方案，切实推动解决新时代乡村振兴面临的现实难题。如有学者针对我国乡村产业振兴面临的主要难题，提出协同发挥市场优势和政府力量，依托大数据平台激发产业发展潜力，加快补齐生产要素不足短板，以新基建夯实产业发展根基，并加快构建激励相容的利益联结机制，打造农业全产业链。② 还有学者提出建设人与自然和谐共生的现代化，全面推进乡村振兴，要从主体、生态、产业和文化这四个维度出发，激发多元主体协同共创活力、加强生态保护修复、强化产业利益联结、弘扬乡村生态文化。③ 此外，关于乡村教育，有学者提出推动乡村教育的高质量发展，须具备特色化与现代化的样态、开放的姿态、自信的神态，重视国家意识形态知识体系的培塑、促进文化的交往交流交融、塑造群体内身份认同。④ 诸如此类的研究要保持社会科学调查研究的传统，切实发现问题，积极为解决乡村振兴中的难题提供思路。

---

① 张阳丽、王国敏、刘碧：《我国实施乡村振兴战略的理论阐释、矛盾剖析及突破路径》，《天津师范大学学报》（社会科学版）2020 年第 3 期。

② 赵培、郭俊华：《共同富裕目标下乡村产业振兴的困境与路径——基于三个典型乡村的案例研究》，《新疆社会科学》2022 年第 3 期。

③ 曹立、徐晓婧：《乡村生态振兴：理论逻辑、现实困境与发展路径》，《行政管理改革》2022 年第 11 期。

④ 周晔、刘鑫：《乡村教育高质量发展铸牢中华民族共同体意识的逻辑理路——"意识三态观"的分析框架》，《西南民族大学学报》（人文社会科学版）2023 年第 1 期。

三　提出更具时代意义的乡村建设路径

目前，有越来越多的研究开始转向对乡村振兴新路径的探索，中国乡村振兴重点任务在于如何实现制度创新，有学者将其归结为促进城乡融合体制机制的创新、深入推进土地制度改革、继续改革农业支持保护制度等三方面。① 也有学者认为实施乡村振兴战略需要基于城乡共生视角遵循五重逻辑，分别为城乡产业共建的乡村振兴基石、城乡人才共享的乡村振兴核心要素、城乡文化共融的乡村振兴动力源泉、城乡生态共治的乡村振兴关键举措、城乡组织共生的乡村振兴基础保障。② 同时，特色县域乡村振兴路径被提出，江苏特色田园乡村建设实践将乡村产业发展、生态建设及文化传承融合进村庄建设，实现了乡村建设的内涵式发展，其围绕生态优、村庄美、产业特、农民富、集体强、乡风好六大发展目标，以注重乡土气息、彰显个性特色、提升多元价值、焕发内生活力为价值取向，通过村庄分类、组团联动、串点连线成网、试点先行示范等措施形成了乡村空间特色、农业发展基础优势、农民收入提升的发展成果。③ 另外，还有一些创新性的实践路径被提出：一是引入金融活水并服务乡村产业融合发展的金融路径，有学者提出完善创新数字普惠金融产品和服务体系，并利用数字普惠金融的技术扩散效应，推动搭建数字普惠金融助农的生态圈，不断增强现代农业的物质生产条件，助力乡村产业振兴加快实现；二是调动脱贫人口生产积极性的耦合协调路径，脱贫人口的内生发展状态在很大程度上影响乡村振兴的整体成效，作为潜在的不确定因素，由于长期的"贫困文化"熏染以及社会身份边缘化，脱贫人口在风险性事件发生时极有可能再次返贫④，

---

① 孔祥智：《乡村振兴："十三五"进展及"十四五"重点任务》，《人民论坛》2020年第31期。
② 罗敏：《乡村振兴战略的五重逻辑：一个城乡共生的视角》，《学习论坛》2020年第2期。
③ 赵毅、陈超：《特色田园乡村引领下的县域乡村振兴路径探析——以江苏省溧阳市为例》，《城市规划》2020年第11期。
④ 李小云：《巩固拓展脱贫攻坚成果的政策与实践问题》，《华中农业大学学报》（社会科学版）2021年第2期。

针对脱贫人口面临的政治权益能力、市场发展能力、社会交往能力和文化内生能力不足的困境，多数学者指出了以"输血"与"造血"的方式，构筑起防止返贫的防线；三是以"数字赋能"激活乡村内生动力的技术路径，通过顶层设计与政策安排来优化整体性规划，以"硬件"升级与"软件"服务来提升基础设施的整体效能，以多元主体参与技术供给来促进乡村性与数字技术有效融合，培育数字乡村治理人才队伍等多维路径，为乡村发展注入活力①。这些研究从乡村振兴战略高度出发，提出了具有时代意义的新时代乡村振兴建设新路径，为全面推进乡村振兴提供了更加多元化的视角，是对中国式现代化实践自觉思考的结果。

四　深化拓展乡村振兴研究的相关议题

乡村衰落是一个世界性的问题，早在 20 世纪中期，美国、英国等发达国家便进入了城镇化的高级阶段，而乡村人口大量外流导致了乡村土地房屋的荒废、人口结构失衡等一系列问题。面对乡村的衰落问题，以美国为代表的发达国家，以立法的形式加强基础设施建设，通过建立特色产业，改善乡村教育、医疗等，延缓乡村的衰落进程。从理论层面看，国外对乡村衰落问题的思考，最先提出的是外生发展模式，其认为乡村的发展具有外部依赖性，主要受到乡村外部因素的影响，主张通过外部力量的干预和投资来推动乡村发展。② 随着对外生发展模式问题的反思和批判，内生发展模式被提出和认可，其强调地区的行动和内部的融合，但也存在过度强调地方的权力而忽视外部关联，带有"理想化"色彩。而后，新内生发展模式应运而生，其在维护内生发展的基本立场之上，承认了超地方因素的重要影响，强调内外资源的整合利用，将乡村发展置于整体的、网络的、互动的实践视角之中。在中国的乡村发展中，新时代乡村振兴在不断变化的

① 詹国辉、唐文浩、汪佑子：《数字赋能乡村治理质量提升：演化历程、现实困境与策略选择》，《宏观质量研究》2022 年第 5 期。
② Gkartzios, M., & Scott, M. "Placing Housing in Rural Development: Exogenous, Endogenous and Neo-Endogenous Approaches," *Sociologia Ruralis* 54（2014）：241 - 265.

复杂社会形势下也面临地域范围广、城乡发展差异大等现实问题。尽管当前研究者对于乡村振兴已经有了丰富的研究成果，但相关议题讨论还需进一步拓展。例如，新时代乡村振兴与"三农"议题，农业农村农民问题是关系国计民生的根本性问题，如何以乡村振兴破解"三农"问题；国家力量与市场力量协力推进乡村发展议题，如何建构政府主导下乡村振兴的市场协同机制；现代信息技术与乡村建设相融合议题，如何实现数字媒介信息技术与乡村振兴实践的融合发展；乡村产业持续性发展与农民增收议题，如何增强特色产业赋能乡村振兴的聚合力；以及乡村人才引进及培养议题、城乡融合发展议题、乡村养老和医疗服务议题、金融服务和小农户生产经营议题、乡村治理共同体建设与生态共同体建设议题等。总体来看，新时代乡村振兴的知识图景、热点前沿不断更新和拓展，而有关乡村发展的多维向度研究仍需要进一步深化，更多的研究议题有待随着乡村振兴实践的展开而不断被呈现。

附录　红河县乡村振兴特色发展典型案例

附录一　超地方资源整合模式：朝阳村案例

朝阳村以文旅产业为主打项目，围绕"房入会、田入股、文化入景、农特产品入市"思路，通过内生动力激发、外部资源优势整合，形成超地方的资源网络。朝阳村拥有世界连片面积最大的撒玛坝万亩梯田景区和龙玛旅游特色村、龙甲哈尼特色村等丰富的旅游资源，同时保存和传承着哈尼族传统文化。虽然如此，但是由于交通不便、运送物资困难，村内基础设施建设水平较低，村文化资源难以得到较好开发与利用。在脱贫攻坚与乡村振兴过程中，朝阳村以"文旅融合"为主要思路，带领村内百姓共同走上致富路，打造梯田文化旅游新标杆。

一　主要做法及模式

朝阳村立足自然资源和区位优势，在保护"森林－村寨－梯田－水系"四素同构的农业生态系统的同时，以文化旅游促进乡村振兴为目标，围绕"房入会、田入股、文化入景、农特产品入市"思路，充分利用内外部资源，在激发乡村内部已有资源的同时，汲取政府、市场及其他社会组织的资源优势并进行整合，形成超地方的资源网络，以持续做好"文旅融合"这篇大文章，拓宽群众增收致富渠道，打响梯田文化旅游新品牌。

（一）本土建设：村民内生动力的激发

建设本土文旅产业，首先需要激发当地村民的内生动力。换言之，只有本地居民愿意参与其中，共同发现、提出地方旅游发展中所面临的问题，并积极寻找解决对策，该村的文旅融合才能得以真正实现。① 为提升村民内生发展动力，朝阳村一方面建立了"脱贫攻坚加油站"，利用村组活动室 60 平方米闲置空间，政府投入启动资金，组织爱心人士、挂联单位及各级干部群众捐款等筹集建设资金，购置了 300 余件日用品，同时组织试行"村民积分制管理"来兑换这些物品。朝阳村通过"以表现换积分，以积分换奖励"的形式，引导激励村民积极参与种植养殖和乡村建设各项工作，特别是人居环境改善工作，制定了以环境卫生整治为重点的"村民积分制管理" 11 条积分标准，积极发动村民参与卫生整治工作。"村民积分制管理"实施以来，村民小组人居环境卫生持续改善。另一方面朝阳村发挥思想帮扶在提升群众内生动力上的积极作用，以优秀文化鼓舞斗志、滋养心灵。县文艺团体用群众喜闻乐见的文艺形式，将关怀和慰问送到田间地头、送到群众中间，进一步鼓舞各族群众发展生产的信心。同时扶持朝阳村文艺队，指导节目编排，在服装道具等方面给予必要的经费支持，在重要活动和节日中，组织文艺活动宣传文旅融合的政策，丰富群众文化生活。各种文艺文化活动提升了村民发展文化旅游业的意识，以及村民发展生产的积极性。朝阳村这些举措既增加了村民收入，又增强了群众内生发展动力。

（二）行政支持：层级政府的上下联动

政府在乡村振兴发展中所承担的职责和所扮演的角色日益多元化，朝阳村文化旅游业的发展离不开自上而下各级政府的支持。一是制度监管。从中央到朝阳村所在州、县都制定了一系列文旅融合产业发展相关的制度文件，为旅游业发展提供宏观调控和规制保障。二是政策支持。各级政府根据辖区情况制定了包括土地政策、税收政策、人才政策、资金政策等在内的一系列支持性和鼓励性政策，为朝阳村文旅发展提供良好的政策环境。三是基础设施建设。朝阳村发展文旅融合产业，不仅需要交通、能源等必要的生产设施建设，也对公共文化设施的建设提出了要求。自 2019 年朝阳

---

① 文军、刘雨航：《迈向新内生时代：乡村振兴的内生发展困境及其应对》，《贵州社会科学》 2022 年第 5 期。

村委会产业道路提升改造项目实施以来，相关单位共投入资金 661 万元，硬化公路至撒玛坝梯田路，缓解了千百年来村民人背马驮运送生产物资难题；龙施新建公房 120 平方米、球场 660 平方米；村委会硬化活动场地 67.2 平方米。更加便利的交通和完备的公共设施吸引了更多游客前来观光撒玛坝万亩梯田、体验哈尼传统文化。

（三）平台拓展：外部主体的行动介入

朝阳村发展文旅融合产业，除了自身建设外，还依托市场、媒体、高校等外部力量的介入。市场方面，有县里的商人在朝阳村建设酒店，并提供给其他村民民宿运营、管理等方面的经验，使有条件的农户能够自主管理民宿。相关食品企业着眼朝阳村丰富的物产资源，投资当地农特产品，依托梯田资源优势，与朝阳村合作打造梯田红米、葛根、梯田鱼、梯田鳅、梯田鸭、山地鸡等农特产品品牌。村民负责"稻-鸭-鱼"的生态种养，企业提供贮存、包装、销售等服务，并进行分成，提高农特产品附加值，促进村民增收。发展文化旅游离不开宣传，当地县、州电视台以自然风光和传统文化为亮点，多次对朝阳村文旅产业进行宣传报道。撒玛坝万亩梯田、哈尼长街宴也先后登上中央电视台、湖南卫视等频道，更是吸引了全国各地的游客前来观光。智力支持方面，当地政府多次和红河学院、云南大学、华东师范大学等高校合作，共同探讨乡村文旅融合发展问题，并请相关学者对村庄文旅产业进行经验总结、问题发现、对策商讨，以修正文旅产业发展模式，更好地推进乡村振兴实践。此外，朝阳村与当地艺术培训学校合作，将当地文化融入舞蹈、歌曲等，这不仅有利于保留和宣传特色文化，还培育了一批青年文化传承人，使文化得以继承和延续。

案例：朝阳村云上居精品民宿建设

红河县宝华镇朝阳村云上居精品民宿负责人石文勇是保护梯田文化并创新文旅融合发展的佼佼者。石文勇以前在个旧市一家公司做机械安装工程，2004 年带领村上的 10 多位年轻人到个旧、蒙自、开远等地学习电焊工艺，并注册成立建筑安装公司，截至 2022 年该公司已有

20 多位工人。2019 年 3 月，正当精准扶贫精准脱贫处于攻坚阶段、同时启动乡村振兴的时候，朝阳村所在地的撒玛坝万亩梯田成为全县旅游热点地，旅游开发进入新阶段。于是，石文勇回到家乡投资 560 多万元建起了 4 层 17 个房间的民宿，外貌保持传统的哈尼民族文化风格，内部则配置现代化的生活设施。透过民宿明亮的窗子，梯田风光尽收眼底，令人赏心悦目（见图 1）。据介绍，民宿的日常入住率达到 85% 以上，游客主要为来自昆明、成都、广东等地的摄影爱好者，还有一些退休人士。

为了确保文旅融合的良性发展，朝阳村及时成立了红河县悠然旅游开发专业合作社。截至 2022 年，该合作社共有 7 名社员，包括田伴人家、龙马客栈、撒玛家园、游客之家等 5 家民宿及 2 家餐饮店。据宝华镇镇长唐彪介绍，2022 年整个宝华镇的民宿已经发展到 20 家，也带动了村上一批脱贫户到民宿务工。

图 1　朝阳村撒玛坝梯田风光

（四）行动联结：内外共生的超地方实践

朝阳村的文旅融合产业发展在本质上是一种以地方社区为基本单元而展开的新内生发展实践，并以此实现"国家 – 市场 – 社会"力量的互嵌和协同。① 新内生发展实践反映出一种"上下联动、内外共生"的发展思路，而"国家－市场－社会"的三方互嵌则直观反映出朝阳村文旅融合产业发展过程中的关系格局，这种关系格局表现为多元行动者网络的建构。这里的多元行动者既包括代表国家力量的层级治理部门，也包括代表市场力量的村庄内外部企业、商家以及劳动力人口等，还包括属于社会力量的各类社会组织、学校、媒体等，更包括作为行动主体的地方村民。尤其是社区村民委员会在多元行动者网络中发挥着重要的枢纽作用，要协调政府、村民、企业、媒体、学校等主体在文化旅游业发展过程中的关系和共同行动，既向下传递国家行政体制的影响力，也向上反映基层群众的利益和诉求。朝阳村的文旅融合产业发展实践正在从传统的地方性实践向现代的超地方实践转变，而传统的地方性行动者网络也在向新型的超地方行动者网络转变，这种多维的行动联结体现一种内外共生的超地方实践。

二　朝阳村经验成效

朝阳村在发掘内部资源和动力的基础上，积极拓展外部资源，将企业、高校、媒体等主体纳入文旅融合产业的发展之中，是一种超地方的资源整合模式。其亮点在于在资源开发上基于地方特色产业，在资源利用上联动本土资源与外部资源，在资源整合上形成跨地域资源网络，以此促进乡村文旅融合产业的发展。

（一）资源开发：基于特色资源的产业建设

朝阳村的文旅融合产业基于已有的自然条件和传统文化。自然风光方面，朝阳村依托世界连片面积最大的撒玛坝万亩梯田景区和龙玛旅游特色村、龙甲哈尼特色村等丰富的旅游资源，走起了文化旅游富民的路子。依托丰富的生态资源、丰腴富足的农业产能，当地旅游业发展形成了具有相当影响力的品牌。为推进旅游业发展、有序管理旅游环线餐饮住宿、促进

---

① 吴越菲：《内生还是外生：农村社会的"发展二元论"及其破解》，《求索》2022 年第 4 期。

农户增收，秉承县委县政府"房入会、田入股、文化入景、农特产品入市"的乡村旅游发展思路，做好基础设施建设与生态培育"双推进"工作。朝阳村于 2016 年 5 月注册了以餐饮、住宿为主的红河县悠然旅游开发专业合作社。民俗文化方面，朝阳村是哈尼族聚居地，哈尼族特色文化节日众多，例如十月年、五月年、新米节、开秧节等。朝阳村大力弘扬和打造民族风俗文化特色旅游，形成了哈尼五月年磨秋节、哈尼十月年长街宴、撒玛坝开秧节、"村长有请"等民族特色旅游品牌，以及日常组织的梯田摄影活动、民俗文化展演、农耕文化体验活动等内容丰富的体验项目，民族旅游品牌特色明显，将适宜旅游时间贯穿整个年度，有效地规避了旅游淡旺季的影响，也为群众旅游收入的增长提供了稳定的保障。立足本土资源的文旅产业发展，朝阳村生态环境得到保护、民俗文化得以传承、经济政治发展快速、人民生活水平显著提高。

（二）资源利用：联动本土资源和外部资源

发展好乡村文旅产业，不仅仅是村民自己的事情，也不完全是政府的责任，而是需要社会各方的共同努力。朝阳村在发展文旅产业的过程中，做到了既带领社区成员对地方社区的本土资源条件进行分析和挖掘，又根据乡村社区发展的实际需要链接外部资源。在本土资源发掘上，朝阳村的"村民积分制管理"和文艺活动对带动村民参与社区事务的积极性起到一定促进作用，村委会还以规划"未来社区"、能人带头的方式，帮助社区村民制定社区发展蓝图，组织引导村民在了解社区发展现状、分析发展问题、识别内外资源的基础上，确立社区发展的具体目标和具体方式，形成社区的可持续发展规划。在外部资源利用上，朝阳村以村委会为核心，与村庄外部各级组织产生联结并形成合作关系。在此过程中村委会厘清各主体的需求和利益，在满足各组织利益需求以及解决核心问题的基础上，将各方吸纳到本村文旅融合产业发展的网络之中，以此争取丰富的外部资源，与本土资源产生积极的联动。朝阳村本土资源与外部资源的联动过程，实际上就是在实现社区内部主体整合的基础上，建立起与层级政府以及外部多元行动者之间的合作关系，并通过协商机制实现各个行动主

体之间的联结，以此打造"内外共生"的资源网络。[①] 其前提条件在于
社区居民、国家政府以及市场主体的多元行动参与，外部行动者介入并
非单向度的资源输入，而追求的是内外部主体之间基于利益整合而实现
的合作共赢。

（三）资源整合：形成跨越地域资源网络

朝阳村通过内外部资源的整合，形成了独具特色的文旅融合产业，其
资源网络的联结主要体现在以下四个方面。第一，能人帮助本地客栈经营
创收。朝阳村住房条件较好的农户，利用自家空闲房屋、建筑物等可利用
空间，在相关商人的指导下，开发客栈、农家乐、书吧、咖啡屋等经营项
目，增加补充性收入。第二，县域部门助力村庄养殖分红。在当地乡村振
兴局的帮助下，村委会利用本村富饶的水田资源，在保持土地使用性质的
基础上整合村农用地，将土地精准划分为农产品规模集中种植区域、游客
体验传统种植方式区域、游客梯田捉鱼区域、野外露营娱乐区域，对不同
区域的收入进行集中，按股分红。第三，媒体宣传吸引游客拉动消费获利。
朝阳村合作社为群众搭建平台，举办哈尼长街古宴、欢歌新米节、新春炊
锅长街古宴、"村长有请"等旅游活动，并在官方微信公众号上宣传，生动
展现哈尼族原生态歌舞表演展演和传统节日庆典活动。哈尼梯田、长街宴
等还登上了中央电视台舞台，本地文化旅游产业得以向全国各地传播。第
四，企业推动"农特产品入市"，提高村民增收。朝阳村依托梯田资源优
势，在成立稻田养鱼、养鸭合作社的同时，又在相关企业的帮助下打造梯
田红米、葛根、梯田鱼、梯田鳅、梯田鸭、山地鸡等农特产品品牌，以实
现朝阳村产业、旅游"双效共赢"。朝阳村的文旅融合发展实践以经济建设
为核心，同时又带动政治、文化、社会等方面的发展，然后反哺经济发展，
形成整全的资源联结模式。

[①] 张文明、章志敏：《资源·参与·认同：乡村振兴的内生发展逻辑与路径选择》，《社会科学》2018 年第 11 期。

附录二　共生式民族团结典范：扎么村案例

扎么村隶属的三村乡是黑树林地区的重要组成部分。长期以来，由于该地区特殊的地理环境，为生存而引发的山林水土权属纠纷不断，严重影响三村乡的生产秩序。依托多民族共生的发展背景，扎么村通过共同体意识培育、基础设施建设、党组织引领等方式，大力推进共生式民族团结进步示范村寨建设。通过项目实施，逐渐将扎么村建成"生产发展、生活宽裕、乡风文明、村容整洁、管理民主、民族团结"的社会主义新农村。

一　主要做法及模式

扎么村认真贯彻县委、县政府关于黑树林地区"团结、稳定、建设、发展"的工作方针，以建设发展为第一要务，以团结稳定为第一责任，把搞好团结、保持稳定、发展经济、脱贫致富作为首要任务，采取有力措施，狠抓落实，使这一地区"愚、贫、乱"的状况有了较大转变，促进了村内经济社会的和谐发展。

（一）民族交融：共同体意识培育

加强组织领导，促进工作有序开展。乡党委政府高度重视创建工作，将其列入全乡重点工作范围，为使创建工作落到实处，一是制定《三村乡落实红河州创建全国民族团结进步示范州实施办法》，成立落实创建全国民族团结进步示范州工作领导小组，由乡党委书记任组长，乡长任副组长，党政班子及各中心（所）主要负责人为领导小组成员，领导小组下设办公室，形成一级抓一级，一级带一级，人员分工明确，上下联动，层层落实责任的工作格局，并有专门人员做好信息、材料等的上报工作，确保争创工作正常开展。二是培养少数民族干部，在培养少数民族干部队伍上，扎么村十分重视少数民族干部人才的培养、选拔、使用。本次调研数据显示，村内党支部委员会和村民委员会委员均为少数民族人员，他们在创建全国民族团结进步活动中发挥着极大的作用。

统一思想认识，抓好精神宣传教育。为进一步丰富广大群众的精神生活，促进各族群众的交流，乡党委政府切实发挥好"五进"活动主阵地、主渠道的作用，扎实推进民族团结进步宣传教育。一是以"精准扶贫"为契机，通过走访贫困户，组织少数民族代表人士座谈等灵活多样的方式向群众宣传国家民族政策。二是邀请农科专家到村组对村民进行种植养殖实用技术培训。三是以"三会一课"为抓手，乡包村干部到村开展"民族政策大宣讲"，并为各村农家书屋增加民族政策宣传读本400余本。四是发挥医院、学校、机关等创建活动主阵地、主渠道的作用，鼓励各单位依托自身活动场所开展学习、宣讲民族政策等形式多样的活动。活动的组织举办、群众的广泛参与，丰富了农民群众的精神文化生活，加强了各民族群众之间的沟通和联系，增进了各民族群众间的团结合作，民族文化、民族风尚得到弘扬，为进一步深入开展好民族团结进步工作奠定了扎实的基础。

推进教育工程，传承民族优秀文化。一个民族要发展就必须抓好教育，而一个民族要经久不衰就必须传承并发扬民族文化。一是乡党委政府高度重视广播电视工作，扎实推进"村村响"广播工作。二是教育事业取得新进展。认真抓好控辍保学工作，全面落实"两免一补"政策，为27名优秀毕业生发放补助3.8万元，全乡适龄儿童入学率为99.2%，初中毛入学率达98%，初三毕业生参加中考人数232人，参考率82%。三是宣传标语工作不断深化。制作宣传栏17处，刷写宣传标语32条，发放宣传资料5000余份，覆盖村民生活的方方面面。

（二）宜居环境：全方位设施建设

发展产业经济，促进民族和谐。一是做优种养殖业，激发内生动力。根据本次调研数据，扎么村内共有559户从事种养殖业。依托全乡27个农民专业合作社，开展贫困村"一村一品"产业发展行动，扎么村认真完成全乡的产业到户实施方案，目前为止投资104万元，建立养猪专业合作社4个，覆盖建档立卡户576户2357人。二是坚持茶叶产业主导，实现产业转型。扎么村以农产品加工业为主导产业类型，以茶叶精加工为主要产业方向。目前，三村乡茶叶种植面积已达24700余亩，茶叶初制加工厂已有17

个，并成立茶商协会 1 个，茶叶加工合作社 5 个。2022 年扎么村从事茶叶产业的户数为 350 户，且均已获得各级各类资金和项目扶持。扎么村积极打造三村茶叶品牌，通过招商引进临沧滇红茶叶有限公司，建设三村茶叶深加工厂，2017 年红河滇红茶业有限公司注册成立，注册资金 3000 万元。三是做强甘蔗产业，注重产业升级。四是组织成立红河县民利劳务有限公司、东莞友兴劳务派遣公司驻红河办事处，积极引导适宜外出务工的贫困村民，通过以奖代补方式，助其外出务工寻求致富门路。

推动示范工程，开展典型模式。积极推进州级"十百千万"示范创建工程，推进民族团结进步示范乡镇、民族团结进步示范村、民族特色村、民族团结进步示范户创建工作。力争在统筹城乡、培育特色产业、改善民生保障、繁荣民族文化、建设生态文明、和谐民族关系、创新社会管理等方面作出示范，示范村在培植增收富民产业、保护发展民族文化、提升群众发展能力、促进民族团结和谐等方面作出示范；示范户在增收致富、明礼重教、团结和谐、遵纪守法等方面作出示范。目前，三村乡已立项建设的民族团结进步示范村、民族特色村共 12 个，发放村级民族互助产业发展资金共计 100 万元，涉及 7 个示范村、3 个特色村，惠及 117 户农户。

易地扶贫搬迁，保障基本生活。为解决"一方水土养不好一方人"的现实问题，扎么村开展易地扶贫搬迁，并在搬迁安置的基础上进一步实现农户的脱贫致富。2017 年、2018 年两个年度扎么村委会涉及的 2 个易地搬迁项目分别是拢玛搬迁点和德拢搬迁点。拢玛搬迁点由扎么村委会的借茨、坝茨、合玛、朋东、批洛 5 个自然村搬迁组成，搬迁农户 251 户 1066 人，其中建档立卡户 228 户 982 人，随迁户 23 户 84 人。德拢搬迁点由扎么村委会扎么、东埕、宗贡、扒龙、阿松 5 个自然村搬迁组成，搬迁农户 133 户 616 人，其中建档立卡户 99 户 469 人，随迁户 34 户 147 人。

（三）基层党建：多领域服务合力

抓好党建综合示范村，形成"一村一景"。党建引领基层治理和抓党建促乡村振兴，是夯实党的执政基础、巩固党的执政地位的必然要求，也是实现治理体系和治理能力现代化的必然要求。扎么村完成了普施、则红等 7

个自然村党建综合示范村的建设，从环境卫生整治、党员带头干实事、庭院经济发展等方面进行特色开发，起到了示范带动作用，为各自然村打造特色景观奠定了组织基础。

抓好综合服务平台，拓展服务功能。扎么村设立了 1 个为民服务中心，6 个为民服务站，62 个为民服务代办点，同时，设立"农村电子商务室"，普及农村电子商务、代办淘宝购物，为下一步发展"互联网＋"打下坚实基础。此项目采用 O2O 商业模式，减少中间环节，降低中间成本，以此增加群众收入。通过本次调研，项目组了解到，目前扎么村已建立村务微信群，利用"互联网＋党建"优化党建工作，利用"互联网＋网格"优化人员管理工作，利用"互联网＋医疗"优化医疗服务工作。

抓好"党员服务队"，发挥党员先锋模范作用。全村组建了 6 支党员服务队，共有党员 73 人。在自然灾害、突发事件处理和公益项目建设等过程中冲在第一线，充分发挥带头模范作用，树立了对党忠诚、敢于担当的楷模。建立乡村服务群众工作站，干部职工每月下村不少于 10 天，并带"五个一"（一把锄头、一顶草帽、一把背壶、一个书包和一本民情日记本），同群众同吃同住同劳动。

二　扎么村经验成效

扎么村以民族工作为主线，致力于增强多民族内部情感联结，在组织引领、文化传承、产业培植和移风易俗四个方面卓有成效。扎么村始终将发展作为第一要务，将团结稳定作为第一责任，将搞好团结、保持稳定、发展经济、脱贫致富作为重要任务。

（一）组织引领：谋民族团结进步之策

民族工作事关边疆巩固、民族团结、社会稳定和经济发展，三村乡党委、政府从未放松对民族工作的领导，在工作过程中不断完善组织机构，优化实施方案，明确工作标准。按照民族团结进步示范创建"九进""十有"的要求，明确了做好民族工作、讲好民族故事、传好民族佳音、建好民族示范的创建任务，把民族工作作为政治任务扛在肩上，紧紧扭住基层党组织这个"牛鼻子",坚持"两个共同"的理念,团结、教育和引导各族群众铸牢中华民族共同体意识,促进各民族相互尊重、相互包容、相互欣赏。全乡形成党政主抓、村组共抓、全民参与,上下一盘棋、一股劲地开展民族团结进步示范创建工作的格局,为全乡民族团结进步示范创建工作提供了坚强的组织堡垒。

(二)文化传承:筑民族团结进步之魂

扎么村坚持文化惠民,强化民族公共文化设施建设,建设村史馆 1 间,配备广播、体育器材 3 套,组建民族文艺队 1 支,通过文艺队利用民族节日宣传民族政策、民族文化,引导群众深化对中华民族共同体意识的认识,广泛传承发展"六月年""十月年"等民族节日,弘扬民族文化,增进村民团结进步,手足相亲、守望相助,形成相互了解、相互尊重、相互包容、相互欣赏、相互学习、相互帮助的良好氛围。如今,走进扎么这个边陲村庄,民族团结之花绚丽绽放,民族团结进步创建硕果累累,村民手足相亲、守望相助,建立了你中有我、我中有你的血肉联系,在党的光辉普照下,携手走进新时代,同心共筑中国梦。

(三)产业培植:增民族团结进步之福

文化是民族团结的"魂",产业则是民族团结的"根"。在民族团结进步示范创建中,扎么村以解决村民"增收难"为突破口,念好"山字经"、唱好"林草戏"、打好"果蔬牌",深入推进民族产业规模化、特色化发展,坚持"政府引导、公司运作、集体组织、大户带头、群众参与"的原则,通过"三权三证"盘活发展资金,把种植养殖业、茶叶、劳动力转移、中药材等作为各民族增收致富的产业项目进行精心培植,有力推动了民间产业和新兴特色产业发展。成立农民专业合作社 1 个,种植茶叶200 亩、中药材 20 余亩,劳务输出 200 余人。调研数据显示,扎么村内共有 3 位农民合作社带头人和 1 名农村创业创新带头人。2022 年村人均年收入为 13200 元,村内富裕户数量占全村总户数的比例为 18.78%,可见群众收入持续稳定增长,美好幸福生活质量显著提高。

（四）移风易俗：绘民族团结进步之画

民族风貌要靠民族精神来体现，要革除陈规陋习、增强民族自信、增进民族互信、促进民族团结进步、实现民族共荣。近年来，扎么村以实施乡村振兴战略为契机，优化完善村民自治管理体系，由村党组织牵头召开村民小组会议，组织制定以城乡人居环境整治、扫黑除恶、殡葬改革、移风易俗等为主要内容的村规民约，发挥各族群众自治、监督的能动性，定期开展路旁、水旁、宅旁、村旁、地旁、山旁、公共区域旁等"七旁"垃圾清理和粪堆、柴堆、杂物堆治理。同时，组建由村干部、党员、老干部、老教师和人大代表、村民代表为成员的道德评议会、红白理事会、禁毒禁赌会等组织，自发开展移风易俗，整治农村赌博酗酒、封建迷信等问题，革除大操大办、铺张浪费、薄养厚葬等民俗陋习，展现出村庄"地干净、物整洁、人精神"的良好风貌。

附录三　下沉式基层党建经验：老博村案例

老博村从下沉式基层党建入手，通过规范化、标准化的党组织建设，保证党员队伍结构合理，开展多样化的组织活动，提升党员服务群众能力，完善工作议事流程，推进村庄配套设施建设。曾经的老博村，村级集体经济发展缓慢，群众收入普遍不高，且村庄环境卫生质量较低，村内基础设施建设不够完善。在脱贫攻坚以及乡村振兴期间，老博村依托下沉式党组织建设，与村庄生态、文化、教育、组织、产业各条线互助发展。近年来，老博村结合党支部规范化建设工作的开展，突出活动阵地"建管用"，进一步提升基层党组织战斗力、凝聚力，通过创设"五个标准、四个结合"模式走上了一条基层党建引领示范之路。

一　主要做法及模式

老博村通过"五个标准"与"四个结合"的下沉式基层党建模式，通过加强组织建设、队伍建设、支部活动建设、基本制度建设与基本保障建设，通过与脱贫攻坚、民族文化、人居环境、精神文明等各条线工作结合，高效利用本地资源，打通上下沟通渠道，推动村庄全方位振兴。

（一）"五个标准"：实现组织建设下沉

一是组织建设标准化立"标杆"。老博村以发挥党支部的战斗堡垒作用为着力点，按照便于党员参加活动、党支部发挥作用的要求，党支部设置科学、隶属清楚、调整及时、换届正常，村监委主任兼任党支部书记，党支部班子成员结构合理、职责明确、团结协作。老博村按照"一岗双责"党风廉政建设的要求，对照廉政建设责任书，建立健全廉政建设目标管理职责制度，严格执行中央八项规定，督促"四风"建设。同时，老博村持续狠抓党风廉政建设，规范村级权力，严格按照村级小微权力清单内容，规范村级各项事务。由此，老博村率先完成党建标准化建设，并顺利通过党建标准化建设验收。2020 年，老博咪田寨党支部被评选为州级示范党支部。

二是队伍建设标准化强"力量"。除了构建扎实的引领性工作机制，老博村以发挥党员先锋模范作用为着力点，通过"五个有"（有党员发展计划、有党员教育制度、有党员发展纪实、有党员管理机制、有党员日常提醒制度）和党支部班子成员联系流动党员制度严格规范党员发展、教育、管理。老博村严格执行"三会一课"制度，结合云岭先锋党建平台，扎实开展党组织生活。通过主题党日带领党员到烈士陵园祭扫、参观村史馆等方式，增强宗旨意识和党性观念。老博村还注重加强流动党员学习管理，建立了流动党员微信群，定期发布组织培训学习内容。做好党员发展工作和党员关爱工作。与此同时，老博村坚持积极、慎重地发展党员，坚持高标准、严要求，严格入党手续。2018～2021 年，老博村发展党员 2 名，培养入党积极分子 3 名。根据调研数据，2022 年村内共有党员 78 名，其中高中及以上文化程度的党员为 23 名。党支部认真开展党员关爱活动，2018～2021 年，老博村共开展困难党员慰问活动 7 次。2020 年以来，老博村集中培训党员80 余人次，组织党员收看电教片、科技专题片、现代远程教育节目 20 余次。全村党员党性观念、党员意识和能力素质不断提升，党员队伍力量不断增强。

三是基本活动标准化添"活力"。老博村以服务群众为宗旨，认真开展各项党组织活动，创新"五个党员日"活动（党员学习教育日、党员亮身份活动日、党员划片联系群众日、党员民主议事日、党员志愿服务日），带领全村党员开展党性教育、业务培训、志愿服务、民情恳谈、走访慰问、党员践诺等活动。老博村严格落实村干部坐班值班制度，确保群众办事有人接待，对群众反映的问题及时处理。老博村还利用主题党日活动组织党员开展全村卫生清理整治。2020年，咪田寨党支部共组织人居环境提升改造活动7次，调解群众纠纷12起，举办农村实用技术培训2场次，培训村民130人次。调研了解到，老博村已设立社会工作组织（社工站）、工会、妇联、共青团等群团组织和学校，积极使用互联网平台开展服务工作，利用"互联网＋党建"优化党建工作，利用"互联网＋网格"优化人员管理工作，利用"互联网＋医疗"优化医疗服务工作，利用"互联网＋文化"优化旅游文化工作。

四是基本制度标准化抓"规范"。老博村以推动党支部工作规范化长效化为着力点，结合主题教育的好经验好做法，探索建立"党员固定活动日"制度，将"三会一课"、组织生活会、谈心谈话、民主评议党员、党员"政治生日"等党的组织生活制度严格落实到位，配套完善党员议事决策制度、党务公开制度、联系服务群众制度。同时，老博村党组织议事严格按照"四议两公开一监督"程序实施。在村级重大事项决策、财务管理、集体资产资源处置等方面，公开透明运行，全面实施村财乡管，按时公开"三务"，主动接受群众监督，消除群众疑虑，能做到廉洁、自律、勤政为民。2020年以来，咪田寨党支部召开支部党员大会4次、支委会12次，党支部对进村公路、公厕、垃圾池、文化活动室、街道路面铺设等5项事项进行议事决策，联系服务群众办实事246件，公开党务8次16项，各项制度运行有效，党支部规范化水平不断提升。

五是基本保障标准化解"困局"。老博村按照"布局合理、功能完善、美观大方、综合利用"的原则，因地制宜、科学规划，为保障党的组织生活正常开展，建设成咪田寨党员活动场所。至今为止，老博村已经修建了 200 平方米的活动场所，配套有 600 平方米的活动广场，配备有标示牌匾、旗杆国旗、党旗、桌椅板凳、电教设备、图书资料、喇叭等。上述举措，切实使村党组织活动阵地标准化、规范化，有效解决了基层党组织和党员群众"活动无场地、议事无场所"难题。

（二）"四个结合"：实现整合资源下沉

一是与民族文化结合，促民族团结。老博村党支部始终坚持基层党建和民族团结工作"双推进、同增强"，让党员同志和民族群众如同石榴籽般紧紧抱在一起。将党组织活动贯穿于贴近民族群众生产生活的民族民间文化之中，传承民族文化的同时丰富党组织生活。比如，老博村是哈尼族聚居地，民族文化浓郁，梯田文化、生态文化、魅力民居、民族节庆、民族服饰、民族歌舞集中形成了独特的哈尼族文化。有独具特色的民族祭祀、节庆节日：哈尼"扎勒特"十月年、"苦扎扎"六月节、"昂玛突"祭寨神（俗称祭龙，见图 2）、"叫牛魂"与"染红蛋"等。每年哈尼"扎勒特"十月年期间，老博村的老博上寨、咪田寨都要连续三天摆出长街宴，此风俗已延续数百年，几乎从未间断，每年都吸引大批游客慕名而来体验传统哈尼文化，故此老博村的咪田被誉为长街宴的发源地。咪田寨党支部注重牵头操办长街宴，让其中蕴含的丰富民族文化一脉相承，滋养当代群众的心灵。老博村现有 9 支文艺队伍，以各种文化活动为契机，激发当地群众以饱满的热情投入家园建设中来。当地涌现出一大批哈尼族道德模范，如省级道德模范、"最美母亲"张志芬等。

二是与脱贫攻坚结合，促生活富裕。老博村依据上级挂联单位帮扶责任人的方法，要求"村三委"包村干部对所包保责任村的贫困户做到情况熟悉掌握，收入构成清晰。老博村以"脱贫攻坚，我是党员我先行"为导向，使党员自觉做好精准脱贫工作的引领者、推动者、实践者，自觉担起扶贫攻坚的担子，积极配合乡镇工作组抓好本村脱贫攻坚工作。老博村还依托"万名党员进党校"提升党员能力素质，开展"党员联户"，党员向所联系贫困户宣传脱贫攻坚相关精神和各项脱贫政策。每名党员都有一本扶

图 2　老博村祭龙仪式

贫手册，填写入户登记表、走访日记、贫困户反映的困难等内容，有力推进全村脱贫扶贫工作。2015 年以来，老博村共有建档立卡贫困人口 90 户393 人，现已全部脱贫，贫困发生率从建档时的 1.92% 下降至 0%，监测户5 户 17 人。全村共有危房户 65 户，其中 C 级 14 户，D 级 51 户，现已全部完成改造，实现 4 类对象危房清零。

三是与人居环境提升结合，促生态宜居。老博村党支部开展消除"视觉贫困"行动。党支部积极组织党员干部带头清理房前屋后杂物、柴草堆等各类垃圾，拆除破旧土房、残垣断壁、烂棚圈。开展绿化村庄行动，党员带头做好村庄周围植树绿化和森林防火工作，加大对村主干道沿线及居民房前绿化造景力度。比如，咪田已聘请 7 名保洁员做好日常清洁卫生工作，并分 4 个片区由 16 名党员带头不定期组织村民、村级公益性岗位人员对村内卫生死角进行全面清理，认真落实"门前三包"制度。老博村积极筹措资金，加大水利、道路、农村亮化工程等基础设施建设，完成了老博上寨、下寨、咪田、马撒、青撒、撒尼等 6 个自然村的道路硬化，同时注重排污管网建设，并完成 6 个自然村村内卫生公厕改造，3 个自然村进行了亮化，安装路灯 120 盏，下一步还将继续扩大亮化范围。老博村严格按照综合性文化服务中心建设要求，建设了老博上寨、下寨、咪田、马撒、青撒等 5 个自然村篮球场，青撒、马撒党员活动室等。

四是与精神文明建设结合，促文化繁荣。老博村积极开展"善行义举榜"先进事迹推选活动，评选身边好人，在文化广场、村委会办公场所张榜公示，2019 年有 20 户被评为村级十星级文明户。咪田寨李小胖、张志芬被评为县级"善行义举榜"，张志芬家庭被评为红河州"最美家庭"，这在全村范围内起到了很好的示范效应和带头作用。老博村还积极组织广大群众学习和弘扬当代好人精神，鼓励全村人民向榜样学习。扎实开展文化活动。老博村积极弘扬以爱国主义为核心的民族精神和以改革创新为核心的时代精神，深入开展"讲文明、树新风"活动，进一步提升公民思想道德素质，配齐了农家书屋、阅览室、村史馆设备，组建了老博阳光文艺队、老博青撒老年文艺队等 8 支文艺队，将本村的善行义举、好人好事编成节目在村里演出，这既丰富了村民的业余生活又推进了社会主义核心价值体系建设。

二 老博村经验成效

在甲寅镇政府的坚强领导下，老博村始终以对党和人民事业高度负责的态度，积极贯彻落实上级党委"三坚持，五着力"的工作思路，紧紧围绕发展是党执政兴国的第一要务，团结和带领全村 2000 多名群众奋力拼搏、锐意进取，在应对挑战中抢抓机遇，保持了全村经济健康发展和社会事业全面进步，助推生态、文化、教育、组织、产业振兴。

（一）生态层面：网格建设助推卫生改善

2018 年，在环境卫生方面，老博村采取"门前三包"制度，外包给农户，虽然取得一定成效，但环境卫生质量改善幅度不大。2021 年，结合乡村振兴工作，老博村按照农村综合治理的要求，对全区域进行了网格划分，共分为五个网格，设立了专门的网格长和网格员。根据本次调研数据，2022 年老博村村庄道路建设与维护支出 1.26 万元，垃圾清运等环保费用支出 2.5 万元。同时，结合红河县创文、创卫相关要求，将日常环境整治与网格相结合，由各网格负责组织清扫，定期开展巡查和互查活动，取得了很好的成效。调研过程中发现村里都已建成公共厕所，且都有显著标识。除此之外，村里都已有固定垃圾投放点，环境卫生得到极大改善。

（二）文化层面：多样形式营造文明新风

老博村充分利用广播、宣传栏、标语、横幅、墙体彩绘、"村村响"等，深入宣传移风易俗的积极意义，促使健康积极正面的生活观、做人观、婚姻观、职业观潜移默化进入当地村民意识。同时，聘请专业人员在村委会驻地、有宣传墙体的自然村绘制宣传板报，在咪田创建社会主义核心价值观文化栏等不间断宣传移风易俗文明新风，确保文明新风在各村家喻户晓，在百姓心中生根发芽。调研发现，现如今老博村婚嫁陋俗、铺张浪费、违规安葬、愚昧迷信等现象越发减少，老博村村民都在积极成为一名传播文明新风的有力践行者。

（三）教育层面：基础教育事业进步显著

近年来，老博村大力发展教育事业，相比之前主要有以下几点变化。一是乡村教师学历普遍提高，各方面待遇保障提升。二是乡村学校包括小学、初中硬件设施得到了极大改善，精神文化追求日趋多样，开始讲求校园文化独特性与特色所在。三是整体来看学生入学率提高。四是家长文化素质整体有所提升。总之，随着近些年政府力量的不断投入，村民对教育的重视程度日益提升，老博村教育事业切实取得了较大的进步。

（四）组织层面：非正式力量展现活力

近年来老博村通过村民自我赋能、政府多方支持等多种形式推动多类型、多样化的非正式力量扎根与壮大。调研过程中发现，老博村已形成的非正式组织有村民组建的民族舞蹈队、产业合作组织、红白喜事会、外出打工联合会等。非正式力量展现出了较大的活力，促使村庄焕然一新，呈现新气象、新面貌。

（五）产业层面：合作社助推自主脱贫进程

2016 年以来，为推动精准脱贫工作的顺利开展，老博村组建农民专业合作社，由明白人、带头人牵头，建成示范种植基地。调研数据显示，截至 2022 年底，村内共有 1200 位获得职业技能等级认定的农民（占全村人数的 45.91%），1 位农民合作社带头人，7 位农村创业创新带头人和 7 位乡村工匠。老博村从生产、销售、服务等各个环节，引导扶持建档立卡户组建各类种植养殖合作小组，切实提升贫困群众自主脱贫的内生动力，为率先脱贫打下坚实的基础。通过问卷调查，项目组了解到老博村将乡村休闲旅游业作为主导产业类型，以打造长街宴民俗文化旅游为主要产业内容。村主导产业由当地村民自发形成，普通农户分散经营，且已获得各级各类资金和项目扶持。2022 年老博村从事该产业的农户数为 240 户，占总户数40.34%。同时，老博村对于现有文化项目进行了升级包装，开发新的文化体验项目，并前往外地进行展览和宣传。

附录四　全要素组织带动方法：勐龙村案例

迤萨镇勐龙村处于干热河谷地带，立体气候特征十分明显，有"天然温室"之称。长期以来，勐龙村得天独厚的热区资源优势没有得到有效利用，村民们沿用传统的耕作方式，一年栽种两季水稻，种植结构单一，群众商品意识差、市场观念淡薄等突出矛盾和问题制约全村经济的发展。勐龙村通过探索"1+4"党建引领新模式，实现全要素组织带动发展。勐龙村党总支围绕新时代党的建设新要求，狠抓基层党建工作创新，围绕"书记抓、抓书记"这一主线，积极探索"抓实党建、抓实生态、抓实产业和抓实思想"发展模式，层层压实责任，大力发展经济，着力打造党建特色品牌，努力寻求新突破、创造新经验、走出新路子。

一　主要做法及模式

勐龙村党总支、村委会立足村情实际，探索出一条全要素组织带动发展路径。坚持"书记抓"：党总支书记、支部书记、驻村第一书记分片包干到每个自然村、村小组，始终将党的要求贯穿到乡村治理体系建设全过程。

坚持"抓书记"：党总支坚持把政治素质高、业务能力强、群众信得过的人选拔为支部书记。全村形成上下联动、同向发力的发展格局，促进村庄基层服务、产业经济、民族团结、生态保护的全要素发展。

（一）凝心聚力：党建助力基层服务

勐龙村充分发挥党员力量，开展基层服务。首先，创建党员服务队。勐龙村通过组建党员服务队，对全村群众的结构构成、生产生活方式、思想状况、各类需求等进行调研梳理，集中开展"文明问需"实践活动。其次，组建党员志愿队。勐龙村通过组建党员志愿队，结合"农村人居环境提升"等工作，党员志愿者到群众家中提供"收家治家"服务，建设"美丽家园、美丽庭院"。最后，设置党员先锋岗。勐龙村突出抓好重点领域、关键环节和主要矛盾，设置党员先锋岗，开展"文明家庭""星级文明户""道德模范""人居环境红黑榜"等评选活动。

（二）产业创新：党建助力经济发展

勐龙村以"明白人，带头人"、党员创业致富能手、农村经纪人等为主导，探索出一条"公司＋支部＋专业合作社＋基地＋农户＋土专家"产业化经营模式。调研数据显示，勐龙村村内共有获得职业技能等级认定的农民89位，农民合作社带头人4位，农村电商人才1位，乡村工匠36位。勐龙村党支部引领开创"稻－渔－菜－菜"三熟四栽的模式，把改良土壤结构、降低连作障碍、提高土地生产力等高产高效攻关模式作为农业高质量发展重点，通过"水旱轮种"探索出了一条节约资源、循环高效的"稻－渔－菜－菜"生态农业发展之路。根据调研数据，截至2022年底，村内共有土地15810亩，基本农田2963亩，占总土地面积的18.74%。村里土地不仅可以种植辣椒、黄瓜、四季豆等蔬菜，还可以种植一季水稻，实现了"一水多用、一田多收"的发展目标。该模式提高了热区稻田的利用率、复种率，增加了稻田产值，初步形成了产供销一条龙的冬早蔬菜产业模式，成功解决了村内人多地少的问题。经过调研，项目组了解到，勐龙村将种植业作为主导产业，以种植冬黄瓜、茄子、辣椒和干豆为主要产业内容，且该产业由当地村民自发形成，由普通农户分散经营，已获各级各类资金和项目扶持。2022 年村内从事该产业的农户数为 467 户，占总户数的 88.61%。勐龙村党支部牵头成立红河县南洞润沣水产养殖专业合作社。该类合作社养殖模式具有产出高、收益大的优势，且管理简单、土地开发应用性强，成了精准扶贫、精准脱贫的有效措施。

（三）模范带头：党建助力民族团结

党建助力民族团结，以榜样力量引领群众。勐龙村以榜样力量引领群众，助力民族团结。勐龙村以党建为切入点，注重培养"明白人，带头人"，将其作为村里的重要乡村振兴力量，多年来带领村里各族群众发展产业致富奔幸福路。勐龙村充分发挥"七明白""七带头"（见图 3）作用。通过开展"民族团结进步示范家庭""最美庭院""星级文明户"等评选活动，逐渐形成党员干部"七明白""七带头"辐射效应，引导多民族群众在乡村建设、乡村治理的基础上，不断开创民族团结进步地区乡村振兴新局面。

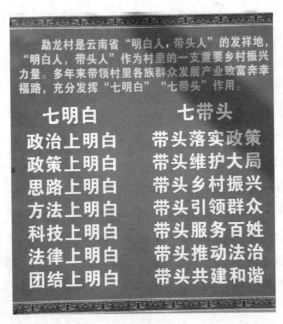

图 3　勐龙村"明白人，带头人"展板

（四）环境整治：党建助力生态保护

党建助力生态保护，以群管群治美化环境。勐龙村以群管群治美化环境，助力生态保护。首先，建立党员街长制。以党员带头，带领村民们积极融入河流保护、人居环境整治工作中。围绕让每条河流、每个自然村都有党员街长抓、都有党员街长管，层层夯实责任、明确任务。其次，建立党员片区制。按照"村庄地点邻近、党建工作优势互补"的原则，勐龙村建立了党员卫生片区，坚持一个党员带动一批群众，把农村垃圾处理贯穿于建设的全过程。采取"一事一议"的方式，尊重村民意愿，充分听取村民的诉求，把垃圾收费制纳入村规民约，实行市场化运营，进一步构建完善"户收集、村集中、镇转运、县处理"的垃圾收运处理模式。

二　勐龙村经验成效

勐龙村通过探索"1+4"党建引领新模式，建强基层组织，改善人居环境，增强思想意识，同时通过创新产业新模式，畅通产业发展稳步推进乡村振兴，华丽转型为"文旅融合傣族特色村"，走出一条"生态宜居、治理有效、生活富裕"的乡村振兴之路。具体发展成效总结如下。

（一）党建引领：树立服务新标杆

2018年以来，勐龙村在基层党建"三化"（标准化、规范化、信息化）建设中，规范"三会一课"、"四议两公开"、主题党日等活动，结合本村实际，完善设立1个集便民服务、民事代办、党员服务等功能于一体的为民服务站；选优配强5名党总支委员、5名村委委员、14名支部书记，实现党总支书记、主任"一肩挑"；建设11个标准化村级活动场所，统一规范标识、牌匾。在此期间，勐龙村完成了基层党组织由管理型向服务型转变，架起"党群连心桥"，实实在在打通服务群众的"最后一公里"。与此同时，勐龙村同步推动妇女儿童之家、农家书屋、村史室、傣家大舞台等场所建设，更好地服务广大群众，绘就乡村高质量发展新画卷。在全省的基层党组织标准化、规范化建设中，荣获2020年"云南省规范化建设示范党支部"和

2021 年"云南省先进基层党组织"。

随着党员服务队、志愿队的"田间道德讲堂""文明家庭""星级文明户""道德模范"等活动的开展，勐龙村评选出"好邻居"白海仙、"好儿女"塔艳等先进移风易俗典型，以及"爱德者"塔三信、"诚德者"白福、"孝德者"白海仙、"仁德者"杨宝红等 4 名道德模范，推动全村形成文明健康向上的社会风气。2020 年 9 月上榜第六届"全国文明村"。

（二）产业引领：开创经济新局面

勐龙村充分发挥资源优势，突出产业优化。在党总支的带领下，村民人均纯收入从 1000 多元、2000 多元，一步一个脚印，增长至 2020 年的12980 元。依靠地处红河谷经济开发开放带重点片区的区位优势和资源禀赋，勐龙村已建成年交易量 6000 余吨的果蔬交易市场 1 个、种植水果甘蔗500 亩、香蕉 3000 亩、热带优质杧果 2300 亩。

2020 年底，全村经济总收入为 2853 万元，人均纯收入为 12980 元，人均有粮 360 公斤，真正实现村民"生活富裕"，勐龙村也成了迤萨镇的"小康村"。截至 2020 年底，勐龙村贫困发生率从建档初期的 13.23% 降至 0%，实现了户脱贫村出列。

2021 年，勐龙村村委会主导产业农户 527 户，常住农户数 527 户，占常住农户数 100%。全村生产总值为 4294.6 万元，主导产业总产值为 3552万元，主导产业总产值超全村（社区）生产总值 82.7%。通过持续推广"稻-渔-菜-菜"模式和订单农业，全村冬早蔬菜种植面积从 2020 年的1200 亩发展到 2021 年底的 2400 亩，实现群众的人均纯收入从 2020 年的1.12 万元增加到 1.95 万元，人均增加 8300 元。2022 年村集体经济收入由2021 年的 11.79 万元，增长至 15.84 万元。

（三）生态引领：建设美丽新风貌

2016 年以来，勐龙村加大村级项目库建设，积极争取项目资金 3600 余万元，组织实施了村组道路建设、村内道路硬化、饮水安全巩固提升建设、农业灌溉设施建设、产业发展工程、人居环境改善工程、农村危房改造、庭院改造，公厕改建、户厕改造、"百县万村"综合服务文化中心、党员活动室、全国民族团结示范村项目等项目和工程，完善了全村的基础设施，改善了村民的生产生活条件。根据调研数据，2022 年村总支出 15 万元，其中垃圾清运等环保费用支出 6.5 万元，占总支出的 43.33%。

按照"田园风光是农村最美的风景，蔬菜林果是农村最好的绿化"的工作要求，结合"五小三公一体系"建设，将"山美、水美、田美、路美、庭院美、村庄美"融入勐龙村美丽乡村建设中，严格保护村庄周围绿植古树，对河流溪水进行适度整治，普及卫生公厕和家庭户厕。勐龙村不断加强村内公共卫生整治，清理乱堆乱放，拆除私搭乱建，清理裸露垃圾。开展农房及院落风貌整治和村庄绿化美化，保护和修复水塘、沟渠等乡村设施。动员村民积极落实"门前五包"制度，发挥村规民约和红黑榜的督导作用，形成常态化保洁机制。完善保洁员制度，督导保洁员清理房前屋后、公共场所等重点区域卫生死角，做好村内外日常环卫的保洁工作。引导群众自觉开展居家内外环境卫生大扫除，做到室内干净整洁、通风透气。与此同时，由党员带头，带领村民积极融入河流保护工作中。围绕让每条河流、每个自然村都有党员街长抓，都有党员街长管，层层夯实责任，明确任务。

勐龙村的生态改善引来了如白鹭鸶等不少候鸟的栖息，也为乡村旅游打下了坚实的基础。正如习近平总书记所说，"绿水青山就是金山银山"①，现在勐龙村已经有了"万绿丛中一点红，千树万树梨花开"的美丽景象。通过对生态环境的不断整治，勐龙村也先后获评"省级文明村""美丽乡村""信用村"等荣誉称号。

（四）文化引领：创建文明新风尚

以勐龙街为试点，村内建立了勐龙村史室和文化墙，将勐龙村的优秀历史文化作为村史室的重要内容。勐龙村在建立"红白理事会"基础上，发挥其倡导文明、志愿服务、监督规范的作用，推进村组深入开展移风易俗。充分发挥村调解委员会的作用，形成排查调处矛盾纠纷的整体合力，

---

① 《习近平谈治国理政》（第二卷），外文出版社，2017，第 209 页。

努力把矛盾纠纷化解在内部、消除在萌芽、解决在基层。做到"小事不出户,大事不出村,重大矛盾纠纷不出镇",维护了民族团结和社会稳定。从巩固和发展平等、团结、互助、和谐的社会主义民族关系的角度出发,共同推进"云南省少数民族特色村"和"红河州民族团结进步示范村"的创建工作。

勐龙村把示范创建工作融入村级经济社会发展各个方面。物质文明、精神文明、生态文明"三个文明"建设受到上级的肯定,并获得了多项荣誉:2001 年 12 月、2003 年 12 月、2015 年 8 月被评为"省级文明村";2015 年 2 月被评为州级"六美乡村";2017 年 12 月被评为"云南省卫生村";2019 年 12 月被评为"中国少数民族特色村寨";2020 年 11 月被评为"第六届全国文明村寨";2020 年 12 月创建为"省级民族团结进步示范村"。

附录五　集群化产业转型发展:龙普村案例

龙普村以竹编工艺为重点,打造以竹为核心的集群化产业发展。受自然条件和资金问题影响,龙普村经济发展中一些结构性、深层次矛盾和问题逐渐凸显,加快产业结构优化和调整,推动经济增长方式转变成为推动龙普村经济发展的主线。龙普村利用现代产业赋能传统技艺,将文化优势转变为经济优势,通过"一村一品"推动产业发展及乡村振兴。立足于龙普村生态优势和区位优势,充分发挥生态、自然、气候的资源优势,打造"竹编之村"旅游品牌。同时,着力提高农民的科技文化素质,适应现代农业发展的需要,为农村第二、三产业发展提供人力和智力支持。通过全产业链条的延伸布局,积极打造集循环农业、创意农业、农事体验于一体的田园综合体。

一　主要做法及模式

龙普村结合自身优势,在产业布局、乡村自治和生态建设方面着重发力,培育和发展特色竹编品牌,推动龙普优质产品走向市场,实现农业产业转型升级、融合发展。

（一）产业布局：发展竹文化特色经济

以聚集引领经济发展的支柱企业，创建特色小镇，借助产业转移、科技创新，促进各行业协同、合作、整合发展为目标，充分依托绿色产业资源，优化发展特色种植业，大力发展特色林业产业。充分结合龙普村地理位置优势及竹编手工技艺优势（见图4、图5），做强做优主导产业，拓展乡村特色产业：利用特色资源增强竞争力，大力打造集竹子种植、竹藤加工、竹生态文化旅游、竹工艺非遗传承、竹藤产品文创中心于一体的竹生态文博园；大力发展龙普村竹编工艺建设项目竹工艺产业和旅游产业，壮大村级集体经济，增加村民收入，巩固拓展脱贫攻坚成果，为实现乡村振兴奠定坚实的基础。

图4　龙普村竹编

龙普村将现代产业赋能传统技艺，将文化优势转变为经济优势。打造优质农产品新丰品牌，构建以特色农产品为重点，标准化生产、精深化加工、规模化发展、产业化经营的现代化农业产业体系。延伸农业产业链，打造供应链，形成全产业链。提高农产品科技含量，推动优质和专用品牌农产品发展，培育知名农产品区域品牌，引领特色农业向规模化、品牌化

图 5　龙普村妇女制作竹编工艺品

发展，推动特色农林业与休闲旅游业互动融合。把高质量发展作为根本要求，引导产业由数量增长向质量提升转变。依托竹藤工艺基地，优化产业空间布局，推进产业技术创新。利用信息技术打造产业链，引导各类经营主体通过自建电商平台或对接各类电子商务平台，形成渠道多样的电商销售模式，打造与产业发展配套的"互联网+"电商平台，健全和拓展商贸流通体系。通过线上线下活动借助各类电商平台，把特色农产品宣传出去、推介出去、销售出去。依托龙普本地农产品资源优势条件，培育和发展特色品牌，推动龙普优质产品走向市场，实现农业产业转型升级、融合发展。

（二）生态建设：强化自然资源优势

龙普村切实落实好河长工作制度，管控好辖区内水源地和水功能区，保护好辖区内沟渠、道路的设施，严控污染；以自然村为单位，依托护林员、保洁员等公益性岗位，职责认领到位，管护划分到位，巡逻落实到位，管理好乡一方水土。建立"日常维护"的长效机制，解决村内"脏乱差"现象，通过绿化、景观亭等工程的建设，有效改善龙普村的村容村貌。改善农村的人居环境，同时为龙普村村民提供一个休闲、娱乐的公共场所，进而推动物质文明和精神文明建设，最终建设成为宜居、宜业、宜游的美丽乡村，逐步缩小城乡差距。同时向村民积极宣传现代化生态理念，以社会主义核心价值观强化教育引导；大力挖掘传承优秀传统文化，弘扬"孝为先、善为上、和为贵、俭为美"风尚，自觉抵制腐朽落后文化侵蚀；广泛开展理想信念教育，弘扬社会公德、家庭美德、个人品德，遏制婚丧嫁娶高额礼金、乱办酒席、铺张浪费等陈规陋习。

（三）人才培育：营造创业良好氛围

龙普村发挥村两委的组织带头作用，充分调动广大党员的积极性，发挥本村外出成功人士、村内德高望重的老同志的优势，引导和动员广大群众自觉地投身乡村振兴事业。对于掌握传统技艺或特别技术的人才，龙普村组织其成立兴趣社团，传承并弘扬村落非遗文化，如竹编技艺人才。对外积极号召高学历、高素质本土人才返乡创业或就业，依托人才带动发展。龙普村充分认识和发挥农民在产业发展中的主体作用，用心培养现代新型农民。提高农民的科技文化素质，适应现代农业发展的需要，为农村第二、三产业发展提供人力和智力支持；加强输出劳务的培训管理，做好农民工外出前的技能培训和输出后的管理、服务工作。

案例：龙普村竹编工艺传承室与村史馆的建立

为记录村庄的发展轨迹和历史变迁，让村民感知复兴的使命，激发奋进的勇气，也为留住乡村记忆，传承乡土文化，2015 年 11 月 13 日，由红河哈尼梯田世界文化遗产管理局提供资金扶持、红河县政协策划指导建设的甲寅镇龙普村竹编工艺传承室在龙普村正式揭牌。不仅如此，自 2019 年以来，甲寅镇深入挖掘当地历史文化资源，积极开展村史馆建设工作。村史馆展示了村庄历史、村容村貌、经济发展、乡贤善举、文化生活、村规民约、哈尼梯田景观，更是把龙普村群众赖以生存的竹编产业列入其中，迸发新的发展生命力。龙普村在村史馆建设中，充分依靠群众，深挖村史内核，从中小学教师、民间艺人、驻村干部中抽调人员组建了6支村史编写小组，深入走访群众，挖掘当地历史文化，让口述史变成文字史，让记忆变为文字，力求把村史馆建成安放乡愁、留存记忆的载体。龙普村村史馆重点展示彝族竹编传承历史，着力把村史馆建成传承民俗文化的展示场地，把传统产业培植成后续产业，让特色产业助推农村经济持续健康发展。

二　龙普村经验成效

伴随着脱贫攻坚的全面胜利，我国"三农"工作重点也转移到乡村振兴上来。2023年的中央"一号文件"也着重强调"必须坚持不懈把解决好'三农'问题作为全党工作重中之重，举全党全社会之力全面推进乡村振兴，加快农业农村现代化。强国必先强农，农强方能国强"。在从脱贫攻坚到乡村振兴的过渡阶段，龙普村在实现巩固拓展脱贫攻坚成果同乡村振兴有效衔接的实践过程积累了经验。

（一）制度建设：巩固拓展脱贫攻坚成果

在前期脱贫攻坚的基础上，全方位着手巩固既有成果，切实防止系统性返贫现象的出现。一方面，脱贫攻坚的顺利完成是乡村振兴战略接续推进的前提条件，其在产业、体制等方面取得的成果和积累的经验为乡村振兴打下了基础。另一方面，乡村振兴战略是对脱贫成果的全面巩固与升华，其致力于构建乡村发展的长效机制、全面提升农村发展水平。[1] 因此，龙普村依然高度重视安全稳固住房，密切关注适龄青少年就学，不断夯实基本医疗保障，着重发挥就业、产业、生态的联动性，同时给予农村低保户最低保障，对特困人员实施分散供养，全方位巩固拓展脱贫攻坚成果。

构建合理有效的体制机制和乡村振兴的必要保证。一方面，龙普村不断加强组织领导和责任落实工作。为推进巩固拓展脱贫攻坚成果与乡村振

---

[1]　胡德宝、翟晨喆：《脱贫攻坚与乡村振兴有机衔接：逻辑、机制与路径》，《政治经济学评论》2022年第6期。

兴的衔接过程中的项目库建设工作，按时完成项目库编制工作任务，龙普村成立了由村党总支书记任组长、驻村工作队队长和村主任任副组长、村小组组长任组员的巩固拓展脱贫攻坚与乡村振兴项目库建设工作领导小组，并明确了工作职责，将任务分类分项明确到村委会干部和驻村工作队成员，专人专项负责，将村级项目组织实施成效作为驻村工作队考核的重要内容。另一方面，龙普村加强公告公示工作，提升决定的透明性。按照事前公示、事后公告的原则以及项目在哪里实施就要公示公告到哪里的准则，龙普村通过党务、政务公开栏和宣传栏进行张榜公示，在群众便于知晓的地方、采取群众易于接受的方式进行公示。同时，龙普村建立了群众参与的工作机制，切实保障了群众的知情权、参与权、表达权和监督权，尊重他们的意愿、听取他们的意见，在村级项目实施的过程中，邀请村民代表作为义务监督员进行全过程监督。

（二）组织保障：夯实基础设施建设

坚持系统观念推进综合的、可持续的乡村建设，逐步提高乡村基础设施和公共服务水平，促进农村人居环境改善。在脱贫攻坚期间，虽然农村地区的基础设施建设和公共服务水平得到了大幅提升，但是标准普遍较低，这一点在边疆贫困地区尤为明显。针对这一现象，在进入脱贫攻坚和乡村振兴的衔接阶段后，龙普村持续加大对道路、动力电、广播电视、宽带网络、饮用水设施、村卫生室、公共活动场所等公共基础设施的投入力度。2021年该村在推进民房提升改造的基础上，投入232万元用于道路建设和路灯安装以提升村容村貌。与此同时，充分调动村民"自我管理、自我教育、自我服务"的积极性，在村委会统筹的基础上，号召村民捐款修缮水井、团结公房、团结小亭、团结路、康养路，全面提升村庄的人居环境。

优化顶层设计，提升决策民主性和科学性。规划是行动的先导，巩固拓展脱贫攻坚和乡村振兴实施成效的基础在于优化乡村建设的顶层设计。脱贫攻坚结束后，中共中央先后出台了多项关于乡村振兴的实施意见，如《乡村建设行动实施方案》明确了12项重点工作，《农村人居环境整治提升五年行动方案（2021—2025 年）》提出美丽宜居村庄建设，这对于基层扎实推进乡村振兴各项行动具有重要的指导作用。为了进一步加强对村庄规划转向工作的组织领导，确保村庄规划编制工作的顺利推进，2021 年龙普村成立了村庄规划编制工作领导小组，小组成员包括镇党委副书记、驻村第一书记、村党总支书记、村主任、村支部书记和小组长以及贵州省盘州市昕和城乡规划设计有限公司技术总工。各级村干部的纳入无疑意味着决策民主性的提升，而市场专业力量的加入无疑将大大提高决策的科学性。

（三）多方合作：促进东西协作深入

东西协作在全国巩固拓展脱贫攻坚和乡村振兴的过程中发挥着巨大的作用，2023 年的中央"一号文件"明确指出"深化东西部协作，组织东部地区经济较发达县（市、区）与脱贫县开展携手促振兴行动，带动脱贫县更多承接和发展劳动密集型产业"。这一点对于龙普村也不例外。以上海援滇项目——竹艺展销中心为例，该项目仅一期投入就达到 393 万元，全部为上海援助资金。一方面，竹艺展销中心的建立不仅有助于展示龙普村各种精美的竹编工艺品，保护国家非物质文化遗产——传统精细的编制绝技，有效促进竹编工艺行业优势资源的整合。另一方面，展销中心的建立还有助于拓宽产品销售渠道，延长产业链，从而进一步发挥竹编工艺的益贫效益。借助竹艺展销平台，结合旅游发展，竹编产品的质量和产量都有了很大提升，产品的价格也从原来的 10～30 元提升到 50～100 元。竹编业的发展也带动了当地剩余劳动力的充分就业。目前，竹编就业人员 143 人，他们基本上是在村子里的老人以及因照顾老人、孩子而无法外出的闲置劳动力，真正实现了在家增收。

优秀传统文化的弘扬，不仅对少数民族地区生产生活的改善具有重要意义，而且对基层治理和民族团结同样意义重大。以房屋建造为例，由于龙普村地处山地，"地无三尺平"，很难找到平缓的地块，因而房屋基本上是依山而建，建造成本尤其是人力成本高昂。然而，哈尼族在生产生活中互帮互助的传统解决了这一问题。哪一家建盖房子，寨子里的街坊邻居都会一起搬砖头背水泥拌砂灰，这不仅节约了成本，也提高了效率。此外，"龙头"的存在也有助于村庄矛盾的化解和价值的整合，提升基层治理的成效。哈尼族的"龙头"通常是从本寨最早的老户男子中产生，主持全寨的宗教活动，在群众中有较高声望。当村民之间发生矛盾时，一般都是由"龙头"调解，基本可以做到矛盾不出村寨。

参考文献

一 中文文献

〔法〕阿兰·图海纳：《行动者的归来》，苏国勋译，商务印书馆，2008。

〔英〕安东尼·吉登斯：《社会理论与现代社会学》，文军、赵勇译，社会科学出版社，2003。

〔英〕安东尼·吉登斯：《现代性的后果》，田禾译，译林出版社，2000。

曹立、徐晓婧：《乡村生态振兴：理论逻辑、现实困境与发展路径》，《行政管理改革》2022年第11期。

曹玲、文军：《专业嵌入治理：边疆地区社会工作机构的实践智慧》，《华东理工大学学报》（社会科学版）2023年第3期。

陈一明、温涛：《数字普惠金融能促进乡村产业发展吗——基于空间计量模型的分析》，《农业技术经济》2023年第1期。

陈映芳：《征地与郊区农村的城市化——上海市的调查》，文汇出版社，2003。

代蕊华、于璇：《教育精准扶贫：困境与治理路径》，《教育发展研究》2017年第7期。

邓玲、顾金土：《后扶贫时代乡村生态振兴的价值逻辑、实践路向及治理机制》，《理论导刊》2021年第5期。

杜国明、刘美：《基于要素视角的城乡关系演化理论分析》，《地理科学进展》2021年第8期。

费孝通：《乡土中国 生育制度》，北京大学出版社，1998。

冯庆：《高校参与乡村文化振兴的路径研究》，《四川师范大学学报》（社会科学版）2022年第3期。

傅安国、岳童、侯光辉：《从脱贫到振兴：民族地区人口内生动力的理论缺口与研究》，《民族学刊》2022 年第 9 期。

郭俊华、卢京宇：《产业兴旺推动乡村振兴的模式选择与路径》，《西北大学学报》（哲学社会科学版）2021 年第 6 期。

郭险峰：《构建推动乡村人才振兴的综合机制》，《中国党政干部论坛》2019 年第 4 期。

贺雪峰：《乡村治理的社会基础》，生活·读书·新知三联书店、生活书店出版有限公司，2020。

红河县党史研究和地方志编纂办公室编《红河县年鉴 2020》，云南美术出版社，2020。

红河县党史研究和地方志编纂办公室编《红河县年鉴 2021》，云南美术出版社，2021。

红河县党史研究和地方志编纂办公室编《红河县年鉴 2022》，云南美术出版社，2022。

红河县地方志编纂委员会编《红河县志（1978～2005）》，云南人民出版社，2015。

红河县民族事务委员会编《红河县民族民间故事》，云南民族出版社，1990。

红河县史志办公室主编《红河县年鉴 2016》，德宏民族出版社，2017。

侯利文、文军：《科层为体、自治为用：居委会主动行政化的内生逻辑——以苏南地区宜街为例》，《社会学研究》2022 年第 1 期。

胡振光、向德平：《参与式治理视角下产业扶贫的发展瓶颈及完善路径》，《学习与实践》2014 年第 4 期。

黄金梓：《精准生态扶贫刍论》，《湖南农业科学》2016 年第 4 期。

黄锟：《中国农民工市民化制度分析》，中国人民大学出版社，2011。

黄宗智：《中国农村的过密化与现代化：规范认识危机及出路》，上海社会科学院出版社，1992。

〔美〕吉尔兹：《地方性知识——阐释人类学论文集》，王海龙、张家瑄译，中央编译出版社，2004。

蒋永甫、龚丽华、疏春晓：《产业扶贫：在政府行为与市场逻辑之间》，《贵州社会科学》2018 年第 2 期。

金江峰：《乡村政策动员中的"权力——技术"及其影响》，《中国农村观察》2020 年第 2 期。

金生鈜：《公共价值教育何以必要》，《华中师范大学学报》（人文社会科学版）2010 年第 4 期。

韩俊：《实施乡村振兴战略五十题》，人民出版社，2018。

孔祥智：《乡村振兴："十三五"进展及"十四五"重点任务》，《人民论坛》2020 年第 31 期。

雷明：《绿色发展下生态扶贫》，《中国农业大学学报》（社会科学版）2017 年第 5 期。

雷明、于莎莎：《乡村振兴的多重路径选择——基于产业、人才、文化、生态、组织的分析》，《广西社会科学》2022 年第 9 期。

黎珍：《健全新时代乡村治理体系路径探析》，《贵州社会科学》2019 年第 1 期。

李培林：《村落的终结——羊城村的故事》，生活·读书·新知三联书店，2019。

李培林等：《大变革：农民工和中产阶层》，中国社会科学出版社，2019。

李培林：《巨变：村落的终结——都市里的村庄研究》，《中国社会科学》2002 年第 1 期。

李小云：《巩固拓展脱贫攻坚成果的政策与实践问题》，《华中农业大学学报》（社会科学版）2021 年第 2 期。

李友梅、肖瑛、黄晓春：《当代中国社会建设的公共性困境及其超越》，《中国社会科学》2012 年第 4 期。

李卓、张森、李轶星、郭占锋：《"乐业"与"安居"：乡村人才振兴的动力机制研究——基于陕西省元村的个案分析》，《中国农业大学学报》（社会科学版）2021 年第 6 期。

廖嗨烽、王凤忠、高雷：《中国乡村产业振兴实施路径的研究述评及展望》，

《技术经济与管理研究》2021 年第 11 期。

林广会：《农村集体产权制度改革背景下集体所有权主体制度的机遇与展望》，《求是学刊》2020 年第 3 期。

刘晗、王亚民：《清末乡治思想演变百年后的再认识——兼论乡村治理传统文化的自觉》，《山东农业大学学报》（社会科学版）2023 年第 1 期。

刘建生、陈鑫、曹佳惠：《产业精准扶贫作用机制研究》，《中国人口·资源与环境》2017 年第 6 期。

刘鹏：《行动者网络理论：理论、方法与实践》，中国社会科学出版社，2020。

刘少杰、周骥腾：《数字乡村建设中"乡村不动"问题的成因与化解》，《学习与探索》2022 年第 1 期。

吕洁琼、文军：《从脱贫攻坚到乡村振兴：社区为本的情境实践及其反思——基于甘肃 K 县的考察》，《西北民族研究》2021 年第 3 期。

吕庆春、伍爱华：《转型社会中的农民市民化与社会风险》，中央编译出版社，2014。

罗敏：《乡村振兴战略的五重逻辑：一个城乡共生的视角》，《学习论坛》2020 年第 2 期。

彭小兵、谭志恒：《组织动员、资源内生和市场对接：贫困社区内源发展路径——基于云南省 L 中心的考察》，《中国行政管理》2018 年第 6 期。

〔日〕三石善吉：《传统中国的内发性发展》，余项科译，中央编译出版社，1999。

石磊：《寻求"另类"发展的范式——韩国新村运动与中国乡村建设》，《社会学研究》2004 年第 4 期。

宋才发：《中华民族共同体意识是国家凝聚力的精神纽带》，《社会科学家》2021 年第 5 期。

唐斌尧、谭志福、胡振光：《结构张力与权能重塑：乡村组织振兴的路径选择》，《中国行政管理》2021 年第 5 期。

唐亮、杜婵、邓茗尹：《组织扶贫与组织振兴的有机衔接：现实需求、困难及实现路径》，《农村经济》2021 年第 1 期。

仝志辉、温铁军：《资本和部门下乡与小农户经济的组织化道路——兼对专业合作社道路提出质疑》，《开放时代》2009 年第 4 期。

完世伟、汤凯：《数字经济促进乡村产业振兴的机制与路径研究》，《中州学刊》2022 年第 3 期。

王春光：《新生代农村流动人口的社会认同与城乡融合的关系》，《社会学研究》2001 年第 3 期。

王春婷：《社会共治：一个突破多元主体治理合法性窘境的新模式》，《中国行政管理》2017 年第 6 期。

王宏新、付甜、张文杰：《中国易地扶贫搬迁政策的演进特征——基于政策文本量化分析》，《国家行政学院学报》2017 年第 3 期。

王嘉毅、封清云、张金：《教育与精准扶贫精准脱贫》，《教育研究》2016 年第 7 期。

王介勇、戴纯、刘正佳、李裕瑞：《巩固脱贫攻坚成果，推动乡村振兴的政策思考及建议》，《中国科学院院刊》2020 年第 10 期。

王兰：《新内生发展理论视角下的乡村振兴实践——以大兴安岭南麓集中连片特困区为例》，《西北农林科技大学学报》（社会科学版）2020 年第 4 期。

王名、蔡志鸿、王春婷：《社会共治：多元主体共同治理的实践探索与制度创新》，《中国行政管理》2014 年第 12 期。

王谦、文军：《流动性视角下的贫困问题及其治理反思》，《南通大学学报》（社会科学版）2018 年第 1 期。

王山林：《西部乡村生态振兴的理论逻辑与协同机制》，《社会科学家》2022 年第 10 期。

王延中、管彦波：《云南建设民族团结示范区与和谐民族关系的基本经验及启示》，《民族研究》2014 年第 3 期。

王柱国、尹向毅：《乡村振兴人才培育的类型、定位与模式创新——基于农村职业教育的视角》，《中国职业技术教育》2021 年第 6 期。

文军：《"被市民化"及其问题——对城郊农民市民化的再反思》，《华东师范大学学报》（哲学社会科学版）2012 年第 4 期。

文军：《论农民市民化的动因及其支持系统——以上海市郊区为例》，《华东师范大学学报》（哲学社会科学版）2006 年第 4 期。

文军：《农民市民化：从农民到市民的角色转型》，《华东师范大学学报》（哲学社会科学版）2004 年第 3 期。

文军：《西方社会学理论：当代转向》，北京大学出版社，2017。

文军等：《社区为本的反贫困社会工作研究》，华东理工大学出版社，2021。

文军、陈雪婧：《城乡融合发展中的不确定性风险及其治理》，《中国农业大学学报》（社会科学版）2023 年第 3 期。

文军、陈雪婧：《社区协同治理中的转译实践：模式、困境及其超越——基于行动者网络理论的分析》，《社会科学》2023 年第 1 期。

文军、陈宇涵：《面向不确定性：城市社区治理的情感风险及应对》，《南开学报》（哲学社会科学版）2023 年第 2 期。

文军、刘雨航：《不确定性背景下中国式现代化的理论变革与实践转向》，《山东大学学报》（哲学社会科学版）2023 年第 1 期。

文军、刘雨航：《不确定性时代的都市公共信任风险及其治理》，《探索与争鸣》2022 年第 8 期。

文军、刘雨航：《迈向新内生时代：乡村振兴的内生发展困境及其应对》，《贵州社会科学》2022 年第 5 期。

文军、刘雨航：《面向不确定性的乡村数字化建设及其实践启示》，《西北农林科技大学学报》（社会科学版）2022 年第 5 期。

文军、卢素文：《乡村治理中的农民组织化：何以可能，何以可为?》，《人文杂志》2022 年第 11 期。

文军、吕洁琼：《社区为本：反贫困社会工作的理论建构及其反思》，《西北农林科技大学学报》（社会科学版）2021 年第 1 期。

文军、沈东：《当代中国城乡关系的演变逻辑与城市中心主义的兴起——基于国家、社会与个体的三维透视》，《探索与争鸣》2015 年第 7 期。

文军、沈东：《"市民化连续体"：农业转移人口类型比较研究》，《社会科学战线》2016年第10期。

文军、吴晓凯:《"理"从何来:农民抗争正当性的建构逻辑——基于上海
　　H机场外围居民区的调查》,《社会科学研究》2018年第1期。

文军、吴晓凯:《乡村振兴过程中农村社区公共服务的错位及其反思——基
　　于重庆市5村的调查》,《上海大学学报》(社会科学版)2018年第
　　6期。

文军、吴晓凯:《信访治理:一种"国家–个体"关联的研究视角》,《求
　　索》2018年第6期。

文军、吴越菲:《流失"村民"的村落:传统村落的转型及其乡村性反思
　　基于15个典型村落的经验研究》,《社会学研究》2017年第4期。

文军、吴越菲:《灾害社会工作的实践及反思——以云南鲁甸地震灾区社工
　　整合服务为例》,《中国社会科学》2015年第9期。

吴业苗:《乡村共同体:国家权力主导下再建》,《人文杂志》2020年第
　　8期。

吴越菲:《从部门生产到区域繁荣:面向农村新内生发展的政策转型及其反
　　思》,《贵州社会科学》2022年第5期。

吴越菲:《技术如何更智慧:农村发展中的数字乡村性与智慧乡村建设》,
　　《理论与改革》2022年第5期。

吴越菲:《迈向跨区域服务传送的乡村振兴:网络社会工作的实践可能》,
　　《中国农业大学学报》(社会科学版)2021年第5期。

吴越菲:《内生还是外生:农村社会的"发展二元论"及其破解》,《求索》
　　2022年第4期。

吴越菲、文军:《农业转移人口市民化的系统构成及其潜在风险》,《南京农
　　业大学学报》(社会科学版)2016年第5期。

吴越菲、文军:《转型中国的社区研究与实践》,中国社会出版社,2019。

吴越菲:《乡村振兴背景下农村社区组织化的内在张力及其消解》,《西北农
　　林科技大学学报》(社会科学版)2022年第5期。

吴越菲:《重建关系性的"乡村":实体主义乡村发展观的关系转向及其实

践脉络》，《南京农业大学学报》（社会科学版）2019 年第 4 期。

吴志鹏、姚泽麟：《乡村"医卫结合"何以走向形式化？——电子健康档案的应用及其社会后果》，《社会发展研究》2023 年第 2 期。

吴重庆、张慧鹏：《以农民组织化重建乡村主体性：新时代乡村振兴的基础》，《中国农业大学学报》（社会科学版）2018 年第 3 期。

向红玲、张宜红、陈昭玖：《乡村振兴战略下生态农业产业化：理论阐释与实践探索》，《中国农业资源与区划》2023 年第 11 期。

向德平、王维：《精准扶贫的研究理路与未来议题》，《新疆师范大学学报》（哲学社会科学版）2020 年第 3 期。

徐勇：《城乡差别的中国政治》，社会科学文献出版社，2019。

〔美〕阎云翔：《私人生活的变革——一个村庄里的爱情、家庭与亲密关系（1949—1999）》，龚小夏译，上海人民出版社，2017。

杨敏：《作为国家治理单元的社区——对城市社区建设运动过程中居民社区参与和社区认知的个案研究》，《社会学研究》2007 年第 4 期。

杨正喜：《中国乡村治理政策创新扩散：地方试验与中央指导》，《广东社会科学》2019 年第 2 期。

杨志军：《"统—总—分"政策结构下中国自上而下政策变化及其规律探寻》，《中国行政管理》2022 年第 5 期。

叶青、苏海：《政策实践与资本重置：贵州易地扶贫搬迁的经验表达》，《中国农业大学学报》（社会科学版）2016 年第 5 期。

袁方成、杨灿：《嵌入式整合：后"政党下乡"时代乡村治理的政党逻辑》，《学海》2019 年第 2 期。

苑丰、金太军：《行政、社区、市场：乡村组织振兴"三重赋权"的内在逻辑》，《理论与改革》2021 年第 4 期。

云南省红河县志编纂委员会编纂《红河县志》，云南人民出版社，1991。

云南省民间文学集成办公室编《哈尼族神话传说集成》，中国民间文艺出版社，1990。

云南省少数民族古籍整理出版规划办公室编《哈尼阿培聪坡坡》，云南民族出版社，1986。

詹国辉、唐文浩、汪佑子：《数字赋能乡村治理质量提升：演化历程、现实
　　困境与策略选择》，《宏观质量研究》2022 年第 5 期。

〔美〕詹姆斯·C. 斯科特：《农民的道义经济学：东南亚的反叛与生存》，
　　程立显、刘建等译，译林出版社，2001。

张静：《基层政权：乡村制度诸问题》，社会科学文献出版社，2019。

张静：《现代公共规则与乡村社会》，上海书店出版社，2006。

张明锁、王灿灿：《兜底扶贫制度的运行现状、价值取向与优化路径——以
　　河南省两地兜底扶贫实践为例》，《社会政策研究》2018 年第 1 期。

张琦：《稳步推进脱贫攻坚与乡村振兴有效衔接》，《人民论坛》2019 年第
　　24 期。

张文明：《内生发展：自主性对农村家庭收入的影响——基于上海市郊 9 个
　　村的实证研究》，《人民论坛》（学术前沿）2019 年第 10 期。

张文明、腾艳华：《新型城镇化：农村内生发展的理论解读》，《华东师范大
　　学学报》（哲学社会科学版）2013 年第 6 期。

张晓溪：《乡村文化新内生发展路径的实践探索——基于主体性身体技术视
　　角的社会学分析》，《贵州社会科学》2022 年第 5 期。

张阳丽、王国敏、刘碧：《我国实施乡村振兴战略的理论阐释、矛盾剖析及
　　突破路径》，《天津师范大学学报》（社会科学版）2020 年第 3 期。

张远新：《推进乡村生态振兴的必然逻辑、现实难题和实践路径》，《甘肃社
　　会科学》2022 年第 2 期。

赵培、郭俊华：《共同富裕目标下乡村产业振兴的困境与路径——基于三个
　　典型乡村的案例研究》，《新疆社会科学》2022 年第 3 期。

赵晓峰：《乡村振兴中的社会治理共同体建设——基于理论资源、隐形陷阱
　　与现实路径的思考》，《社会科学辑刊》2023 年第 2 期。

赵毅、陈超：《特色田园乡村引领下的县域乡村振兴路径探析——以江苏省
　　溧阳市为例》，《城市规划》2020 年第 11 期。

郑方辉、梁伟湖：《需求导向与推动高质量发展政绩考评：一种理论诠释》，

《行政论坛》2021 年第 6 期。

钟涵冕、郑兴明:《乡村振兴视野下农村良好家风培育路径研究》,《长春理工大学学报》(社会科学版) 2019 年第 4 期。

周望:《理解中国治理》,天津人民出版社,2019。

周雪光、艾云:《多重逻辑下的制度变迁:一个分析框架》,《中国社会科学》2010 年第 4 期。

周雪光、刘世定、折晓叶:《国家建设与政府行为》,中国社会科学出版社,2012。

周晔、刘鑫:《乡村教育高质量发展铸牢中华民族共同体意识的逻辑理路——"意识三态观"的分析框架》,《西南民族大学学报》(人文社会科学版) 2023 年第 1 期。

周园:《高韧性社会:应对不确定危机的八种能力》,中译出版社,2021。

左停、贺莉、赵梦媛:《脱贫攻坚战略中低保兜底保障问题研究》,《南京农业大学学报》(社会科学版) 2017 年第 4 期。

二 英文文献

Atterton, J., & Thompson, N. "University Engagement in Rural Development: A Case Study of the Northern Rural Network," *Journal of Rural and Community Development* 5 (2010).

Bosworth, G., Annibal, I., Carroll, T., Price, L., Sellick J., & Shepherd, J. "Empowering Local Action through Neo-Endogenous Development: The Case of LEADER in England," *Sociologia Ruralis* 56 (2016).

Edwards, B., Goodwin, M., Pemberton, S., & Woods, M. "Partnership, Power and Scale in Rural Governance," *Environment and Planning C: Government & Policy* 19 (2001).

Furmankiewicz, M., Thompson, N., & Zielińska, M. "Area-Based Partnerships in Rural Poland: The Post-Accession Experience," *Journal of Rural Studies* 26 (2010).

Georgios, C., Nikolaos, N., & Michalis, P. "Neo-Endogenous Rural Development: A Path Toward Reviving Rural Europe," *Rural Sociology* 86 (2010).

Gkartzios, M., & Lowe, P. *The Routledge Companion to Rural Planning* (New-York: Taylor and Francis Inc., 2019).

Gkartzios, M., & Scott, M. "Placing Housing in Rural Development: Exogenous, Endogenous and Neo-Endogenous Approaches," *Sociologia Ruralis* 54 (2014).

Gkartzios, M., & Shucksmith, M. "'Spatial Anarchy' Versus 'Spatial Apartheid': Rural Housing Ironies in Ireland and England," *Town Planning Review* 86 (2015).

Harty, S. "Theorizing Institutional Change," in A. Lecours (ed.), *New Institutionalism* (Toronto: University of Toronto Press, 2005).

Jenkins, T. N. "Putting Postmodernity into Practice: Endogenous Development and the Role of Traditional Cultures in the Rural Development of Marginal Regions," *Ecological Economics* 34 (2000).

Leick, B., & Lang, T. "Re-Thinking Non-Core Regions: Planning Strategies and Practices Beyond Growth," *European Planning Studies* 26 (2018).

Lowe, P. J., & Ward, Murdoch N. "Networks in Rural Development: Beyond Exogenous and Endogenous Models," in Van Der Ploeg, J. D., & Van Dijk, G. *Beyond Modernization: The Impact of Endogenous Rural Development* (Assen: Van Gorcum, 1995).

Lowe, P., & Philipson, J. "Reflexive inter Disciplinary Research: The Making of a Research Programme on the Rural Economy and Land Use," *Journal of Agricultural Economics* 57 (2006).

Marango, S., Bosworth, G., & Curry, N. "Applying Neo-Endogenous Development Theory to Delivering Sustainable Local Nature Conservation," *Sociologia Ruralis* 61 (2021).

Terluin, I. J. "Differences in Economic Development in Rural Regions of Advanced Countries: An Overview and Critical Analysis of Theories," *Journal of Rural Studies* 19 (2003).

Throsby, D. "Cultural Capital," *Journal of Cultural Economics* 23 (2009).

Vander Ploeg, J. D. , & Renting, H. "Impact and Potential: A Comparative Review of European Rural Development Practices," *Sociologia Ruralis* 40 (2000).

Woods, M. *Rural Geography* (Sage: London, 2005).

Zakiya, A. S. "Centring African Culture in Water, Sanitation, and Hygiene Development Praxis in Ghana: A Case for Endogenous Development," *Development in Practice* 24 (2014).

后　记

    乡村发展是现代化进程中不容忽视的关键问题，党的二十大报告提出以中国式现代化全面推进中华民族伟大复兴，明确"高质量发展是全面建设社会主义现代化国家的首要任务"[①]。乡村振兴基于城乡发展二元分割的现实困境提出，并且在以往的新农村建设、乡村重建等乡村发展实践基础上进行了反思和升华。自党的十九大提出乡村振兴战略后，其便成为新时期"三农"工作的总抓手，也推动了国家在发展方向上的历史性转变。在此背景下，云南省红河县持续巩固拓展脱贫攻坚成果，接续推进脱贫地区乡村振兴，在新内生发展理念的指引下，积极探索特色乡村振兴路径，为乡村新内生发展的中国探索增添了本土经验。

    云南省红河县的新内生实践可以归纳为五个方面。其一，在理念层面营造新内生的文化氛围。从价值培育、党建引领、文化更新、地域认同等维度出发，在乡村开展新内生发展的理念倡导和文化培育等活动，为打造群体联结的重要纽带和建立社区共同体创造前提条件。其二，在主体层面实现社区化的赋能增效。从个体、家庭、社区等维度出发，对乡村新内生发展实践中的各类主体进行系统化赋能。其三，在资源层面推动跨地域的资源流动。通过资源评估、资源整合等环节和步骤，对乡村资源进行整体性的开发与利用。其四，在行动层面强化多向度的关系实践。在推动社区居民、层级政府、市场力量等主体展开乡村振兴行动基础上，联结多元主体形成超地方行动者网络。其五，在结构层面构建高韧性的治理体系。围绕协同治理、技术治理、风险治理、情感治理等，推动建立一个高韧性、

[①]　习近平：《高举中国特色社会主义伟大旗帜 为全面建设社会主义现代化国家而团结奋斗——在中国共产党第二十次全国代表大会上的报告》，人民出版社，2022，第28页。

强韧性的乡村治理体系。

红河县的乡村振兴实践作为中国乡村新内生发展道路探索的重要经验，从理论上对该模式进行提炼总结具有十分重要的意义。不同于传统外生发展理论和内生发展理论分别对外部力量和本土力量的单一强调，新内生发展模式探索强调在整合乡村内部资源的基础上，根据乡村发展的实际需要链接整合外部资源，构建上下联动、内外共生的乡村发展路径，实现乡村内生力量与外生力量的有机平衡，进而完成从"地方理想"到"超地方行动"的乡村发展实践转变。基于新内生实践的实地调研经验，本书将中国乡村新内生发展的行动框架归纳为发展理念、主体赋能、资源流动、关系实践与治理体系五个向度，并将其外在形式概括为本土资源和外部资源的联动、内生动力和外生动力的联结、社区发展和个人发展的统一。同时，总结出"社区为本"的单元导向、"五位一体"的目标导向、"居民主导"的需求导向、"乡村建设"的情境导向等推进乡村振兴新内生发展实践的行动导向。

本书可以看作对云南省红河县乡村振兴模式的总结与归纳，也是对构建中国特色乡村振兴新内生发展模式的初步探索。课题组在"中国乡村社会大调查（云南）"总项目组和红河州及红河县乡村振兴局的大力支持下开展了大量的实地调研活动，取得了丰硕的一手调研材料，并在此基础上形成了本书调研内容。其间，负责"中国乡村社会大调查（云南）"项目的云南大学谢寿光、李晓斌、胡洪斌等诸位同仁为我们在红河县的调研进行了大量深入细致的前期统筹与安排，在此表示衷心的感谢。本书是通过大量实地调查而形成的一项集体成果，参与本书编写的工作人员主要为来自华东师范大学的项目团队，全书由我负责总体构思，并组织编写人员开展理论研讨、实地调研和文本撰写工作。参加本书调研和写作的主要有：文军、吴越菲、王谦、刘雨航、卢素文、王云龙、敖淑凤、吴志鹏、方淑敏、陈雪婧、陈宇涵、高芸、王妮雅、潘姝羽等。书稿完成以后，方淑敏博士生帮助进行了技术性的统稿。书稿最终由我和吴越菲老师负责统稿和定稿。在此，特对具体参与本书编写工作的项目组同仁以及云南大学、红河县相关部门在项目组调研期间所给予的大力支持表示真诚感谢。

本书在写作的过程中，调研团队不仅依据红河县开展乡村振兴的相关素材以及实地调研所得的研究资料，还参考了国内外丰富的文献资料，力争从理论和实践两方面对中国乡村新内生发展模式做出系统探索和阐释，既拓展新内生发展的理论深度，又对当下的乡村振兴实践具有实际的指导意义。新内生发展理念对全面推进乡村振兴发挥着重要作用，乡村新内生发展道路的探索对当下及将来的乡村发展具有重要意义，而中国乡村发展的内生模式也将在此影响下得到不断完善和发展。

文　军

2023 年 9 月 19 日·上海樱桃河畔

上海市"中国特色的转型社会学研究"社会科学创新研究基地

华东师范大学·贵州大学·云南红河学院

图书在版编目（CIP）数据

乡村新内生发展道路的中国探索：基于云南红河县
乡村振兴的调研／文军等著. -- 北京：社会科学文献
出版社，2024.5
（民族地区中国式现代化调查研究丛书）
ISBN 978 - 7 - 5228 - 3511 - 2

Ⅰ.①乡… Ⅱ.①文… Ⅲ.①农村 - 社会主义建设 -
研究 - 红河县 Ⅳ.①F327.744

中国国家版本馆 CIP 数据核字（2024）第 080143 号

民族地区中国式现代化调查研究丛书
乡村新内生发展道路的中国探索
　　　——基于云南红河县乡村振兴的调研

著　　者／文　军　吴越菲　等

出 版 人／冀祥德
责任编辑／孙海龙　庄士龙
文稿编辑／尚莉丽
责任印制／王京美

出　　版／社会科学文献出版社·群学分社（010）59367002
　　　　　　地址：北京市北三环中路甲 29 号院华龙大厦　邮编：100029
　　　　　　网址：www.ssap.com.cn
发　　行／社会科学文献出版社（010）59367028
印　　装／三河市龙林印务有限公司

规　　格／开　本：787mm×1092mm　1/16
　　　　　　印　张：20.5　字　数：301 千字
版　　次／2024 年 5 月第 1 版　2024 年 5 月第 1 次印刷
书　　号／ISBN 978 - 7 - 5228 - 3511 - 2
定　　价／128.00 元

读者服务电话：4008918866